Rituels et formules magiques

Guide de magie blanche

Lauren Manoy

Adapté de l'américain par Magda Samek

Titre original anglais : Where to park your broomstick
Copyright ©2003 Éditions AdA Inc. pour la traduction française
Cette édition est publiée en accord avec Fireside Book, une division de Simon & Schuster, Inc., New York, NY
Tous droits réservés. Aucune partie de ce livre ne peut être reproduite sous quelque forme que ce soit sans la permission écrite de l'éditeur sauf dans le cas d'un critique littéraire.

Traduction : Magda Samek
Révision : Nancy Coulombe, Jennifer Préfontaine
Typographie et mise en page : Sébastien Rougeau
Graphisme de la page couverture : Sébastien Rougeau
Illustrations : Yan Apostolides

ISBN 2-89565-096-9
Première impression : 2003
Dépôt légal : troisième trimestre 2003
Bibliothèque Nationale du Québec
Bibliothèque Nationale du Canada

Éditions AdA Inc.
1385, boul. Lionel-Boulet
Varennes, Québec, Canada, J3X 1P7
Téléphone : 450-929-0296
Télécopieur : 450-929-0220
www.ADA-INC.com
INFO@ADA-INC.COM

Diffusion
Canada : Éditions AdA Inc.
France : D.G. Diffusion
        Rue Max Planck, B. P. 734
        31683 Labege Cedex
        Téléphone : 05-61-00-09-99
Suisse : Transat - 23.42.77.40
Belgique : D.G. Diffusion - 05-61-00-09-99

Imprimé au Canada
Participation de la SODEC.
Nous reconnaissons l'aide financière du gouvernement du Canada par l'entremise du Programme d'aide au développement de l'industrie de l'édition (PADIÉ) pour nos activités d'édition.
Gouvernement du Québec - Programme de crédit d'impôt pour l'édition de livres - Gestion SODEC.

Catalogage avant publication de la Bibliothèque nationale du Canada

Manoy, Lauren
    Rituels et formules magiques : guide de sorcellerie
    Traduction de : Where to park your broomstick.
    ISBN 2-89565-096-9

    I. Sorcellerie   2. Incantations   I. Titre

    BF1566.M3614 2003   133.4'3   C2003-941099-4

Guide de magie blanche

RITUELS
ET
FORMULES MAGIQUES

Lauren Manoy

·

Illustrations de Yan Apostolides

Je dédie ce livre à :
Faith, du plus profond de tout mon cœur ;
Tempest Smith et sa mère ;
Avec l'espoir d'un monde meilleur ;
Rose et Joseph ;
Anahepsut ;
Et à ma mère, mon héroïne.

REMERCIEMENTS

Je remercie sincèrement Allyson Edelhertz, dont la créativité foisonnante, le professionnalisme et la patience m'ont permis de cocher une chose sur ma Liste de choses à faire avant de mourir. Lorsque j'aurais appris toutes les langues du monde, je serai en mesure d'expliquer ce que ce livre, que je n'aurais pas pu écrire sans son aide, représente pour moi. Je remercie l'extraordinaire équipe de Simon & Schuster qui a permis la publication de ce livre. J'aimerais témoigner de ma grande gratitude et exprimer mon affection à tous ceux et celles qui ont contribué directement ou indirectement à ce projet : Gavin Bone, Janet Farrar, Stewart Farrar, Selena Fox, Gypsy et Richard, Isaac Bonewits, Julie, Sheila, Tara, Margot Adler, Z Budapest, Scott Cunningham, Starhawk, The Witches' Voice, Circle Sanctuary, les très nombreux écrivains païens qui ont révélé ces voies et les webmestres qui ont facilité la circulation de l'information. Aux adolescentes et adolescents qui m'ont aidé à donner forme à ce livre et qui m'ont fait part de leur perspective, je souhaite santé, amour et bonheur. Je remercie les sorcières de Broome de leur aide précieuse, de leur soutien et de leur amitié. Mille mercis à ceux et celles qui m'ont soutenu durant ma période d'abattement et qui mettent joie et gaieté dans la vie : Faith et Yan, Catherine et Brian, la famille Apostolides, Chrissy, Jerry, Karen et Ronnie. Je remercie de leur appui J. Hessling, E. Hehrli, K. McGovern et ARC. Je remercie MW, PS, les Fierce Nipples, Pan, Paul et Rowan (vous vous reconnaissez sans que je vous nomme) !

TABLE DES MATIÈRES

Table des matières

JOYEUX RENDEZ-VOUS !

PARTIE I

INTRODUCTION

Vous traversez probablement une crise sociale. Vous devez remettre demain un travail pratique que vous n'avez pas encore commencé et les profs sont tellement ennuyeux que vous avez de la difficulté à garder les yeux ouverts en classe. Vos parents n'aiment pas votre façon de vous habiller, vous souffrez d'acné, avez cessé de faire une poussée d'acné ou vous inquiétez de la possibilité de faire de l'acné. Si vous êtes une fille, vous n'aimez pas la couleur de vos cheveux et vous êtes *convaincue* que la forme de votre nez ne convient pas à votre visage. Si l'un quelconque des énoncés ci-dessus s'applique à vous, vous êtes probablement une adolescente américaine ou un adolescent américain.

Vos amis vous trouvent probablement cinglé (e) parce que vous recyclez tout, vous préoccupez de l'environnement ou croyez en la perception extrasensorielle. Recherchez-vous la réponse à des questions qui vous préoccupent profondément ? Souhaitez-vous avoir une série d'instructions pour acquérir des capacités surnaturelles et des pouvoirs étonnants ? J'espère que non, car vous ne trouverez pas ni dans ce livre ni dans un autre des réponses finales au sens profond de la vie et vous n'y trouverez pas non plus de publicité tapageuse au sujet de la sorcellerie. Vous y trouverez par contre une carte routière pour partir à la découverte de ce qui fait de vous un être à part, un point de départ pour la découverte de vos pouvoirs et capacités naturels. Vous y trouverez une initiation à la Wicca éclectique, le chemin spirituel que l'on redécouvre et qui est bien accueilli par des gens de tout âge et de tout stade de la vie.

J'ai découvert la Wicca grâce à un livre intitulé *What Witches Do* de Stewart Farrar. Je l'ai pris pensant y trouver des contes de fées ou autre type de fiction. À ma grande surprise, ce livre racontait l'enquête faite par un journaliste sur des gens modernes dans notre société moderne qui pratiquent une chose appelée la Wicca et qui se qualifient de sorcières. Je n'en croyais pas mes yeux. J'ai fini la lecture du livre en quelques heures, très étonnée qu'il y ait un groupe de gens qui prétendaient pratiquer la sorcellerie. Est-ce qu'ils plaisantaient ? Est-ce qu'ils déliraient ? S'agissait-il d'ex-enfants fleurs qui avaient trop fumé de mari en '69 et qui avaient perdu de vue la réalité ? Eh bien non, il s'agissait de médecins, d'avocats, de pères et de mères – des personnes ordinaires qui étaient également des mages et des sorcières. Cette nuit-là, je me suis assise dans ma chambre et me suis mise à réfléchir. En cinq minutes, je décidais que j'essaierai d'approfondir ma connaissance de la Wicca et de trouver une personne disposée à m'enseigner la pratique de la sorcellerie.

La Wicca est une forme de célébration constante. Elle permet l'accomplissement d'actes grandioses dans le cadre de l'évolution individuelle ; c'est une philosophie saine, positive et respectueuse qui accepte la Terre en tant que Mère-nature, le Dieu comme son consort et toutes les créatures vivantes comme ses enfants. Les personnes des deux sexes sont tout autant vénérées ; les liens qui unissent les êtres humains aux autres créatures vivantes sont considérés comme une réalité.

En plus, la Wicca permet, et ce n'est pas une blague, de pratiquer les sortilèges.

Bon, si vos parents lisent ça et qu'ils appellent un exorciste, restez calme. Je ne vous recommande pas du tout d'annoncer un soir à table : « Je suis une sorcière ! Passez le tofu rissolé. ». Tirez un enseignement de mon erreur. Ma pauvre mère s'est presque évanouie lorsque je lui ai parlé pour la première fois de la Wicca. En fait, elle m'a dit exactement ceci : « La wik ? De quoi parles-tu ? Tu n'es pas un peu folle ? ». Elle est devenue pâle comme un linge et a appelé un thérapeute. J'ai maintenant vingt-quatre ans et ma mère continue de penser que je suis un peu folle, mais elle s'est résignée à mes croyances – surtout lorsqu'elle veut que je lui lise le tarot.

Le mot « sorcière » suscite l'effroi chez la plupart des gens. Il leur rappelle les vieilles sorcières gloussantes aux verrues suintantes et les maisons en pain d'épice qui donnaient la trouille et où l'on attirait les jeunes enfants avant de les pousser dans le four. Rassurez vos parents en leur disant que vous ne souhaitez pas manger les enfants. Expliquez-leur que vous êtes un être humain relativement sain d'esprit et que vous ne vous joignez pas à une secte qui vous forcera à porter un drap teint et à vous raser la tête ! Nous ne mourons, heureusement, plus sur le bûcher, de sorte que vos parents n'ont plus à s'en inquiéter. Ce livre n'est peut-être pas une révélation pour vous et vous avez peut-être commencé à parler à vos parents de la Wicca. Tant mieux ! Pour ceux et celles d'entre vous qui sont en train de lire ce livre en cachette, ce n'est pas une situation idéale mais ce n'est pas non plus la fin du monde. Nous reviendrons plus tard sur la façon d'annoncer votre appartenance à la Wicca à vos amis et à votre famille, mais pour le moment, essayez d'inclure vos parents dans vos pensées et vos idées ; nous espérons qu'ils vous respecteront assez pour vous autoriser à avoir des opinions différentes des leurs.

Je ne vous incite pas à abandonner l'éducation que vous avez reçue pour pratiquer la Wicca. Aucune loi n'interdit la pratique simultanée de la Wicca avec celle d'une autre religion. En fait, la Wicca est elle-même un amalgame de différentes idéologies. Nous ne répondons pas à une autorité ou à un chef particulier – excepté les dieux et notre propre conscience. Pendant que je vous explique ce que la Wicca n'est pas, il faut qu'une chose soit absolument claire : ce N'EST PAS du satanisme. La Wicca n'est pas une secte – nous n'obéissons pas à un chef charismatique à la moustache en croc qui nous demande de sacrifier des chats au diable ! (Vous ai-je déjà dit que la WICCA N'EST PAS LE SATANISME ! On se comprend alors). Les Wiccans ne sont pas des tarés immoraux, rendus fous par la drogue, des pervers sexuels qui veulent vous couper de vos amis et de votre famille. La Wicca ne vous enseigne pas à contrôler les autres en leur jetant un sort. La plupart des Wiccans connaissent et mettent en pratique la devise suivante : « Fais tout ce qu'il te plaira si cela ne fait de tort à personne ». Ce dicton vous englobe avec la terre. La Loi du triple est aussi une croyance courante :

vos actions, bonnes ou mauvaises, vous reviennent, avec une force triplée. En dernier lieu, la Wicca n'est pas une mode, c'est un style de vie pour ceux qui choisissent de la pratiquer.

L'origine du mot *Wicca* est controversée. Certaines personnes croient qu'il vient d'un mot gallois qui signifie plier alors que d'autres pensent qu'il a la même racine que le mot qui signifie sage. Les deux sens peuvent s'appliquer à la description de la Wicca moderne, puisque les Wiccans s'efforcent d'atteindre la sagesse et emploie diverses techniques de canalisation des énergies de la Nature pour façonner (plier) leur destinée et se rendre maître de leur vie. De nombreux aspects des rituels wiccans ressemblent aux méthodes utilisées par les psychiatres, notamment la visualisation pour adopter des attitudes mentales positives nécessaires à l'épanouissement personnel. D'autres éléments du rituel wiccan sont basés sur d'anciennes religions (comme les traditions celtiques et grecques) et autres héritages païens comme la connaissance en herboristerie des sage-femmes et la navigation de l'âme que pratiquent les chamans et les guérisseuses. La Wicca est un amalgame général de philosophies et de rituels qui respectent les changements de saison de la Terre et accepte le lien entre l'être humain et le reste du monde.

Il nous arrive parfois durant l'adolescence d'oublier notre lien avec la Nature à cause des pressions à l'école, du désir de réussir et des exigences de la société en termes de « normalité » (quel que soit le sens que l'on attribue à ce terme). On nous dit de grandir et de nous conformer à un quelconque concept prédéfini de normalité, de brider notre imagination et de cesser de jouer. Les médias, nos amis et notre propre esprit nous bombardent d'images déroutantes et critiques de ce que nous devrions être.

En dépit de toute cette agitation et de l'apparente impuissance des jeunes, c'est une période de grande puissance. Votre corps est jeune. Votre esprit est ouvert aux infinies possibilités de la vie. Vous avez une grande réserve d'énergie et une voix honnête. Qu'est-ce que tout cela a à voir avec la Wicca vous dites-vous ? En vous entraînant selon la méthode wiccane et en vous consacrant à la pratique enjouée et ingénieuse de la magie blanche, vous retrouverez vos capacités intuitives et ressentirez l'impact divin sur votre vie quotidienne. Vous deviendrez apte à prendre les commandes de votre propre existence. Vous serez en mesure de façonner l'avenir.

NOTE À L'INTENTION DES PARENTS

Votre fille ou votre fils vous manifeste son intérêt envers les croyances wiccanes ou païennes ?

Ne paniquez pas ! Respirez par le nez et suivez ce vieux conseil de sagesse parentale : ne parlez pas à moins que ce que vous avez à dire ne soit préférable au silence.

C'est le moment, plus que jamais, d'écouter.

Vous pouvez vous laisser dominer par votre trouble (qui peut aller d'une légère vexation à une grande colère, à la honte ou même au rejet de votre enfant) ou écouter ce que votre adolescente ou adolescent veut vous dire au sujet d'une chose qui compte beaucoup à ses yeux.

Si vous choisissez d'écouter, essayez de vous faire une image d'ensemble de la situation. Il est fort probable que votre adolescente ou votre adolescent essaie de vous parler d'une religion qui s'inspire de la Terre et qui puise son fondement dans le respect de toutes les créatures vivantes, qui manifeste une grande préoccupation avec les structures naturelles du monde, un désir de trouver en soi la spiritualité et le calme (alors que la culture pop-adolescente est dominée par une mode bon marché, de mauvais groupes musicaux, des films violents et des jeux informatiques).

Votre enfant essaie de vous parler de son âme.

Vous pourriez bien entendu ne vous attacher qu'aux particularités : les différences entre les croyances et les pratiques religieuses avec lesquelles vous avez grandi et qui vous sont chères et ce nouveau monde de sorcellerie sotte.

Je pense que l'on ne retrouve la spiritualité que chez environ 18 % des personnes qui pratiquent une religion quelconque. Et ces personnes ont plus de choses en commun qu'elles n'en ont avec les 82 % qui sont partisans d'une interprétation littérale de leur propre religion.

Votre enfant ne vous demande pas d'être d'accord avec lui ou de changer vos propres croyances. Il veut, consciemment ou non, être respecté en tant que personne autonome qui a des sentiments et qui est capable de réfléchir. Il veut vous parler d'idées et être entendu, sans interruption ni discussion.

Si votre enfant veut discuter, je vous incite à ne pas tomber dans le panneau. (Ce sont après tout des adolescents). Je vous incite plutôt à lui faire part de ce que vous trouvez beau ou valable dans vos traditions religieuses.

Ce serait encore mieux de lui montrer que vous mettez vos croyances en pratique et que vous êtes heureux de le faire.

Si vous avez besoin de vous ouvrir à quelqu'un du chagrin que vous cause le rejet par votre enfant de vos propres traditions, faites-le. Mais faites-le avec un adulte en qui vous avez confiance. (Je vous recommande un professionnel de la santé mentale.) Vous pourriez découvrir que les nouvelles croyances de votre enfant ne sont pas la seule chose qui vous démoralise dans la vie.

Une fois passé l'effet de surprise, lorsque vous serez de nouveau devenu un parent aimant, votre enfant et vous serez prêts à examiner la situation avec des yeux limpides. Vous pourriez avoir le bonheur de vous rendre compte que votre enfant s'est transformé en un être attendrissant qui vous ressemble plus que vous ne le pensez.

QUAND EST-IL TEMPS DE VOUS INQUIÉTER ?

L'intérêt que manifeste votre enfant envers la Wicca ou le paganisme ne justifie pas, en soi, la consultation d'un professionnel de la santé mentale. L'apparition de l'un ou de plusieurs des signes d'alarme suivants le justifient :

- une baisse considérable et prolongée des résultats scolaires, accompagnée d'un manque d'intérêt ;

- le fait de se taillader, s'automutiler (je ne parle pas d'un ornement de nez) ou tout autre comportement qui prédispose à le faire ;
- le fait de passer la majeure partie de son temps avec des « croyants » beaucoup plus âgés, qu'il ou qu'elle ne veut pas vous présenter ;
- la cruauté envers les animaux ;
- tout signe d'abus d'alcool ou d'autres drogues ;
- le délaissement des amis ou des passe-temps ;
- la perte de la capacité d'envisager l'avenir, du désir de s'inscrire au collège, de choisir les carrières possibles, etc. ;
- l'écoute de la musique death métal ou ouvertement satanique (dont les messages sont tout à fait antithétiques aux croyances wiccanes).

Jerry Sander, A.C.S.W.
Warwick, New York

COMMENT UTILISER CE LIVRE

C e livre constitue une *initiation* à la Wicca et au paganisme. Il contient une foule de renseignements qui vous aideront à vous familiariser avec ces notions et à pousser plus loin votre étude. Une étude poussée rendra votre pratique plus créative. La Wicca présente, en effet, l'avantage de permettre à chaque individu de faire l'expérience de l'énergie divine infinie de l'univers. La Wicca autorise l'exploration du lien que chacun possède avec la nature et la divinité ainsi que sa propre puissance. Si je ne vous encourageais pas à le faire à votre façon, je vous priverais d'une expérience exaltante.

J'ai inclus une série de formules magiques, de rituels et de recettes que vous pourriez essayer. Vous pouvez suivre à la lettre les instructions, ce que je vous incite à faire si vous n'avez encore jamais pratiqué l'ensorcellement ou fait l'expérience d'un rituel wiccan. Effectuez certains rituels pour faire l'expérience directe de l'énergie divine, magique et voir comment vous vous sentez après cette expérience. Les formules incluses illustrent à l'aide d'exemples les concepts sur lesquels se fondent les techniques et les méthodes wiccanes. En les étudiant, vous comprendrez la logique à la base des exercices et des exemples : les structures fondamentales du rituel wiccan et des méthodes de sorcellerie. Si vous prenez le temps de bien assimiler ce que comporte chaque rituel ou formule magique et d'examiner les mouvements, les accessoires et les ingrédients, vous serez en mesure d'en déterminer leurs éléments essentiels et d'utiliser alors vos *propres* mots, idées et techniques.

Au début, essayez les formules magiques et les rituels tels qu'ils apparaissent dans le livre. Ensuite, laissez aller votre imagination et inventez vos propres formules et rituels. Vous pouvez adapter les accessoires et les ingrédients à vos besoins, changer l'ordre de succession des rituels ou encore utiliser vos propres mots. Vous devrez respecter les limites qui vous sont imposées (comme l'interdiction d'avoir de l'encens et des chandelles à la maison). Je vous indique d'ailleurs des produits de remplacement pour ces articles. Vous trouverez en annexe une table des correspondances qui vous aidera à remplacer les articles que vous n'avez pas sous la main.

Vous remarquerez aussi que je vous donne des recettes pour toutes sortes de choses : des préparations pour éliminer les boutons à des mélanges d'encens qui font vivre une expérience psychique. Je les ai toutes essayées ; au cas où vous auriez de la difficulté à trouver certains ingrédients, je vous indique les ingrédients de remplacement. Reportez-vous aux annexes pour trouver des solutions, rapides ainsi que des idées pour créer vos propres recettes. J'ai signalé les éléments de base de chaque recette. Conformez-vous aux quantités indiquées pour obtenir la bonne concentration ou consistance. Autrement, vous pouvez tout essayer.

Les trois premiers chapitres, qui tracent l'historique de la Wicca, peuvent vous paraître ennuyeux. Si vous prenez au sérieux la pratique de la Wicca ou du paganisme, il est essentiel que vous en connaissiez l'origine. Il vous faudra aussi être en mesure d'expliquer votre système de croyances à vos parents et amis et vous voudrez sûrement être en mesure de discuter de façon intelligente avec les sorcières adultes que vous rencontrerez. Par ailleurs, une meilleure compréhension de l'origine de la magie vous permettra d'en améliorer grandement la pratique. Alors, une soirée où vous n'avez pas grand chose à faire, commencez la lecture de ce livre. Les mots qui peuvent ne pas vous être familiers apparaissent en *italique* la première fois et sont expliqués un peu plus loin ou dans le glossaire.

Commençons la lecture.

L'APPEL DES DIVINITÉS

PARTIE II

CHAPITRE UN
ORIGINES ANCIENNES

Q uels renseignements utiles peuvent nous procurer les gribouillages qui remontent à la plus haute antiquité ? Certaines personnes peuvent se moquer de ces rituels enfantins, de cette vision *simpliste* de la nature et soutenir que les peuples anciens ont créé des mythes et des superstitions pour expliquer un monde apparemment incompréhensible. Elles affirmeront que la *science* a dépassé de loin les pratiques des hommes des cavernes, que nos connaissances sont tellement plus approfondies que les leurs et qu'il est absurde de frapper deux pierres l'une contre l'autre en espérant faire tomber la pluie.

Les peuples primitifs ont probablement instauré leurs pratiques dans le but de mieux comprendre le fonctionnement de la vie, de connaître la façon dont ils devaient interagir avec celle-ci ainsi que pour atténuer leurs craintes par l'interprétation des phénomènes qui leur semblaient inexplicables. Je ne préconise pas de retourner vivre dans des cavernes, de recommencer à grogner et de redevenir velus. Toutefois, les symboles couramment utilisés par l'homme de l'ère paléolithique qui ont été découverts de par le monde, nous amènent à nous poser la question suivante : « Les premiers hommes comprenaient-ils le fonctionnement de l'univers, un savoir que les civilisations modernes auraient oublié ? ».

Les cultures anciennes (c'est-à-dire celles qui remontent à l'ère paléolithique supérieure, période mieux connue sous le nom de néolithique, qui date d'environ 30 000 à 10 000 ans avant l'ère chrétienne) ont laissé en héritage de nombreuses sculptures et peintures. Les anthropologues peuvent en supposer, dans une mesure raisonnable, la fonction, et spéculer sur les pensées et les sentiments de leurs créateurs. Ces interprétations ne sont que de pures hypothèses et l'utilité sur le plan religieux de ces œuvres d'art et de ces instruments fait l'objet d'un vif débat.

Les pratiques de la sorcellerie moderne et du paganisme paléolithique présentent les éléments communs suivants : d'abord, les sorcières, tout comme les hommes des civilisations anciennes, s'efforcent d'entrer en profonde relation avec tous les éléments de la nature ; ensuite, les sorcières utilisent l'intelligence primitive qui se manifeste à elles grâce au riche héritage de symboles transmis de génération en génération depuis l'aube de l'humanité.

L'*AIRE* DE JEU PALÉOLITHIQUE

Les éclairs, la pluie, le soleil, la lune, les étoiles… La nature est remplie de miracles et de mystères. Les hommes de l'ère paléolithique pouvaient voir, entendre, sentir et goûter ces phénomènes, mais il est hasardeux d'affirmer qu'ils étaient en mesure de concevoir leur signification ou leur fonction. Ils percevaient probablement les lacs, les arbres et les éclairs comme des êtres réellement vivants. Ce type de perception représente une vision du monde appelée *animisme*, laquelle traduit le début de la motivation religieuse de l'être humain. L'animisme est une forme de religion toujours présente chez de nombreuses cultures qui pratiquent la sorcellerie moderne.

Par motivation religieuse, j'entends le besoin d'exprimer un lien avec le reste de l'univers et non pas un système religieux organisé. Les hommes préhistoriques n'avaient pas besoin de tels systèmes, car ils ne faisaient pas de distinction entre leur propre vie, leur personne et le monde dans lequel ils évoluaient. Il est probable qu'ils vouaient un respect aux phénomènes de la vie, de la mort et du renouvellement qui se manifestaient quotidiennement. Les forces de la nature, qui les entouraient constamment, les comblaient de leurs bienfaits ou les laissaient en pleine dévastation. D'ailleurs, le respect voué s'apparente beaucoup au culte et il fait peu de doute que les hommes de l'ère paléolithique interprétaient les phénomènes naturels comme une manifestation des forces divines, connue sous le nom de *panthéisme*. Cette prémisse constitue le début logique de la sorcellerie : notre planète et les créatures qui la peuplent sont vivantes, bénies, conscientes, intimement liées et représentent l'expression de la présence divine[1].

Un thème couramment exprimé dans les peintures que l'on retrouve dans les cavernes de l'ère paléolithique met en lumière l'activité primaire des hommes : la chasse. En effet, ces peintures illustrent les principaux animaux servant à l'alimentation des tribus préhistoriques et dont les différentes espèces sont dessinées les unes aux côtés des autres. Puisqu'il est peu probable que le bison et le cheval aient pu paître côte à côte, ces dessins représentaient sans doute les proies ciblées par les hommes de cette ère. Parfois, les animaux sont représentés seuls, sans référence au paysage extérieur ou à d'autres scènes. Ce manque de référence et le détail habile des images, visiblement dessinées avec soin et dans le plus grand respect, signifient probablement que les hommes préhistoriques témoignaient leur

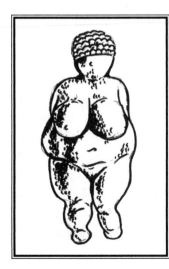

gratitude envers l'esprit des animaux et manifestaient un respect pour la vie qui leur avait assuré leur subsistance. Par cette pratique, il semble que les hommes de l'ère paléolithique aient compris que le cycle de la vie consistait en un système continu et interrelié[2].

Bien que les représentations humaines ne soient pas légion dans les premières peintures, des éléments de formes humaines étaient parfois entrelacés dans l'animal chassé. Il est à remarquer que les animaux dépeints arboraient souvent des cornes, référence à la vénération des cultures envers les bêtes cornues souvent chassées. Ces représentations ont précédé celles du dieu cornu des sorcières, qui a été présent tout au long de l'histoire des cultures anciennes. (Je ferai souvent référence à ce dieu cornu au cours des prochains chapitres.) En outre, il est raisonnable de croire que les hommes de l'ère paléolithique pensaient que leur art influait directement sur l'issue de la chasse : s'ils dessinaient parfaitement la scène de chasse, ou s'ils utilisaient, pour ce faire, un type de minéral particulier ou, encore, s'ils étaient accompagnés du sage de la tribu, l'esprit du bison dessiné était alors déjà capturé. Cette croyance constitue la première manifestation d'un *envoûtement* par l'être humain, pratique qui fait d'ailleurs partie des éléments fondamentaux de la sorcellerie.

Des statuettes représentant des corps de femmes bien en chair, sculptées dans la pierre et dans l'os, ont été découvertes de la France jusqu'à la Russie, en passant par la République tchèque, et datent d'entre 35 000 à 10 000 ans avant l'ère chrétienne. Elles expriment la féminité suprême, la fertilité et les différents rôles de la femme, qui consistent à protéger et à favoriser la fertilité, à veiller au bon déroulement des accouchements et à soutenir la tribu. En dépit du débat à savoir si les Vénus sculptées renfermaient des esprits protecteurs, il est manifeste qu'elles symbolisaient un immense pouvoir de procréation.

L'ère paléolithique se distingue également par l'apparition des cérémonies entourant la sépulture des morts de la tribu, lesquels, souvent, étaient inhumés avec les outils et d'autres instruments qu'ils utilisaient quotidiennement, ce qui donne à penser que les hommes préhistoriques croyaient en une sorte de vie après la mort. L'attention accordée à ces cérémonies suppose une preuve d'amour, le sentiment le plus spirituel chez l'humain. Les corps étaient souvent peints au moyen de minéraux colorés et étaient ensevelis dans une position de repos, ce qui semble indiquer que les hommes de cette ère établissaient un lien entre le sommeil et la mort. Cette théorie mène à la perception qu'ils associaient leur propre mort aux cycles de la nature. Les hommes de l'ère paléolithique croyaient peut-être que, une fois morts, ils retournaient à la terre pour se reposer et qu'ils revenaient à la vie par la suite, tout comme les plantes meurent en automne, puis reprennent vie au printemps. La croyance selon laquelle la terre est le berceau de la vie, constitue l'une des idées fondamentales du paganisme moderne et nombre de païens croient également à une sorte de vie après la mort ou à la réincarnation.

Nous pouvons déduire, malgré une insuffisance de preuves anthropologiques sur la question, que d'autres cultures anciennes partageaient cette croyance. Nul ne connaît la pratique exacte des rites et ceux qui auraient pu nous renseigner à ce sujet ne sont plus de ce monde ! Quoi qu'il en soit, malgré les différences de style, les croyances présentaient le même fondement : si la tribu respectait la vie autour d'elle, si elle pratiquait des rites pour assurer sa survie et la sécurité des générations à venir, elle pouvait prospérer. En conséquence, ses membres allaient vivre, mourir et revenir à la vie.

Les anthropologues et nos contemporains occidentaux en général doivent se faire à l'idée que ces rites aient pu bel et bien fonctionner.

Ces anciennes civilisations ont découvert le côté magique de la nature et nous l'ont transmis. Elles ne faisaient sans doute pas brûler de chandelles aromatisées et n'écoutaient certainement pas de musique de méditation, mais elles savaient comment vivre en harmonie avec la nature, un des fondements de la sorcellerie. Les symboles et les connaissances sont encore bien ancrés dans nos esprits, bien enfouis dans l'inconscient collectif de la race humaine. Nous ne devons pas avoir honte de nos ancêtres, car aussi malodorants et velus que nos ancêtres de l'ère paléolithique ont pu l'être, nous descendons quand même d'eux. Les tribus ayant vécu aux époques paléolithique, mésolithique et

> « L'idée que la terre symbolise une mère et que l'inhumation constitue une renaissance semble être apparue d'elle-même dans certaines collectivités très tôt au début de l'humanité. Les tombes de l'*Homo neanderthalensis*, un prédécesseur lointain de notre espèce, qui a vécu vers 200 000 à 75 000 ans avant l'ère chrétienne, constituent, à ce jour, la première preuve indubitable de l'existence passée de rites accompagnés de pensées mythologiques. »
>
> — JOSEPH CAMPBELL[3]

néolithique ont marqué le début de notre espèce en évoluant dans un corps qui ressemblait de plus en plus au nôtre. Leurs dessins nous amènent à réfléchir. Nous finirons peut-être par profiter d'une infime partie de leur sagesse issue de leur profonde relation avec la terre et la vie qui évoluait autour d'eux.

LES DÉBUTS DE LA MAGIE CÉRÉMONIELLE – LE MOYEN-ORIENT NÉOLITHIQUE

La pratique de la magie cérémonielle se distingue du culte voué à la nature.

Vers 8 000 à 4 000 ans avant l'ère chrétienne, l'ère néolithique a remplacé l'ère paléolithique. C'est à cette époque que les nomades se sont sédentarisés, que des résidences permanentes ont été construites le long des terres arables et que les temples ont constitué des lieux de culte distincts. Ce changement de style de vie représente un détail important pour l'évolution du monde : l'homme a bâti un lieu de culte pour y loger sa spiritualité. Il pratiquerait dorénavant sa vénération envers la nature dans ce nouveau lieu de résidence où habitaient les divinités qu'il avait créées. Il a également inventé les prêtres et les prêtresses qui devaient communier avec ces dieux, consacrer à la fois tout leur temps et toute leur énergie aux dieux et à l'interprétation de symboles et de présages. Après tout, les hommes de l'ère néolithique étaient beaucoup trop occupés à cultiver leurs terres, à construire des routes, à apprendre l'arithmétique et à guerroyer sur les terres fertiles de leurs voisins pour communiquer constamment avec les divinités. La magie cérémonielle a donc fait son apparition en même temps qu'un système de langage écrit, l'*écriture*, et qu'une nouvelle structure, la *société*.

Le nouveau système religieux attribuait à la divinité de nombreux visages et de nombreux noms. La religion, à l'ère néolithique, avait toujours pour base les forces de la nature, mais ces dernières étaient maintenant personnifiées sous forme de dieux et de déesses. Ce système, beaucoup plus complexe et approprié, était adapté au nouveau raffinement de la société, laquelle était située au Moyen-Orient (Mésopotamie, Babylonie, Sumer et Égypte, soit la région connue sous le nom de *croissant fertile* et ses régions environnantes). Sumer était située dans le désert d'Arabie, région jadis (et encore aujourd'hui) hostile. Par contre, la terre d'Égypte était fertile, ce qui a donné à ses habitants assez de temps libre pour s'adonner à la philosophie. L'une et l'autre des deux cultures, *polythéistes,* prétendaient qu'il leur était possible de recourir à la magie pour se servir de l'énergie abondante de l'univers afin d'obtenir ce qu'elles désiraient. D'ailleurs, cette croyance est présente dans la Wicca moderne. Nous pouvons encore constater, dans les vestiges de l'art religieux de ces deux cultures, un mélange de formes humaines et animales, où les représentations des humains mêlées à celles des bêtes cornues de la chasse ont donné naissance à des dieux.

Les peuples de Chaldée, région située entre Sumer et l'Égypte, ont joué un rôle déterminant dans l'évolution de la magie cérémonielle. Chaldée serait le lieu de naissance de la kabbale (aussi connu, entre autres, sous les noms de Qaballa et de Kabbala), laquelle est une tradition mythique hébraïque. La kabbale est encore très vivante et présente, encore aujourd'hui, une tradition qui a traversé les siècles grâce aux rabbins et qui a connu peu de changements. De nombreux adeptes de la Wicca ont intégré la kabbale à leur pratique magique et quelques jeux de tarots plus ésotériques comprennent des symboles de la kabbale. Vous trouverez un peu plus de renseignements sur les philosophies de ces cultures au chapitre 3.

ASSIMILATION CULTURELLE

L'invention de l'écriture a sans aucun doute constitué une percée d'importance dans l'histoire. De nos jours, les gens peuvent mettre sur papier leurs expériences quotidiennes, les consulter de nombreuses années plus tard et commencer à établir des liens entre elles. L'écriture nous a apporté un pouvoir incroyable, autant du point de vue spirituel que scientifique. D'ailleurs, dans de nombreuses cultures, on croit encore que connaître, et particulièrement écrire, le vrai nom de quelque chose équivaut à en posséder l'esprit. Du point de vue scientifique, les gens ont pu organiser leurs expériences et leurs observations. Pensez à toutes les répercussions de cette découverte ! Les humains ont pu, dès lors, répertorier les plantes qui guérissent une maladie particulière, se partager l'information et consigner les mythes et les légendes qui peuplent leur histoire pour les générations à venir.

Je poursuivrai sur le sujet du partage de l'information en vous mentionnant que le commerce a aussi joué un rôle important dans l'assimilation culturelle. Par exemple, les cultures voisines échangeaient autant leurs almanachs sur papyrus que des épices et des métaux précieux. En outre, les guerres perpétuelles ont été un facteur déterminant pour la pratique religieuse au Moyen-Orient. En effet, une tribu victorieuse imposait souvent ses divinités au peuple vaincu ; les dieux des nations conquises devenaient souvent les diables de la nation victorieuse ; les temples des dieux déchus étaient soit détruits, soit consacrés aux nouvelles divinités, et les vainqueurs interdisaient souvent toute référence à la religion honnie. Il s'agissait à la fois d'un moyen de détruire la fierté et l'esprit d'une culture et de lui imposer sa supériorité. Quoi de mieux pour assujettir un peuple que de le contraindre à adopter l'héritage culturel de son nouveau maître. Cette fusion de cultures explique les similitudes présentes parmi les différents panthéons : la grande déesse sumérienne, Ishtar, est devenue la déesse babylonienne Inanna, laquelle est devenue la déesse égyptienne Isis, et ainsi de suite. Voici une donnée qui vous étonnera sans aucun doute : des chercheurs universitaires ont trouvé une ressemblance frappante entre les langues parlées par diverses cultures, comme celles de l'Inde, des régions slaves, de la Grèce et de l'Allemagne[4] et leur mythologie respective. Ces ressemblances ont permis de forger une langue, l'*indo-européen*, qui établit des liens familiaux que vous n'oseriez imaginer.

Alors, que s'est-il passé par la suite ? Encore plus de guerres, de pharaons, de traites d'esclaves, de percées scientifiques et autres. Passons, maintenant, aux Grecs, aux Romains et aux Celtes anciens.

MONDE OCCIDENTAL

Les anciens Grecs ont fait progresser la sorcellerie. En effet, Pythagore, philosophe et mathématicien, avait déclaré que les chiffres étaient issus de la nature, et non de l'homme (ce qui a donné naissance à la numérologie, science pratiquée par de nombreuses sorcières). Selon Empédocle, le monde était entièrement composé de quatre éléments, soit la terre, l'air, l'eau et le feu, auxquels il a attribué des caractéristiques particulières. Ces éléments sont aussi presque universellement utilisés dans la pratique de la sorcellerie.

Les anciens Grecs étaient aussi polythéistes et leur panthéon regorgeait de dieux et de déesses servant à exprimer toutes les facettes de l'expérience humaine. En fait, on leur reconnaît la création des dieux *anthropomorphes*, dieux qui ressemblaient aux humains, qui agissaient comme des humains et qui souvent vivaient parmi les humains. Pourtant, les dieux grecs étaient tous puissants, immortels et habituellement plus beaux que les humains (être un dieu devait avoir ses avantages, n'est-ce pas ?). Les anciens Grecs ont sans doute emprunté quelques-uns de leurs dieux à la civilisation égyptienne. D'ailleurs, le mythe de Perséphone, qui établit très bien le lien existant entre la déesse égyptienne Isis, la déesse sumérienne Ishtar et la déesse babylonienne Inanna rend cette hypothèse plus plausible. Ils ont également modifié le concept original de la déesse unique qui représentait à la fois une mère et un agent de destruction, en la fragmentant en plusieurs divinités différentes. Par exemple, dans la mythologie grecque, le dieu cornu, appelé Pan, représentait non seulement les bêtes sauvages, mais également la musique, le plaisir et la sexualité, attributs non liés à la chasse, mais certainement à la nature.

Les dieux romains ont été empruntés directement au peuple grec, probablement en raison de la guerre remportée par les Romains et des nombreux esclaves grecs qui sont devenus leurs professeurs. Les deux peuples partageaient les mêmes divinités et les mêmes croyances, mais ils leur avaient donné des noms différents. Par ailleurs, le mot *païen* vient du latin *paganus*, qui signifie *habitant d'un pays* ou *paysan*. Les paysans pratiquaient des rites de fertilité pour s'assurer de la santé des cultures et des enfants, et ces rites différaient de ceux de la religion romaine, plus sophistiqués, que pratiquaient les citadins. En outre, bien que les Romains construisaient des temples à leurs dieux, ils gardaient dans leur résidence des autels érigés pour les dieux et les déesses qui protégeaient leur famille.

LES ÎLES BRITANNIQUES

Les pays les plus souvent associés au paganisme moderne et aux traditions faisant appel à la sorcellerie sont ceux des îles britanniques, soit l'Angleterre, l'Écosse, l'Irlande et le pays de Galles. Il est intéressant de noter que si l'Angleterre compte des vestiges paléolithiques, jusqu'à maintenant aucun n'a été découvert en Irlande. Toutefois, on y a dénombré des sites mésolithiques.

Les dieux cornus ont fait leur apparition en Irlande sous le nom romain-celtique de *Cernunnos* ou, si vous préférez, *Herne*. Et, encore une fois, ils représentaient la nature et les bêtes sauvages.

Quoique l'époque antique classique ait été très riche en événements, je passerai directement au Moyen-Âge, époque étrange de l'histoire. Comme le christianisme commençait à se répandre en Europe, l'ancienne religion des divinités féminines et du dieu cornu est alors devenue le culte du diable. Vous vous rappelez de ce qui advenait du panthéon d'une tribu conquise ? Le diable chrétien a emprunté les cornes et la queue de Cernunnos, bien que le dieu cornu n'ait jamais évoqué le diable dans la mythologie païenne, qu'elle soit ancienne ou moderne.

Se pose alors la question suivante : les paysans européens, les païens, ont-ils continué de vénérer les anciens dieux et de célébrer les anciens festivals ? Peut-on aller jusqu'à affirmer qu'ils ont continué de le faire en étant conscients de leurs origines ?

Il est tout à fait possible que les sages-femmes et les paysans aient continué d'observer les anciens rites secrètement, mais il est peu probable qu'une religion païenne semi-organisée ait pu survivre après le XIVe siècle. Le christianisme était alors très puissant et opprimait vigoureusement toute religion qui lui portait ombrage. Toutefois, il est évident que les sages-femmes se transmettaient les vertus des herbes et fabriquaient des amulettes. Si des célébrations ont eu lieu, elles ont dû se dérouler dans la plus grande peur et le plus grand secret ou, encore, étaient marginalement permises et diluées par l'amalgame des anciennes célébrations païennes aux nouveaux rites chrétiens. Vous trouverez plus de renseignements sur les origines de Noël, de Pâques et de l'Halloween au chapitre 15.

Margaret Murray, anthropologue et égyptologue, a traité de la folie passagère liée à la sorcellerie en Europe, en insistant sur le fait que la religion païenne a survécu parce qu'elle était pratiquée dans la clandestinité par les sorcières modernes, les prêtresses de l'ancienne religion. Je dois mentionner que les points de vue divergent grandement parmi les universitaires et les païens. La partie la plus convaincante de la thèse de Mme Murray se résume ainsi : il est quelque peu saugrenu de croire à la conversion immédiate d'une population entière fidèle à une religion bien établie à une autre religion[5]. Dans son ouvrage, elle décrit le culte voué aux dieux cornus de la nature chez toutes les cultures dont nous avons traité précédemment et souligne la poursuite de ce culte.

Quoi qu'il en soit, une chose demeure : les vestiges des *sheela-na-gigs,* découverts partout en Irlande, en France, en Écosse, dans le pays de Galles et en Angleterre (bien que l'Irlande en compte le plus grand nombre), datent environ de 1 200 à 1 400 de l'ère chrétienne. Les sheela-na-gigs sont des sculptures de femmes accroupies de façon à exposer leur sexe dans une démonstration éhontée du pouvoir féminin, le pouvoir de donner la vie et, par association, de donner la mort et de redonner la vie. Le plus étrange, c'est qu'elles ont souvent été trouvées sur des églises ! La datation au carbone 14 révèle que ces sculptures sont beaucoup plus anciennes que les églises sur lesquelles elles ont été trouvées, ce qui donne à penser qu'elles y ont été amenées et fixées – pratique tout à fait païenne.

> Si vous désirez mieux comprendre les origines de la Wicca et de la sorcellerie, je vous conseille les deux ouvrages suivants : *The Triumph of the Moon: A History of Modern Pagan Witchcraft*, de Ronald Hutton et *Witchcraft: A Consise History* (livre électronique disponible sur Amazon.com) de Isaac Benewits. De plus, tous les ouvrages écrits par Janet et Stewart Farrar sont également fortement recommandés.

RETOUR À NOS TEMPS ET LIEUX

L'homme moderne est incroyablement détaché de l'époque où il fallait qu'il chasse pour assurer sa survie. Nous avons maintenant à notre disposition la pénicilline et d'autres petites pilules miracles. Il existe même une chaîne spécialisée dans les prévisions météorologiques. Nous n'avons même pas besoin d'examiner la lune et les étoiles pour savoir quand les rivières sortiront de leur lit ou pour savoir si nos actions sont en harmonie avec la nature et les dieux. Toutefois, même si nous sommes moins en harmonie avec les énergies naturelles de la Terre, ces dernières ne sont pas pour autant moins vraies qu'elles ne l'étaient à l'époque où nos ancêtres les percevaient comme une preuve de la divinité de la nature, une présence animée.

CHAPITRE DEUX

LA WICCA MODERNE

La *Wicca* est un mot relativement nouveau, mais qui est galvaudé. De nos jours, la Wicca ne désigne pas qu'un type de magie blanche. Les mots sorcière, Wiccan, païen et néopaïen ne sont pas interchangeables. Je sais que c'est mêlant, alors j'essaierai d'éclaircir tout ça.

Le terme Wicca a été inventé par Gerald Gardner (voir ci-dessous) qui l'a emprunté au mot anglo-saxon *wician,* qui signifierait pratiquer la sorcellerie ; il l'a aussi peut-être emprunté au mot écossais-anglais wica qui veut dire sage. D'autres mots analogues proviennent de la racine *wic-*, qui peut être reliée aux mots anglais *willow* (saule) et *wicker* (osier) qui rappellent le concept de plier dont nous avons déjà parlé. Le mot wicca désigne le praticien masculin alors que *wicce* désigne la praticienne féminine.

Gardner commença par appeler sa religion wica avec un « c », wiccan en étant le pluriel (plus d'un wicca ou wicce). À l'heure actuelle, le terme wicca désigne la religion ou la personne qui la pratique. Certaines personnes se désignent par le mot wicca, d'autres, wiccans et d'autres encore, sorciers ou sorcières.

Les sorcières et sorciers ne

sont pas nécessairement des Wiccans. Certaines personnes pratiquent la sorcellerie, mais ne veulent pas se faire appeler des Wiccans parce qu'elles ne considèrent pas que la sorcellerie est une religion. De nombreux Wiccans choisissent de s'appeler sorcières ou sorciers, d'autres refusent et ne pratiquent ni la magie blanche ni l'envoûtement. Ces personnes peuvent par contre se considérer comme des païens, le terme global qui désigne les gens qui souhaitent faire renaître les anciennes traditions et qui ne sont pas (1) judéo-chrétiens ni musulmans et (2) pratiquent une spiritualité fondée sur la terre qui est souvent, mais pas toujours, polythéiste. Cela nous amène aux néopaïens, qui ne prétendent pas nécessairement faire renaître une tradition séculaire, mais qui répondent à la définition de païen.

Comme nous venons de le voir, les sorcières ne sont pas toutes des Wiccans et les Wiccans ne sont pas nécessairement des sorcières ; les deux peuvent, selon la tradition qu'ils suivent, être des païens ou des néopaïens. Les mots hélas, ne servent qu'à nous diviser !

La Wicca éclectique présente le grand avantage de permettre une liberté totale de l'expression et d'évoluer continuellement. Par ailleurs, la plupart des païens sont de farouches individualistes, je risquerai donc de m'attirer des ennuis en mettant tout le monde dans le même panier et en faisant des affirmations telles « tous les Wiccans pensent ceci » ou « tous les païens font ceci ».

La plupart des Wiccans sont à vrai dire duothéistes : la divinité est pour eux masculine, le Dieu ou le Seigneur, et féminine, la Déesse ou la Dame. De nombreux Wiccans sont d'avis que toutes les déesses ne sont que la Déesse et tous les dieux ne sont que le Dieu. À titre d'exemple, Athéna et Aphrodite ne sont en réalité que des représentations particulières de l'unique Déesse. On appelle polythéistes les Wiccans qui considèrent chaque dieu ou déesse comme étant des personnalités tout à fait distinctes.

QUE FONT LES WICCANS ?

Pendant la lecture de ce livre, il ne faut pas oublier que bien que la Wicca soit une religion, la sorcellerie est d'abord et avant tout un *métier* magique (c'est pour cela qu'une personne est capable de la pratiquer, mais pas une autre). La Wicca se concentre souvent sur la liturgie rituelle et religieuse semi-formelle, la sorcellerie pure se concentre sur la création, soit par le biais de fabrication de chandelles pour les sortilèges ou la guérison ou par la création d'encens, de charmes, d'amulettes et autre. La sorcellerie pure et simple a tendance à être en général moins formelle.

À la lecture, n'oubliez pas que les pratiques diffèrent d'une assemblée à l'autre et d'un individu à l'autre. Le présent livre présente une foule d'informations ; pour avoir une image complète, reportez-vous aux annexes qui indiquent les ressources sur Internet et recommandent des ouvrages.

WICCA MODERNE

Dans l'histoire, la sorcellerie n'est pas nécessairement une religion, mais la Wicca et la tradition de sorcellerie qui l'accompagne font partie de l'histoire. Les choses se compliquent lorsqu'on se rend compte que la Wicca n'est pas une religion organisée ; ce qui veut dire qu'il n'y a heureusement pas de marabout, prophète ou bible à suivre. La Wicca moderne veut surtout interpréter les mythes, faire renaître les dieux et personnaliser l'expérience de la divinité. Si quelqu'un vous dit que vous n'êtes pas un Wiccan ou une sorcière parce que vous ne pratiquez pas leur tradition particulière, ne les croyez pas. Ceux qui veulent s'attacher à des détails sans importance feraient bien d'entrer dans une secte.

Certains principes fondamentaux – le credo, le culte, le code et la communauté – doivent être présents dans toute religion. Dans son livre *Wicca Covens,* Judy Harrow énonce ces principes que lui a appris le Dr Leonard Sindler, un professeur de dialogue entre les religions à l'université de Temple de Philadelphie.

Le *credo* est le système de croyances d'une religion. C'est une série de mythes et de symboles qui explique la façon dont la religion considère la divinité. Chaque tradition wiccane possède son propre credo, comme les Catholiques, les Baptistes, etc. au sein du christianisme. On peut affirmer sans trop s'avancer que la Wicca considère la divinité comme *immanente* (c'est-à-dire qu'elle est présente en toute chose, en tout temps), *transcendante* (c'est-à-dire que c'est une partie de la divinité qui dépasse l'entendement humain) et *polarisée* entre forces masculines et féminines. Les mythes varient d'un groupe à l'autre en fonction de la culture sur laquelle chacun se fonde.

Le *culte* rappelle les sectes, mais en fait le mot désigne la forme de liturgie rituelle qu'une religion utilise. Toutes les religions possèdent leur culte. Pour la Wicca, la projection d'un cercle constitue un temple mobile et aussi la façon la plus formelle d'adorer les Dieux. Les styles de projection de cercle varient d'un groupe à l'autre. Pour plus de détails, reportez-vous à la section sur le Cercle des sorcières.

Le *code* est l'éthique que pratique un groupe religieux. Le *conseil* wiccan sous une forme ou une autre est le code de la Wicca.

Le *conseil* Wiccan dit : « Si tu ne fais de tort à personne, fais ce que tu veux ».

C'est en fait, à quelques petites différences près, la règle d'or que suivent toutes les grandes religions : « Ne fais pas à autrui ce que tu ne voudrais pas qu'on te fît ». La première partie semble assez explicite. Tant que vos actions ne nuisent pas aux autres, à la Terre ou à *vous-même,* vous êtes entièrement libre de faire ce que bon vous semble. Cela peut paraître simple, mais, en fait, ça ne l'est pas. Une grande liberté s'accompagne d'une grande responsabilité. Il vous faut réfléchir à l'ensemble des conséquences possibles de vos actes. Il vous faut prendre le temps d'étudier chaque personne, forme de vie ou institution qui pourrait être touchée par un mot, un acte ou – surtout – un sort que vous jetez. L'essentiel est de viser le plus grand bien des intéressés : personne ou chose. C'est une obligation incontournable ! Le guide des aumôniers de l'armée américaine définit la Wicca comme étant un choix religieux légitime. Merci les États-Unis ! C'est ce que nous avons toujours pensé…

La *communauté* est le groupe qui constitue chaque religion. Les Wiccans n'ont pas d'églises, de mosquées ni de synagogues, ils ont des assemblées. L'assemblée est leur lieu de rassemblement pour pratiquer leur liturgie, partager les joies et les problèmes et travailler leur spiritualité personnelle et collective. Certains Wiccans préfèrent pratiquer en solitaire et il n'y a pas de mal à ça. Les Solitaires appartiennent quand même à une communauté au sein de la famille païenne étendue, même s'ils choisissent de ne pas en faire partie de façon continue.

Il existe, comme dans toute religion, différentes interprétations de la Wicca, connues aussi sous le nom de sectes ou de traditions. Les Wiccans peuvent utiliser différents noms pour le Dieu et la Déesse et pratiquer différents rituels.

Qu'est-ce qui détermine une tradition ? Bonne question. La Witches' Voice, l'une des meilleures ressources sur le Web, estime qu'un groupe lance une tradition lorsque au moins trois assemblées la pratiquent pendant plus d'une année. Et pourquoi pas ! Toute la philosophie du paganisme éclectique repose sur la liberté individuelle de communiquer avec les Dieux sans suivre servilement un ensemble de règles relatives aux rituels et à la liturgie.

SORCELLERIE TRADITIONNELLE ET HÉRÉDITAIRE

Les sorcières traditionalistes prétendent qu'elles pratiquent une sorcellerie qui remonte aux cultures anciennes, classiques et médiévales que j'ai décrites antérieurement. Leurs traditions mettent plus particulièrement l'accent sur le panthéisme et l'animisme et comportent souvent peu de cérémonies formelles. Elles ne prétendent pas tenir leur savoir de nos ancêtres lointains, mais de remettre en vigueur – et non reconstruire comme les Wiccans – les anciennes façons de faire transmises par tradition orale. Les sorcières traditionalistes ne considèrent pas nécessairement ce qu'elles font comme une religion. Elles emploient des plantes médicinales, la communion avec le monde des esprits et autres travaux de magie, mais, la plupart du temps, elles ne reconnaissent pas le conseil wiccan et ne suivent pas de rituel wiccan. Les traditionalistes jugent acceptable de jeter un mauvais sort si leur famille est en danger ; elles ne croient pas nécessairement en la Loi du triple ou le karma des Wiccans. Elles croient néanmoins au destin.

Il est tout à fait possible qu'il existe des sorcières traditionalistes ou héréditaires dont la pratique a été transmise de génération en génération. Toutefois, lorsque vous faites la connaissance d'une

personne qui prétend être une sorcière héréditaire, n'oubliez pas ceci :
ces personnes sont très rares ; leur tradition a été transmise par voie
orale puisque la possession de documentation sur la sorcellerie était
passible de mort et aussi parce que très peu de gens étaient capables de
lire et d'écrire au Moyen-Âge. Cela signifie que leur tradition *continue
d'évoluer* et qu'elle n'est probablement pas identique à ce qu'elle était
il y a cinq cents ans.

Les sorcières traditionalistes ne créent pas de cercles comme les
Wiccans. Elles estiment que puisque tout espace est déjà sacré, il n'est
pas nécessaire de sacraliser un espace donné. La sorcellerie de certaines
sorcières traditionalistes est très semblable aux grandes lignes de la
tradition gardnérienne, ce qui est normal puisque Gardner a
essentiellement amalgamé différentes philosophies et qu'il est tout à
fait possible que ces traditionalistes aient été influencés par certaines,
voire toutes ces sources. Toutefois, les rituels et les outils d'autres
traditionalistes peuvent différer considérablement des méthodes de
Gardner. La sorcellerie qu'ils pratiquent est probablement inspirée
d'autres cultures. Dans *Triumph of the Moon,* Ronald Hutton fait
remarquer que plusieurs groupes traditionalistes ont été influencés par
un certain Robert Cochrane, un homme astucieux moins connu, qui
pratiquait au moment où Gardner créait la Wicca, mais dont les
ouvrages n'ont pas connu la diffusion de ceux de Gardner.

WICCA GARDNÉRIENNE

« Il faut une sorcière pour en faire une autre… »

La Wicca gardnérienne, que l'on considère comme l'origine de la
Wicca moderne, a été fondé par Gerald Gardner, un Anglais qui a vécu
de 1884 à 1964. Gardner a révélé ce qu'il *prétendait* être la sorcellerie
britannique traditionnelle.

Gardner faisait partie d'une société secrète appelée Ordo Templi
Orientis, dont le membre le plus célèbre était le magicien Aleister
Crowley, un homme impétueux. Crowley était aussi membre de Golden
Dawn (une société *occulte*), dont il a été obligé de démissionner en
raison de la très haute opinion qu'il avait de lui-même et de désaccords
concernant les méthodes. Crowley était un magicien rituel qui faisait

appel au sexe, aux drogues et aux démons. Gardner et Crowley pratiquaient une magie cérémonielle basée sur les rituels de sociétés secrètes comme les Francs-maçons et les Rosicruciens, mélangée à des méthodes grecques et égyptiennes et à une philosophie orientale (comme le karma et la réincarnation, qu'ils ont obtenu de la Société théosophique, une autre société occulte). Gardner a fait la synthèse des pratiques occultes de tous ces groupes et de toute autre connaissance qu'il possédait au sujet de la sorcellerie anglaise traditionnelle et a créé la Wicca. Oui, vous m'avez bien entendu, il l'a inventée. Il a inventé les rituels, greffant essentiellement des dieux païens aux rituels maçonniques. La sorcellerie, elle-même, existait bien avant Gardner !

En 1951, les lois sur la sorcellerie ont finalement été abrogées en Angleterre et, en 1952, Gardner a pu alors publier son premier livre documentaire sur la sorcellerie en Angleterre. Il y faisait valoir que la religion païenne originale, ayant des sorcières et des mages comme prêtres et prêtresses, se portait bien, même si elle était dispersée, fragmentée et secrète.

Gardner a joué un rôle décisif dans la création de la Wicca moderne. Il a toutefois eu beaucoup d'aide. Des éléments des rituels gardnériens sont pris directement des Francs-Maçons et ont été fortement influencés par Aleister Crowley. Les rituels ont été récrits, retravaillés et transformés en image poétique par une éminente sorcière appelée Doreen Valiente.

Bien que la Wicca soit une religion relativement nouvelle, elle est basée sur d'anciennes idées et sur des pratiques intemporelles. L'idée d'une divinité à la fois mâle et femelle est ancienne. Les offrandes aux dieux sont aussi anciennes. Le fait de vivre selon les cycles de la nature est ancien. Le fait de brûler de l'encens, de danser et de psalmodier jusqu'à l'atteinte d'un état d'euphorie est ancien. La fabrication de charmes, d'amulettes et de potions pour la santé est ancienne tout comme l'utilisation de plantes et d'aliments pour guérir ou pour nuire. Ces éléments de l'ancienne religion se retrouvent dans la Wicca. Qu'en est-il du reste ? Les autres éléments sont plus nouveaux que vous l'auriez cru, *mais ils sont tout aussi valides.* Pourquoi ? Parce qu'ils fonctionnent ; ils permettent de continuer à invoquer les anciens dieux qui répondent à leur tour.

La tradition gardnérienne déclare que pour être Wiccan, il faut nécessairement faire partie d'une assemblée. Le secret est très important et la littérature gardnérienne le souligne (n'oubliez pas qu'il a rédigé son ouvrage presque tout de suite après l'abrogation des lois sur la sorcellerie ! Le moins qu'on puisse dire, c'est qu'il était courageux !) Il y a en tout 162 règles à suivre. Chaque assemblée a son grand prêtre et sa grande prêtresse ainsi qu'une jeune fille (qui est aussi l'adjointe de la grande prêtresse et qui effectue les tâches dont se décharge sur elle la grande prêtresse). Toute personne qui trouve une assemblée gardnérienne – ce qui est quelque peu difficile puisque nombre d'entre eux sont encore secrets et exclusifs – passe par divers degrés d'initiation, allant d'étudiante à grand prêtre/prêtresse. La sorcière doit occuper chaque degré pendant au moins un an et un jour avant de pouvoir passer au degré suivant.

> Comme le souligne Isaac Bonewits dans *Witchcraft : A Concise History*, les mythes concernant les sorcières ont été inventés par l'Église chrétienne durant la chasse aux sorcières (1450-1650 approximativement). Lorsque Murray a écrit ses livres, qui ont été influencés par une interprétation sélective de la transcription des procès, les gens qui utilisaient des pratiques diluées de sorcellerie héréditaire ou qui faisaient partie des Francs-maçons, ou adhéraient au spiritualisme, à la théosophie ou à toute autre forme d'occultisme acceptable sur le plan social, ont dit pour l'essentiel ceci : « Je fais déjà certaines des choses décrites. Nous devrions essayer de faire renaître nos vraies racines ! ». Des gens se sont réunis et ont décidé en secret d'utiliser la terminologie de Murray se désignant sous le nom d'assemblée et célébrant le sabbat, etc. Au lieu de pratiquer leur magie traditionnelle et d'exercer leurs superstitions insignifiantes, ils sont devenus les mages et sorcières que Murray a décrit. Et le reste est de l'histoire ancienne !

On désigne les initiés du premier degré sous le nom de cour extérieure ou de cercle extérieur. Ils n'ont pas le droit de prendre part aux rituels de l'assemblée. Le deuxième degré fait de l'initié un prêtre ou une prêtresse et le troisième degré en fait un grand prêtre ou une grande prêtresse qui peut alors fonder sa propre assemblée.

Selon cette tradition, « il faut une sorcière pour en faire une autre ». Les gardnériens sont d'avis que seuls ceux initiés par un autre gardnérien sont de fait des Wiccans. À mon avis, il serait plus approprié de dire que l'initiation est indispensable dans la tradition gardnérienne, mais que ce sont les Dieux qui font de nous des sorcières.

Parlant des dieux, les Gardnériens invoquent d'habitude Cernunnos (le dieu cornu romain-celtique des bois) et Aradia (déesse romaine des sorcières, fille de Diane, la déesse de la lune). Ce sont les dieux les plus courants, mais d'autres peuvent être invoqués.

Le Livre des ombres est un élément clé de la Wicca gardnérienne ; il décrit les rituels et les sortilèges que transmet le grand prêtre ou la grande prêtresse à chaque initié. Au début, la tradition gardnérienne jugeait indispensable que chaque rituel soit observé à la lettre, sans ajout ni soustraction, et souvent dans la nudité et ce *n'est pas* un mythe !

En fait, de nombreuses sorcières aiment se dénuder pour observer les rituels. Au début, la nudité était obligatoire dans les assemblées gardnériennes puisque Gardner déclarait que l'énergie que les sorcières créent durant le rituel s'échappe par la peau et que les vêtements la restreignent. Pour être tout à fait honnête, il déclarait dans *Witchcraft today* qu'il peut s'agir de la victoire de l'esprit sur la matière. Je n'ai pas constaté que le rituel était moins efficace parce que je portais des vêtements. Je l'ai fait également nue, soit en présence d'amis avec lesquels je me sentais complètement à l'aise ou toute seule. Vous n'êtes certainement pas *obligé(e)* d'être nu(e) à un rituel si vous ne vous sentez pas à l'aise. Si toutefois vous ne vous sentez pas à l'aise lorsque vous êtes nu(e) seul(e), vous feriez mieux de déterminer pourquoi et de surmonter ce problème. La nudité rituelle (que l'on appelle parfois tenue de ciel) évoque aussi le naturel parfait, l'égalité sociale et l'adoration humble des dieux. À la naissance, nous ne portions pas de vêtements de grand couturiers ! Par ailleurs, les assemblées gardnériennes sont bâties sur le principe : « Amour parfait et confiance parfaite » : n'enlevez pas vos vêtements si vous ne ressentez ni l'un ni l'autre !

En entrevue, Bonewits m'a expliqué que Gardner souhaitait à l'origine créer une méthode de tantras (magie sexuelle) pour l'Angleterre, notamment de considérer une assemblée comme un mariage de groupe. Est-ce que cela vous scandalise ? L'Angleterre l'a été. Je ne me porte pas personnellement à la défense des idées et des méthodes de Gardner, mais je ne pense pas non plus qu'elles soient mauvaises ou répréhensibles. Elles ne conviennent pas à tous, pas plus que le football.

Divers ouvrages donnent des exemples de rituels gardnériens (voir les annexes) ; nous reparlerons plus en détail des rituels au chapitre 10.

WICCA ALEXANDRINE

Alex Sanders, qui a vécu de 1926 à 1988, est un sorcier britannique initié dans une assemblée gardnérienne en même temps que sa femme Maxine. Il s'est, en fait, approprié le *Livre des ombres,* en a changé quelques éléments et a lancé sa propre tradition. Il n'a pas donné son nom à cette tradition qui a plutôt reçu le nom de la ville d'Alexandrie en Égypte. Ses rituels sont marqués par une plus forte influence égyptienne que ceux de Gardner et incorporent aussi le symbolisme cabalistique. Sclon Janet Farrar et Gavin Bone, deux écrivains Wiccans bien connus et des initiés de la Wicca alexandrine, le rituel alexandrin s'inspire beaucoup des anciens grimoires (livre de magie à l'usage des sorciers du Moyen-Âge). Sanders a aussi élaboré un entraînement d'un genre plus sérieux. Les outils rituels sont analogues aux gardnériens et peuvent varier quelque peu selon les individus.

J'ai eu le plaisir d'interviewer Janet Farrar et Gavin Bone et de leur poser des questions au sujet de leur expérience de la tradition alexandrine, bien qu'ils n'adhèrent plus à ce groupe ni à aucun autre groupe particulier et, s'il faut absolument leur mettre une étiquette, préfèrent être appelés « progressistes » (l'équivalent grosso modo d'éclectique). Voici ce qu'ils avaient à dire au sujet de la Wicca moderne et des adolescents :

Dès le début, la wicca s'est définie comme un ministère et, par conséquent, une tradition de culte des Dieux, quelle que soit la façon dont on les perçoit. C'est une vocation et non une religion, bien que l'on puisse dire qu'elle est fondée sur le paganisme. Comme tous les ministères, c'est une tradition voilée dans le mystère, une tradition d'autodécouverte et de connexion à l'Esprit, défini au sein de la Wicca comme étant le Dieu et la Déesse. Nous sommes persuadés que ce n'est pas n'importe qui qui peut y adhérer, tout comme ce n'est pas n'importe qui qui peut devenir médecin ou pilote de l'air. Personne ne les accuserait d'être des professions élitistes, juste des professions qui exigent un certain type de personne. Nous ne sommes pas des élitistes, mais des gens pratiques. Nous sommes aussi persuadés qu'il est impossible d'avoir un ministère lorsque les membres n'ont pas d'expérience de la vie, de sorte que cette tradition n'est pas accessible aux adolescents. Cela peut sembler sévère, mais il vous faut vous poser la question suivante : prendriez-vous au sérieux les conseils d'un rabbin ou d'un prêtre catholique adolescent ? La réponse est bien entendu non ! Par ailleurs, je crois fermement que les doctrines du paganisme doivent être accessibles à tous, particulièrement s'ils recherchent un chemin spirituel vrai et ne sont pas juste intéressés à jeter des sorts.

Cette tradition devrait être accessible aux jeunes, mais de façon responsable. Lorsque des adolescents s'adressent à nous, nous leur recommandons d'étudier *toutes* les religions avant d'aborder le paganisme. Ils pourraient découvrir qu'ils sont plus inclinés envers le bouddhisme et nous estimons que nous n'avons pas le droit de dicter à quiconque le chemin spirituel qu'il devrait suivre. C'est là le défaut de nombreuses religions conventionnelles, une chose que nous voulons éviter.

Ne prenez pas ça mal ; ils affirment aussi que la pratique solitaire est une expérience wiccane entièrement valide. Du point de vue traditionnel, l'opinion qu'ils expriment est relativement courante. En fait, si vous trouvez une assemblée gardnérienne ou alexandrine qui regroupe adolescents et adultes, je vous recommande d'être sur vos gardes. Ces traditions incorporent souvent des techniques qui ne conviennent pas aux adolescents de moins de dix-huit ans, surtout ceux qui sont novices en sorcellerie.

WICCA SOLITAIRE

Scott Cunningham a rendu la pratique solitaire accessible et légitime alors que les traditions précédentes mettaient l'accent sur le travail en assemblée. Il a adapté les méthodes gardnériennes à la pratique solitaire et y a intégré des éléments d'autres cultures. C'est aujourd'hui la forme la plus courante de la Wicca, car de nombreux adeptes de la Wicca en Amérique ne veulent pas révéler leur appartenance à la Wicca, ne trouvent pas d'assemblée qui leur convient ou sont des jeunes de votre âge !

Les ouvrages de Cunningham sont parfaits pour s'initier à la pratique solitaire et je les recommande sans réserve. Ils sont simples, mettent l'accent sur l'interprétation personnelle tout en donnant le fondement des mythes et méthodes traditionnelles, traitent de l'aspect créateur, tout comme de la composante magique de la Wicca. Cunningham est tout à fait sans prétention et ses livres se lisent facilement.

TRADITION DIANIQUE

Cette variante – pour femmes seulement – du thème gardnérien est centrée essentiellement sur la déesse, écartant parfois complètement le Dieu. Le culte dianique se concentre souvent sur les déesses de la lune et la Déesse triple dans ses représentations de vierge, mère et vieille femme. La plupart de ses rituels ne possèdent pas de structure définie, tirant partie de l'énergie spontanée qui se crée si facilement lorsque les femmes sont entre elles. Certaines sorcières se sentent plus à l'aise sans la tension sexuelle et la concurrence qui règne malheureusement dans de nombreuses assemblées qui regroupent des membres des deux sexes. Quelques assembléess dianiques excluent les hommes et certaines sorcières dianiques, qui ne veulent rien savoir des hommes, sont des lesbiennes séparatistes. Z. Budapest, une exilée hongroise, est une éminente sorcière dianique qui a rédigé des livres passionnants.

TRADITION FAERIE

La tradition Faerie, appelée aussi Faery, Fairy et, à l'origine, Feri, est un système chamaniste lancé par un certain Victor Anderson et développé par Gwydion Pendderwen. Anderson pratiquait un mélange de chamanisme vaudou et hawaïen, auquel Pendderwen ajouta des éléments celtiques.

Comme vous l'avez probablement deviné, cette tradition se base sur l'énergie mystique des Faeries, connus également sous le nom de Fey ou petites personnes. Les Faeries apparaissent dans de nombreuses mythologies, notamment l'allemande, l'italienne, la britannique, l'irlandaise et la scandinave. Ils sont représentés comme des esprits de la nature bienveillants, de puissants ensorceleurs, des lutins malveillants, des farceurs malicieux ou une combinaison de toutes ces représentations. Les rituels des Faeries reposent surtout sur l'extase, la relation avec l'énergie de la nature, les états hypnotiques et une expérience de la « folie divine » (mon expression) : l'endroit où se rendent les chamans, les poètes, les artistes et les fous pour obtenir leur inspiration divine : Farieland !

La tradition Faerie embrasse les aspects sombres de la vie. Ses adeptes favorisent une mentalité de guerrier et refusent de s'incliner ou de se soumettre à toute faiblesse. Ils ne souscrivent pas au principe wiccan ni à la loi du triple. Les outils sont variés.

RECLAIMING

Ce groupe radical de sorciers et sorcières, qui a vu le jour en 1980 dans la région de la baie de Californie, rassemble magie et politique dans une structure que l'on pourrait qualifier ni plus ni moins d'anarchique ! Le groupe n'a pas de grand prêtre ni de grande prêtresse et il met plutôt l'accent sur l'égalité. Ses adeptes pratiquent le chamanisme plutôt que la magie cérémonielle. Ils utilisent l'extase que procurent la danse et la psalmodie pour mobiliser l'énergie et ils font souvent porter leurs efforts sur la réforme politique, sociale et écologique ainsi que sur la guérison. Ils ne souscrivent pas à un Livre des ombres central et n'importe qui peut écrire, diriger ou participer à un rituel quelconque. L'initiation n'est pas essentielle. Reclaiming ne suit pas un panthéon particulier. La tradition comporte définitivement un côté féminin et les adeptes invoquent plus souvent la Déesse que le Dieu. Ce n'est toutefois pas un groupe féministe militant comme certaines sorcières dianiques.

Reclaiming est un organisme religieux enregistré, constitué en personne morale, sans but lucratif. L'entraînement à la magie, à la découverte de ses pouvoirs et à la politique se déroule dans des camps de sorcellerie.

Reclaiming signifierait : récupérer votre pouvoir, votre relation avec la terre et votre responsabilité à l'égard de la liberté et de la justice pour tous. C'est une excellente voie pour des adolescents païens qui veulent se faire entendre en politique. Un groupe Reclaiming permet d'ailleurs aux adolescents et adolescentes de participer aux camps de sorcellerie. Voir détails aux annexes.

L'éminente écrivaine et activiste Starhawk, qui a joué un rôle de catalyseur dans le Reclaiming, a été profondément influencée par les Faeries avant de lancer sa propre tradition. Elle a incorporé divers éléments de la magie Faerie dans le Reclaiming et les membres des deux systèmes religieux recommandent ses livres.

AMERICAN ECLECTIC

La Wicca est elle-même totalement éclectique. J'ai déjà décrit comment Gardner a réuni des éléments provenant de l'ensemble du monde occulte. Certaines personnes se cramponnent à l'idée que la Wicca est la vieille religion et refusent d'incorporer d'autres dieux ou méthodes dans leur pratique, préférant s'en tenir au modèle gardnérien ou britannique.

Le creuset des civilisations que sont les Etats-Unis, nous donne accès à de nombreuses autres cultures et traditions et nombreuses sont les autres religions qui ont beaucoup de sagesse à offrir ! Pourquoi vous limiter à une petite partie ? En fait, les rituels et les techniques de nombreuses autres religions sont très compatibles à la sorcellerie de type gardnérien. Il est intéressant de noter les similitudes et d'analyser les différences.

Le Circle Amaurot, situé dans le nord de l'État de New York, est un exemple de tradition wiccane éclectique. Ses adeptes ont commencé, il y a quelques années, à créer leur tradition en utilisant le cadre rituel de base de la Wicca et en y incorporant les panthéons celtiques, hindous et syriens. Ils se montrent aussi ouverts à de nombreuses autres cultures comme l'amérindienne, l'égyptienne et la tzigane. Leur philosophie repose sur une compréhension profonde des cultures qu'ils utilisent ; ils trouvent que le mélange harmonieux de divers types de sagesse est une expérience spirituelle très enrichissante. En fait, lorsqu'on leur demande pourquoi ils ont éprouvé le besoin de se détacher du modèle britannique, ils insistent pour dire qu'ils ne s'en sont pas détachés. Ils considèrent plutôt leur tradition comme une interprétation moderne de la Wicca, qui unifie les éléments communs au sein d'une vaste gamme de systèmes religieux.

La santeria, la stregheria, le chamanisme amérindien, le vaudou, le bouddhisme, le taoïsme sont tous des philosophies religieuses qui répondent aux croyances wiccanes et qu'adopte l'Éclectique. Pour en savoir plus au sujet de ces autres cultures qui ont aidé à forger la Wicca éclectique américaine, poursuivez votre lecture.

CHAPITRE TROIS

LES NOMBREUX VISAGES DE LA DÉESSE ET DU DIEU

Dans ce chapitre, je vous donnerai un bref aperçu d'autres cultures : des traditions religieuses qui endossent la sorcellerie, des philosophies religieuses qui sont utiles à la sorcellerie, des systèmes qui influencent profondément la Wicca moderne ou encore des chemins néopaïens que vous voudrez peut-être explorer. Une sorcière aux vastes connaissances est à mon avis une sorcière heureuse. Votre pratique deviendra meilleure par l'exploration des possibilités, l'étude d'autres cultures, l'acquisition de connaissances et l'expérimentation. L'aplanissement des différences, la célébration des connaissances de l'autre et le rejet de l'idée d'un unique chemin vrai n'ont pas leur pareil pour libérer l'esprit et l'âme.

TRADITION ÉGYPTIENNE

Des papyrus retrouvés nous ont beaucoup appris au sujet de la magie dans l'Égypte antique. Les Égyptiens se servaient d'herbes sacrées et de mots magiques pour créer des talismans et des amulettes ou lancer des sorts. Dans l'Égypte antique, la sorcellerie visait aussi à rendre l'âme parfaite pour assurer sa survie auprès des dieux dans l'au-delà. Tous ces aspects de la magie font partie de la Wicca moderne et le *Hermetic Order of the Golden Dawn* (de la tradition gardnérienne) puise son inspiration de ce système.

Toute discussion de la magie dans l'Égypte antique soulève quelques problèmes. Tout d'abord, les noms des dieux ne comportaient pas de voyelles et nous en avons ajouté pour faire bonne mesure. Or, d'après les preuves recueillies, *la prononciation exacte des mots, des sorts et des noms des dieux était indispensable au fonctionnement de la magie !* Les voyelles nous posent donc un dilemme !

Cette confusion mise à part, nous avons réussi à obtenir de l'information sur leur structure rituelle. Comme je l'ai dit, ils insistaient sur la prononciation exacte. Nous pouvons appliquer ce principe à nos propres dieux, en prenant grand soin d'énoncer très clairement et d'utiliser, dans la mesure du possible, la langue d'origine des dieux que nous invoquons. Les rites égyptiens se divisaient en deux parties. La première partie était une longue invocation des dieux ou un ensemble détaillé d'ordres dirigés vers la personne ou la situation que le magicien voulait contrôler. C'est extraordinaire d'apprendre cela, car les sortilèges wiccans consistent essentiellement à exalter l'émotion et à l'orienter vers le but. Des ordres verbaux exaltés peuvent certainement aider. La seconde partie des rites égyptiens portait sur l'exécution de mouvements physiques pour invoquer les dieux ou canaliser l'énergie vers le but. C'est exactement ce que font les Wiccans !

Nous ne pouvons pas reproduire exactement ces rites, mais nous pouvons certainement apprendre des Égyptiens. C'étaient des magiciens disciplinés, très civilisés, charmeurs, qui savaient sans l'ombre d'un doute que les dieux étaient vivants et les écoutaient.

Ressources complémentaires

> Tout ouvrage de E.A. Wallis Budge
> Osirisweb.com
> Idolhands.com

LA KABBALE (AUSSI APPELÉE LA CABALE)[*]

La kabbale, une tradition magique qui remonte à des milliers d'années, nous est venue par le biais des Hébreux. Elle repose sur l'idée que la force divine universelle se manifeste à différents niveaux et sous différentes formes. Chacune de ces formes occupe une place sur l'Arbre de la Vie, un diagramme des forces universelles représentées par trois piliers : l'aspect féminin, l'aspect masculin et le pilier central ou pilier

---

[*] Tradition juive donnant une interprétation mystique et allégorique de la Torah.

de l'équilibre qui représente l'union équilibrée entre les deux et auquel le kabbaliste doit tendre. Chacun de ces piliers est doté de sphères appelées *sephiroth* placées à des points particuliers, dix en tout. Chaque *sephira* représente une manifestation particulière de Dieu. Vingt-deux chemins relient les *sephiroth* entre eux et chacun de ces vingt-deux chemins est représenté par les vingt-deux lettres de l'alphabet hébreu. Chacune des lettres de l'alphabet hébreu représente aussi un concept de création divine. Dix *sephiroth* plus vingt-deux lettres égalent les trente-deux chemins de la sagesse de la kabbale sur l'Arbre de la Vie, qui est une expression des liens entre Dieu et l'Homme. Chaque *sephira* possède aussi une foule de contreparties correspondantes dans le monde, notamment une couleur précise, une partie du corps, un son, une pierre, un symbole, une plante, une fleur et un archange.

Le concept selon lequel les lettres et les chiffres sont des expressions sacrées de la force divine que nous sommes en mesure de déchiffrer pour mieux comprendre l'interconnectivité du monde, est entièrement compatible avec la Wicca. De nombreuses sorcières incorporent cet aspect de la kabbale dans leur pratique ainsi que les correspondances kabbalistiques généralement connues. Certaines sorcières invoquent aussi les anges et les archanges dans leur pratique et d'autres modèlent leur pratique sur l'Arbre de Vie kabbalistique.

Cette tradition magique ne peut être apprise dans les livres, bien qu'il en existe beaucoup sur le sujet. Il vous faut l'étudier avec un rabbin initié pour vous faire une idée de sa philosophie et, souvent, il faut que vous soyez âgé de plus de trente-cinq ans, que vous soyez marié et père de famille. Le but n'est pas pour de vous en exclure, mais la kabbale est une tradition de magie tellement complexe et absorbante qu'il faut avoir des racines bien établies pour garder les pieds sur terre.

Ressources complémentaires

The Mystical Qabalah de Dion Fortune, 2e édition (York Beach, Maine: Red Wheel/Weisa, 2000).
Golden-Dawn.org

LE VAUDOU

Yoruba et Dahomey

Il est presque impossible de parler de religion africaine puisque l'Afrique se compose de nombreux pays, tribus et cultures. Le Vaudou est né lorsque des Africains du Dahomey, du Nigeria, du Sénégal et de Guinée ont été vendus comme esclaves et amenés à Saint-Domingue (Haïti) au dix-septième siècle. Les propriétaires terriens français de Haïti les convertirent au catholicisme, mais ils conservèrent leur pratique traditionnelle du mieux qu'ils pouvaient en combinant leurs dieux avec les saints catholiques, comme la Santeria (voir ci-dessous). Le terme *vaudou* signifie un dieu, un esprit ou un objet sacré dans le langage des gens du Dahomey et du Togo.

Le culte vaudou porte sur les esprits et les dieux, appelés *loa* qui sont décrits comme des esprits, des anges ou des vents. Ce sont des formes d'énergie archétype qui expriment toutes les facettes possibles des forces naturelles : l'expérience humaine, le destin, le pouvoir divin et la présence constante des ancêtres morts. Il est impossible de cataloguer chaque *loa* ; il en existe des milliers qui varient en fonction de la région et de l'interprétation personnelle du *mambo* (la prêtresse appelée aussi *maman-loa*, mère des dieux) et du *hougan* (prêtre, appelé aussi *papa-loa*, père des dieux). Le système religieux compliqué du vaudou repose sur le *Mawu*, le dieu suprême du vaudou.

Le but suprême du rituel vaudou est d'être possédé par le *loa*, ce qui est considéré comme un grand honneur. En atteignant l'extase par le tambourinage, la danse et le chant, le *vodû-si* (compagnon du vaudou) entre en relation avec les énergies universelles et la divinité – comme les sorcières !

Les rituels vaudous ressemblent quelque peu aux rituels wiccans. Les *loa* sont invoqués par le tambour, la danse et le dessin de leur *vévé* particulier (dessins symboliques qui représentent le pouvoir du *loa*). Le *vodû-si* psalmodie et chante et la *mambo* ou le *hougan* fait des libations pour le *loa* en face du *poteau-mitan*, le poteau moyen du *humfo* (salle du temple) ou en direction des quatre points cardinaux. La spiritualité vaudoue repose aussi sur les offrandes aux morts (nos ancêtres).

Le vaudou est toujours pratiqué, surtout en Nouvelle-Orléans où se retrouve la population créole.

Ressources complémentaires

Mamiwata.com
Voodooshop.com

SANTERIA (AUSSI APPELÉE LA VOIE DES SAINTS, LA REGLA LUCUMI ET LA TRADITION ORISHA)

Au Nigeria, en Afrique occidentale, il y a une ville appelée Île Ife où vivent les Yoroubas. C'est un peuple ancien dont la langue remonte à plusieurs milliers d'années et dont la culture est riche en art. Ils vénèrent Oloddumare, la force créatrice suprême, leur Dieu. Oloddumare a créé les *orishas,* des êtres distincts qui protègent les êtres humains s'en occupent et qui représentent toutes les forces naturelles de Oloddumare. Pour les Yoroubas, tout dans le monde est créé à partir d'*ashé* (énergie divine) et Oloddumare ainsi que les *orishas* peuvent nous infuser leur *ashé*. Quand vous avez besoin de l'aide des *orishas*, vous devez leur laisser des *ebbó* (sacrifice ou offrande) afin qu'ils vous donnent leur *ashé*. Vous devez aussi vous souvenir d'honorer et de « nourrir » vos ancêtres morts, l'*eggun*, afin qu'ils continuent de veiller sur vous et d'aider les *orishas*.

Les Yoroubas ont été amenés à Cuba en tant qu'esclaves au dix-septième siècle. À l'époque, les Espagnols, des Catholiques, gouvernaient Cuba. Il était strictement interdit aux Yoroubas de pratiquer leur religion natale, mais ils ont trouvé un moyen de préserver Oloddumare et les *orishas*. Ils ont donné à chaque saint catholique les mêmes pouvoirs que leurs *orishas*. Ainsi, même si la santeria a des racines africaines (Yoroubas), elle est clairement hispanique.

En Amérique, les hommes et les femmes qui sont initiés à la santeria sont appelés *santero* et *santera* – prêtre et prêtresse. Il existe divers degrés d'initiation. Avant l'initiation, vous devez déterminer qui est votre *orisha* en lançant des coquillages de porcelaine, l'outil de divination de la santeria. Vous pourrez invoquer d'autres *orishas* lorsque vous aurez besoin de leurs pouvoirs particuliers, mais votre *orisha* vous protègera et veillera sur vous pour le restant de votre vie. Le santero ou la santera adoptera le nom de son *orisha* et recevra une *libreta*, un livre spécial de sorts, de conseils et de traditions que le parrain lui remettra à son *asiento* (à l'époque de l'initiation du troisième degré). Si, durant l'*asiento*, l'initié devient possédé de son *orisha*, que l'on appelle être monté, on le dit béni. C'est semblable au rite wiccan de possession appelé : attirer à soi la lune. Les tambours, le chant et la danse des rituels de la santeria produisent des états altérés de conscience, tout comme dans la Wicca.

Les adeptes de la santeria *n'appellent pas cela de la sorcellerie* ! C'est leur religion, leur relation personnelle avec le divin et elle est considérée comme tout à fait normale. Il est indubitable que la santeria a exercé une influence sur la Wicca éclectique américaine. Nous commençons à nous rendre compte de la richesse de la spiritualité africaine et de son rapport étroit avec nos coutumes.

Les coutumes des Yoroubas ont aussi influencé d'autres pays. Au Brésil, on appelle *Candomblé*, une variante des traditions yoroubas et à Trinidad, on l'appelle *Macumba*. Ces systèmes sont en même temps semblables et différents de la santeria, mais je ne peux pas, par manque d'espace, entrer dans les détails. Menez votre propre recherche et faites vos propres découvertes. La santeria est répandue surtout à Los Angeles, à New York et dans d'autres régions à la culture hispanique florissante.

Ressources complémentaires

Santeria: The Religion (2e édition) de Migene Gonzalez-Wippler (St.Paul, Minn.: Llewellyn Publications, 1994).
Church-of-the-Lukumi.org

BOUDDHISME

Il existe différentes sectes bouddhistes, les plus connues dans le monde occidental étant le bouddhisme universaliste (Mahanya) et le Zen. Les deux offrent des conseils très pratiques pour les sorcières. Le bouddhisme est surtout une philosophie, axée sur la spiritualité, mais dénuée de rituels élaborés. Le seul rituel mentionné sont les offrandes au Bouddha, d'habitude placées devant une statuette. Les offrandes sont un remerciement pour le dur labeur du Bouddha de son vivant. Un bouddhiste doit s'efforcer de modeler sa vie quotidienne sur la Voie aux huit membres, un ensemble de guides moraux qui sont très compatibles avec les principes wiccans : opinion correcte, intention correcte, parole correcte, activité corporelle correcte, moyens d'existence corrects, effort correct, attention correcte, concentration mentale correcte.

Les principaux concepts sont la discipline de l'esprit (*Samâdhi*) et la maîtrise de la parole et de l'action (*Cîla*) pour empêcher les émotions destructrices de polluer votre âme et le monde. L'accent est aussi mis sur le maintien de la santé du corps et l'acquisition d'une profonde compréhension de l'esprit et du corps. Une tolérance totale envers les autres personnes et les autres modes de vie est aussi un élément important de la philosophie bouddhiste. Toutes ces idées agréent aux Wiccans. N'oubliez pas que certains enseignements occultes qui ont influencé Gardner, surtout la théosophie, étaient fortement influencés par le mysticisme oriental.

Alors que d'autres formes de bouddhisme peuvent être très intellectuelles et théoriques, le Zen met l'accent sur la méditation pacifique, surtout le *ZaZen*, qui signifie « méditation assise ». Le but du *ZaZen* est d'atteindre le nirvana, un niveau spirituel d'existence qui vous relie au divin et qui est décrit comme une extase tranquille. Les sorcières utilisent de nombreuses techniques différentes de méditation, dont la méditation en position assise. De nombreux rites des sorcières visent aussi l'atteinte de l'extase. C'est la relation avec les dieux par la joie. Bien que nos rites portent souvent sur l'extase sauvage atteinte par la danse et les hurlements autour d'un feu de joie, l'extase calme du bouddhisme Zen est une excellente technique de remplacement.

Le but du bouddhisme est de perfectionner continuellement votre âme, d'équilibrer votre karma et de devenir un Bouddha vous-même.

Ressources complémentaires

Buddhist Study Association
16 Stanford Avenue
West orange, New Jersey 07052
Buddhanet.net

Tricycle.com
Siddartha.fr.st

HINDOUISME

L'hindouisme, qui a pris naissance en Inde, est une religion très formelle aux nombreux dieux et déesses, qui contraste vivement avec la simplicité du bouddhisme. La vénération des dieux (*puja*) a lieu après que l'Hindou se soit lavé et se soit purifié. Les Hindous laissent des fleurs à leurs dieux, même dans le cas du rituel le plus simple ; cela se fait de façon formelle, très stylisée pendant que l'Hindou chante une prière. Leur but, grosso modo, est d'unir leur âme (*Jiva-atman*) avec Brahman, la Vérité absolue et l'Âme du monde !

Le yoga fait partie de la philosophie hindoue. Ses mouvements visent à créer l'union extatique de Jiva-atman avec Brahman ; à unir l'âme humaine à la divinité par l'extase. Ça vous semble familier ? Le grand avantage du yoga est qu'il aide le corps aussi. Il n'est pas juste spirituel et incorporel. Le yoga aide aussi à ouvrir les *chakras*, des points spécifiques du corps qui génèrent l'énergie, la retiennent ou la libèrent (*prana* ou *shakti*). L'Hindouisme utilise aussi des *mantra,* des chants qui sont répétés durant la méditation, des *mudra* (gestes rituels) et des *mandala*, des illustrations géométriques utilisées pour concentrer l'esprit. Les Hindous considèrent toute forme de vie sacrée et pratiquent la non-violence ; c'est pourquoi nombre d'entre eux sont végétariens. Ils croient en les *devas*, les esprits qui surveillent la vie animale et végétale, un peu comme nos faeries.

C'est une religion très intellectuelle, aux éléments occultes. On en retrouve les principales idées dans de nombreux textes dont le plus célèbre est le *Bhagavad Gita*. On appelle toutefois collectivement les textes sacrés de l'Hindouisme des *Vedas* et des *Upanishads*.

Ressources complémentaires

Spiritweb.com
Hindunet.org
Bhagavad-gita.org
Himalaynacademy.com

TAOÏSME

De vieux sages aux yeux riants et au cœur jeune, le doux murmure d'un ruisseau dans votre cours arrière et des trottineurs qui crient : ça c'est le *Tao*. En fait, ça *ce n'est pas* le Tao. Il est impossible d'exprimer le Tao dans des mots et les mots utilisés pour le décrire ne sont pas Tao.

C'est le sentiment général que l'on éprouve à la lecture de *Tao Te Ching* de Lao-Tzu. Ce texte du quatrième siècle est considéré comme la source définitive d'une ancienne philosophie chinoise. Ses conseils restent pratiques aujourd'hui, et surtout pour les sorcières.

Comme je l'ai déjà dit, les mots utilisés pour décrire le Tao ne sont pas Tao. Ce n'est pas un concept intellectuel. Le Tao est une force qui se répand et anime le monde. Le Tao est tout et rien. Avec le Tao, il faut suivre le courant du monde, des humains, de la nature et il n'y a pas de début ni de fin. Dans la littérature strictement taoïste, il n'y a pas de dieux ni de déesses ; les Taoïstes prétendent que les dieux et les déesses ne sont que des idées que nous inventons pour donner un nom à ce qui est innommable.

Le Taoïsme a pour fondement le *wu-wei*. Les Taoïstes affirment qu'il est préférable d'être faible, « mou » que d'imposer ses idées au Tao. Pourquoi une sorcière, compte tenu de nos sorts et de nos potions, admettrait-elle cette idée ? De façon générale, nous ne l'admettons pas. Je pense, toutefois, qu'il est bon de l'ajouter à nos autres concepts. Il est quelquefois préférable de prendre du recul par rapport aux illusions trompeuses du monde et de laisser le monde suivre sa course autour de nous.

Le Taoïsme utilise aussi un outil de divination classique, le *I Ching*. C'est une poignée de tiges d'achillée millefeuille (on peut aussi utiliser des bâtonnets ou des pièces de monnaie) que vous jetez pour former des motifs. Vous consultez ensuite le livre *I Ching* pour déterminer le motif formé. Chaque forme est accompagnée d'une petite devinette qui promeut la réflexion ainsi que d'une interprétation traditionnelle de la divination. Le *I ching* fonctionne sur le principe que, puisque le Tao est partout, dans toutes les choses et en tout temps, les tiges d'achillée millefeuille (ou les bâtonnets ou les pièces de monnaie) font partie du Tao et peuvent nous dire comment se déplace le Tao.

La réflexion occupe une place moins importante dans le Taoïsme que dans toute autre philosophie. Au lieu de ne penser qu'à leurs problèmes, les Taoïstes nous enseignent à rechercher les réponses aux dilemmes dans la nature et de faire le calme en nous pour que le Tao nous dirige à son gré.

Ressources complémentaires

TaoRestore.org
Tao Te Ching de Lao Tzu, en tiré à part, (New York : Viking Press, 1985).

ASATRÚ

Cette religion, que l'on appelle parfois à tort religion d'Odin, voue un culte aux anciens dieux norvégiens. Elle tire son fondement de la mythologie et des œuvres classiques de la littérature norvégienne, surtout *The Poetic Edda*, d'auteur inconnu et *l'Edda*, écrit par Snorri Sturluson. Asatrú signifie : « croyance en les *Aesir* ». Les Aesir sont les dieux du ciel des païens scandinaves, auxquels s'ajoutent les dieux de la terre/de l'enfer qui contrôlent l'agriculture, la mort et autres choses terrestres.

Les adeptes de l'Asatrú sont appelés des Asatruistes et leur regroupement s'appelle le *clan*, ce qui en dit long sur la valeur qu'ils attribuent à la famille, un élément essentiel de l'Asatrú. Les Asatruistes sont d'habitude d'origine scandinave, c'est-à-dire que leur famille est de descendance norvégienne, germanique, islandaise ou scandinave. Les Asatruistes manifestent une fierté ethnique et n'utilisent que les mythologies, les méthodes et les dieux germaniques.

Les neuf nobles vertus sont leur code moral : courage, vérité, honneur, loyauté, hospitalité, application, persévérance, autodiscipline. Certains Asatruistes jugent que la magie fait partie de leur tradition. Ils utilisent les runes germaniques.

Leurs chefs religieux s'appellent des *gothi* et *gythia* (prêtre et prêtresse) et sont responsables des *blóts* où les dieux sont honorés par des offrandes d'aliments et de boissons, par des remerciements et des louanges au moyen du *sumbel*. Le *sumbel* est un rituel qui est souvent décrit comme un toast au cours duquel les Asatruistes forment un cercle informel et se passent une corne à boire remplie d'ale, de bière ou d'hydromel. Chaque Asatruiste prend une gorgée et raconte une histoire ou récite un poème et offre un toast aux dieux. Lorsque tous ont bu pour établir le lien avec les autres et avec les dieux, le reste du contenu de la corne est répandu sur le sol en tant que libation et honneur.

Ils n'observent pas les mêmes fêtes que les Wiccans, sauf pour ce qui est du solstice d'hiver (Yule) qui est leur fête la plus importante et dont la célébration ressemble à celle des Wiccans.

Ressources complémentaires

The Poetic Edda, en version électronique de la traduction, Henry Adams Bellows, 1936.
L'*Edda de Snorri Sturluson (Gallimard, 1991)*
Irminsul.org
Asatrú Folk Assembly Runestone.org

STREGHERIA (APPELÉE AUSSI LA VECCHIA RELIGIONE)

L'Italie est la patrie de la *Strega* – la sorcière italienne. Raven Grimassi a ressuscité ce qu'il prétend être *La Vecchia Religione*, la vieille religion des Étrusques préchrétiens. Il affirme que les coutumes païennes de l'Italie ne sont jamais complètement tombées en désuétude et que la *Stregheria* est une continuation plutôt qu'une reconstruction d'une véritable tradition de sorcellerie. Il cite des écrivains classiques comme Ovide et Horace, qui, déjà en l'an 30 avant Jésus-Christ, décrivaient des sorcières faisant une incantation à la lune. Il y a aussi des preuves qu'au dix-septième siècle, certaines Italiennes copiaient à la main *les Clavicules de Salomon*. Il est évident qu'au cours d'une longue période de leur histoire, les Italiens étaient païens et je vais donc m'aventurer à dire qu'il est possible que la sorcellerie ait survécu – au moins sous une forme diluée – dans les régions rurales.

En 1890, le folkloriste Charles Leland a publié un ouvrage très controversé intitulé *Aradia, Gospel of the Witches*. Cet ouvrage, profondément antichrétien, était supposé avoir été écrit en partie par Maddelena, une femme qui prétendait être une Strega héréditaire. Il était toutefois logique qu'une Strega qui se raccrochait à ses croyances se sente contrariée par la menace d'emprisonnement ou de mort qui planait sur elle à cause de l'influence chrétienne suprême. Raven Grimassi, l'écrivain le plus éminent de la Strega, soutient que l'ouvrage de Leland est plein de mensonges. Certains chercheurs pensent que Maddelena mentait pour protéger les vrais rites ou qu'elle n'existait tout simplement pas.

Le principal *avatar* ou prophète de la Stregheria est une femme qui a pris le nom d'Aradia, en l'honneur de la déesse italienne. Selon la légende, elle a vécu au quatorzième siècle (1313, selon la mythologie). On l'a aussi appelée *La Bella Pellegrina* (La belle pèlerine), car elle allait de par le monde pour enseigner la sorcellerie à ses disciples. Ça me fait plaisir de le savoir ! Il est rare qu'on voie une prophète, surtout une sorcière fière de s'autoproclamer comme telle !

La Stregheria utilise des outils très semblables à ceux de la Wicca, dont deux de plus : le *sac de Nanta*, qui sert de rappel constant ou de talisman du pouvoir de la sorcière. La Wicca recourt aussi à ce type d'outil, mais pas de façon constante. Outre les outils d'autel, la Strega utilise la cuvette d'Esprit, faite habituellement de fonte. On verse dans la cuvette une petite quantité de liqueur Strega (que l'on peut acheter à la Société des alcools, aussi incroyable que cela puisse paraître !), une liqueur de couleur vert vif dont l'étiquette montre des femmes dansant avec Pan dans une forêt, et on l'enflamme. La flamme bleue qui apparaît indique la présence de la divinité.

La Stregheria célèbre, elle aussi, la Roue de l'année, mais ses fêtes sont appelées *Treguendas* au lieu de sabbats. La mythologie attribuée aux fêtes est quelque peu différente de la Wicca.

La Strega invoque Diane en tant que déesse suprême et Aradia, la déesse des sorcières et fille de Diane. Elle utilise les anciens dieux étrusques par opposition aux dieux romains que nous connaissons, bien que les traditions varient. Les similitudes entre ce système et la Wicca sont frappantes, ce qui est normal compte tenu du fait que Gardner avait été impressionné par le livre de Leland.

Ressources complémentaires

Tout ouvrage de Raven Grimassi sur la Stregheria
Stregheria.com
Fabrisia.com

DRUIDISME

Dans l'ancien temps, les druides de Gaule et d'Irlande constituaient la caste sacerdotale et étaient les intellectuels de la communauté. Contrairement à la croyance populaire, les mégalithes (comme Stonehenge) ne sont pas attribués aux Druides ; ils ont été créés avant que les Druides ne s'organisent. Les Druides ont vécu en Irlande et en Gaule (France) vers l'an 600 avant Jésus-Christ. Des textes classiques d'auteurs comme Pline, Cicéron et Jules César mentionnent les pouvoirs impressionnants que possédaient les Druides qui ensorcelaient, chassaient les soldats en leur faisant peur, contrôlaient le temps et prédisaient l'avenir.

Le mot *druide* est associé au mot gaélique signifiant chêne, qui a aussi une connotation de force, de solidité et d'ordre. Le chêne et son gui étaient sacrés pour les Druides. Alors que les sorcières de l'ancien temps étaient des sage-femmes, des herboristes et des ensorceleuses isolées au service de la population dans son ensemble, les druides étaient un clergé organisé au service des gens en général et de l'aristocratie en particulier. En fait, une référence aux Druides indique qu'un roi doit compter un druide dans son cercle immédiat de conseillers.

Un mouvement de renaissance du druidisme a été amorcé. Son principal instigateur est Isaac Bonewits, le fondateur de Ár nDraíocht Féin (ADF) – Notre propre druidisme. Ses intentions et ses méthodes étaient honnêtes ; il ne prétendait pas pratiquer le même druidisme qu'il y a des milliers d'années. Bien que Bonewits ait démissionné de son poste d'archedruide, l'ADF est fort. Il se consacre à la recherche de références classiques aux anciens druides, par la collecte du plus grand nombre de textes possibles et la création de textes analogues.

L'ADF s'est doté d'un programme d'enseignement précis. Le premier niveau englobe la littérature classique, l'archéologie, des techniques de méditation, la création de rituels et d'outils et le service à la communauté de l'étudiant. Des candidats adolescents peuvent, avec la permission de leurs parents, s'y inscrire. C'est une précieuse ressource pour toute adolescente païenne ou tout adolescent païen. Bien que le Druidisme soit un chemin celtique, l'ADF ne limite pas sa pratique aux cultures celtiques.

Il existe d'importantes différences entre le Druidisme et la Wicca traditionnelle. Les druides néopaïens sont vraiment polythéistes. Ils n'admettent pas que les dieux sont un. Les druides néopaïens vénèrent chaque dieux ou déesse de façon individuelle et ils ne se limitent pas au panthéon celtique. Selon Bonewits, l'ADF est orienté vers le culte public des anciens dieux dans des groupes de taille moyenne ou large alors que la Wicca se pratique en petits groupes. L'initiation à l'ADF comporte différents degrés ; le druide possède des habiletés très spéciales, alors que dans la Wicca, chaque Wiccan est un prêtre ou une prêtresse dès la première ou la deuxième initiation selon la tradition. Le druidisme est une religion globale et ouverte. Ce n'est pas une école du mystère, comme me l'a expliqué M. Bonewits. L'ADF cherche à fonder des « églises » païennes (faute d'une meilleure analogie) et il se consacre à la recherche. Comme de nombreux Wiccans préfèrent faire bande à part, la participation à une assemblée peut être difficile ; l'ADF par contre, accepte toute personne sérieuse.

Ressources complémentaires

Neopagan.net
ADF.org

CHAMANISME

Amérindien, sibérien, africain
Dans la culture populaire américaine, l'image du sorcier amérindien, portant un couvre-chef impressionnant et arborant des outils mystérieux faits de terre et d'os, continue de survivre. En fait, il conviendrait plutôt de parler de *chaman,* personnage que l'on retrouve dans différents points du globe. En fait, ce sont les cultures dont la pratique spirituelle incluaient des chamans qui sont à l'origine du paganisme paléolithique. Les indigènes de Sibérie, des Amériques, d'Afrique, d'Australie et autres font confiance au chaman, le guérisseur doué qui visite les Esprits et leur parle pour obtenir la guérison. Il entre en relation avec le monde des esprits à son gré en utilisant des états altérés de conscience (commencez-vous à voir ici une tendance ?) et il considère que chaque objet fait partie de la divinité et possède une

âme propre. Vous souvenez-vous de notre discussion au sujet de l'animisme et du panthéisme ? Et bien, le chamanisme est à la fois animiste et panthéiste.

La fonction du chaman est de maintenir la santé et l'équilibre de la tribu ou de la communauté au complet et de traiter les individus. Au cours de mes recherches, j'ai trouvé intéressant de constater que tous les chamans disaient avoir reçu un appel. Bon nombre d'entre eux ne voulaient pas devenir chaman et ont résisté à cet appel. Ils ont alors été tourmentés par d'horribles visions et événements jusqu'à ce qu'ils cèdent à l'appel et suivent leur vocation. De nombreux sorciers et sorcières, auxquels j'ai parlé, décrivent une expérience analogue : plus ils luttaient contre leurs capacités psychiques naturelles, plus ils essayaient de s'intégrer au moule chrétien actuel et d'oublier leur relation antérieure avec d'autres dieux, plus intense devenait leur malaise jusqu'à ce qu'ils découvrent finalement qu'ils n'étaient pas seuls !

Ressources complémentaires

Animalspirit.com
Shamanism.org
La voie spirituelle du chamane de Michael Harner (Presse Pocket, 1994).
Shamanism de Shirley Nicholson (Wheaton, Ill.: Theosophical Publishing, 1987).

LES VOIES DE LA SORCELLERIE

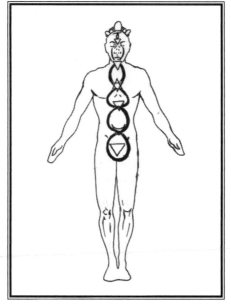

PARTIE III

CHAPITRE QUATRE

MOIS DE DÉVOTIONS

Vous avez maintenant acquis les bases de l'histoire de la sorcellerie, à moins que vous ne vous soyez contenté(e) de parcourir les premières pages en vitesse pour arriver au présent chapitre beaucoup plus rapidement. Je comprends votre tentation, mais, tôt ou tard, cela pourrait bien vous nuire !

Le présent chapitre n'est qu'un début, une introduction aux éléments de la Wicca et à ses nombreux symboles.

Les exercices qui y sont proposés, sont organisés de façon à atteindre un objectif précis. Il ne faut pas y voir là que la sorcellerie est rigide, car c'est tout le contraire. Cependant, avant de commencer, il est essentiel de comprendre l'utilité de chaque élément. Une fois que vous aurez assimilé les *règles* fondamentales, vous pourrez y déroger de manière judicieuse. Alors, allez-y et amusez-vous.

Vous devez effectuer les exercices qui suivent pendant un cycle lunaire complet. Vous évoluerez en même temps que la lune. Vous commencerez à mieux vous connaître et à établir des liens entre les différentes facettes de votre personnalité ; vous prendrez conscience de la relation entre votre vie intérieure et la nature ; vous commencerez à sentir la présence divine dans votre quotidien. Une fois que vous serez en harmonie avec ces énergies, vous serez à même de les utiliser pour obtenir ce que vous souhaitez.

La pratique de la Wicca demande deux choses : l'écoute attentive de la voix intérieure et la sensibilisation à la nature. Le présent chapitre vous permettra d'abord de vous connaître, d'explorer ensuite les

Le paganisme repose sur la communion avec les divinités par l'entremise de la nature et se caractérise par la recherche de l'harmonie avec les cycles lunaire, solaire et des saisons et l'utilisation des éléments sacrés, soit la terre, l'air, le feu, l'eau et l'esprit. Le caractère divin de la nature au cœur du paganisme se retrouve également dans une variété de symboles sacrés, dont le cercle (qui représente l'esprit qui se trouve dans toute chose), la spirale (qui représente la roue de la vie toujours en mouvement) et le pentagramme (qui représente l'équilibre des cinq éléments de la nature). Parmi les autres symboles païens se trouvent l'arbre (qui symbolise la croissance, le renouvellement ; puisqu'il se situe entre les royaumes du ciel et de la terre), la roue solaire qui représente les solstices, les équinoxes et, dans de nombreuses traditions, les jours saints qui tombent approximativement entre l'équinoxe et le solstice, et la Déesse triple de la lune (qui représente les cycles de la lune, soit le premier croissant, le dernier croissant et la pleine lune entre ces deux croissants, ainsi que la déesse représentée comme suit : une jeune fille au cours de la lune ascendante ; la mère au cours de la pleine lune ; une vieille femme au cours de la lune descendante).

— SELENA FOX, *Circle sanctuary*

éléments qui vous entourent et finalement de vous initier à la vénération des divinités. Au cours du mois de dévotions, vous devez vous fixer les objectifs suivants : stimuler vos sens, vous associer à eux et apprendre à utiliser les sphères inexplorées de votre vie et de votre esprit.

Si le présent chapitre semble austère, c'est en fait parce que vous devez faire preuve de discipline pour stimuler l'énergie. Toutefois, même si elles exigent de la discipline, les dévotions doivent quand même être amusantes. Les rituels ou la magie ne doivent pas vous donner l'impression d'être une pratique embêtante ou qui nécessite une foi aveugle et servile. Cependant, il est normal que certains rituels vous rendent sombre : cela signifie que vous êtes absorbé(e) dans vos pensées, un élément essentiel de la sorcellerie. Cependant, vous apprécierez sans doute lancer des balles tard le soir avec votre meilleur ami ou souffler sur de petites balles de lumière blanche. N'allez pas croire que le rire et l'espièglerie réduisent l'efficacité de la magie. En fait, c'est tout à fait le contraire. La Wicca est une pratique joyeuse et le pouvoir de la sorcellerie repose sur la célébration de la Vie.

Si vous ne le faites pas déjà, je vous recommande fortement, au moment de commencer votre mois de dévotions, de noter quotidiennement dans un carnet vos pensées et vos sentiments ainsi que les rêves que vous faites, même en n'écrivant qu'une ligne,

> Il est très difficile d'accepter que les dieux ne soient pas parmi nous, que nous devons nous rendre dans un lieu de culte pour laisser un prêtre parler à Dieu en notre nom. Nous sommes tout à fait en mesure de parler aux dieux nous-mêmes et nous faisons également partie d'eux.
> — WYLD WYTCH, 19 ANS

non pas en vue de composer de merveilleux poèmes ou de rédiger une thèse de doctorat sur la signification de la vie, mais plutôt pour suivre le cheminement de vos pensées, de façon à pouvoir y revenir et les analyser plus tard. Parfois, nous ne faisons pas attention au caractère répétitif de nos réflexions et de certains événements, jusqu'à ce que nous prenions la peine de les mettre par écrit. Pour pratiquer la magie, vous devez faire preuve d'une honnêteté scrupuleuse envers vous-même et faire face avec lucidité à vos comportements destructeurs, à vos mauvaises habitudes et à vos conflits internes. La pratique de la Wicca vise le modelage de la personnalité et la prise de conscience de notre caractère unique et merveilleux, malgré ses côtés bizarres. Soyez disposé(e) à composer avec ces facettes de vous-même qui vous effraient ou qui vous déplaisent. L'introspection reste la seule façon d'évoluer et de devenir des êtres formidables.

Au cours de votre mois de dévotions, vous aurez besoin de ce qui suit pour effectuer les exercices supplémentaires :

- Trois chandelles, de préférence deux chandelles de couleur différente et une chandelle blanche. S'il vous est interdit de faire brûler des chandelles dans votre chambre, ne vous en faites pas. Vous pourrez tout de même faire vos dévotions.

- Une tasse petite ou grande qui peut contenir des liquides chauds. Les récipients à privilégier sont ceux faits de matières naturelles, comme le verre ou la céramique. N'utilisez ce récipient que pour faire vos dévotions et assurez-vous de bien le nettoyer après chaque utilisation.

• Deux bols : le premier servira à y déposer des offrandes, notamment de la nourriture, des objets et des messages écrits sur un bout de papier ; le second servira de chaudron miniature, dans lequel vous pourrez mélanger les ingrédients ou déposer des objets pour les bénir. Assurez-vous de toujours utiliser les mêmes bols pour vos dévotions. De cette façon, vous resterez concentré(e) sur chacune de vos actions.

• Du sel. Le sel de mer est préférable ; le sel casher est excellent, mais vous pouvez quand même utiliser du sel de table (ionisé).

• Du thé. Le thé noir ordinaire est parfait, quoique le thé déthéiné soit préférable (vous n'avez pas besoin de l'effet stimulant de la théine). Vous pouvez également utiliser le thé vert, car il est encore meilleur pour la santé.

• Une boussole, ou bien un autre instrument pour connaître l'orientation des murs de votre chambre : nord, est, sud et ouest.

Vous pouvez également utiliser les objets suivants :

• De l'encens. Il crée à coup sûr une ambiance. Si vous ne pouvez pas faire brûler d'encens, un pot-pourri représente une bonne solution de rechange.

• Des images de divinités. Les adeptes de la Wicca ne vénèrent pas les images, lesquelles ne sont pas sacrées en soi, mais les représentations sont un puissant rappel de la beauté de la divinité.

• Des cristaux ou des pierres que vous possédez déjà.

• Des feuilles non lignées et de l'encre, de la peinture, des surligneurs et même des crayons de cire de couleur. Vous disposerez alors d'une multitude de teintes différentes avec lesquelles vous pourrez travailler et qui ne coûtent presque rien.

Commencez votre mois de dévotions en nettoyant votre chambre à coucher : rangez toutes vos affaires à leur place respective, placez un pot-pourri parmi la pile de vêtements sales et cachez cette dernière dans votre garde-robe ou sous votre lit, soit tout endroit hors de la vue, et épousseter les surfaces. Allez ! Faites preuve de courage et lavez chaque pouce de votre chambre. Passez l'aspirateur. Ainsi, vous éliminerez les bactéries et autres petits germes.

Choisissez, si vous le pouvez, une commode ou une table de nuit pour y poser vos chandelles, votre récipient et vos bols. Disposez-les de manière attrayante, car il s'agit de votre autel de dévotions. Pour ma part, je place habituellement les différents objets entre les chandelles. La plupart du temps, j'opte pour un meuble de forme carrée qui me sert d'autel. J'aime la solidité que représente la forme carrée et sa relation avec les quatre points cardinaux, les quatre saisons et les quatre éléments de la nature. Je peux alors créer sur cette surface carrée un cercle avec le reste des objets. Si vos parents n'approuvent pas que vous dressiez un autel dans votre chambre, ne vous en faites pas. Vous pouvez utiliser le reste des objets dont vous avez besoin au cours de vos dévotions et les ranger dans un endroit sûr par la suite.

LE SYMBOLISME ET LE SUBCONSCIENT

Certains articles de sorcellerie servant aux rituels possèdent un pouvoir propre, comme le sel, l'eau, le feu et des herbes. Il ne fait nul doute que ces articles peuvent reconstituer, brûler ou guérir sans l'aide d'une sorcière. D'autres objets, comme les baguettes et les vêtements de cérémonie, sont davantage des *symboles*. L'utilisation répétitive des mêmes objets dans le cadre des rituels leur insuffle votre énergie personnelle. C'est comme pour les porte-bonheur : l'objet seul n'attire pas la chance, mais le pouvoir que vous lui attribuez lui donne un caractère chanceux. Le simple fait de le porter vous donne l'impression que tout se passera bien. Notre subconscient, la partie de notre esprit qui régit les rêves et l'intuition, se sert des symboles pour communiquer.

Pour ce faire, il vous faut atteindre un état de calme de l'esprit intellectuel, rationnel et conscient afin d'éliminer vos inquiétudes, comme les tâches que vous avez oubliées de faire aujourd'hui ou le stress que vous vivrez demain. La répétition d'un mot ou d'un énoncé plusieurs fois d'affilée, ce qu'on appelle « psalmodier », constitue une façon simple d'atteindre cet état. Vous pouvez également fixer du regard des représentations géométriques, les fameux *mandalas* de la culture indienne, afin d'occuper votre conscient et de libérer votre subconscient pour pouvoir interpréter les symboles. Regarder fixement la flamme d'une chandelle crée un effet envoûtant similaire, tout comme la répétition des sons tels que le tambourinage rythmique. Ces méthodes éloignent votre esprit du monde physique et le transportent à un monde symbolique.

LA TRINITÉ PLUTÔT QUE L'UNICITÉ

Un grand nombre d'adeptes de la Wicca croient fermement qu'ils sont en fait composés de plusieurs *corps* ou *sphères*. Pour vous aider à comprendre ce concept, je diviserai une personne en trois corps distincts, soit le corps physique, le corps émotionnel et le corps astral. Tout d'abord, le corps physique est l'amalgame merveilleux des organes, des membres et de la peau. Il renferme l'intelligence et en facilite l'usage. Tout cela semble évident, mais le lien entre le corps physique et les autres sphères qui nous composent, est souvent méconnu. Notre corps émotionnel consiste en un ensemble de sentiments et d'intuitions qui fluctuent. Cet aspect de nous-même, distinct de notre aspect physique, y est pourtant bien entrelacé. Finalement, la dernière sphère est notre corps astral, où loge notre essence, soit notre âme ou notre esprit, et qui passe d'une vie à une autre. Parfois, le corps astral se déplace au cours d'une même vie. Ce phénomène s'appelle *projection astrale*. Si vous avez déjà rêvé que vous voliez, vous avez sans doute fait l'expérience d'une projection astrale, et ce, sans même le savoir.

Il est facile de prendre conscience de vos différents corps. Il suffit d'avoir la volonté de le faire et de fournir un petit effort pour vous analyser, vous rendre au fond de vous-même. Toute sphère de votre être dont vous ne tenez pas compte se manifestera de façon non équivoque.

Toutes ces sphères sont interreliées ; seules, elles ne fonctionnent pas correctement. Si une partie de vous-même n'est pas équilibrée, tout votre être sera déréglé et vous vous sentirez inconfortable. Lorsque vous réussirez à maintenir un équilibre entre toutes ces sphères, vous commencerez à vous rendre compte de votre conscience ainsi que des liens que vous entretenez avec le monde entier.

REMETTEZ EN DOUTE VOS VALEURS

Vous pouvez également utiliser votre carnet de notes pour y inscrire les questions qui vous viennent à l'esprit à la lecture de cet ouvrage ou à un autre moment afin de pouvoir entamer un dialogue avec vous-même. Il est important de

> Le passage que je préfère dans Charge of the Goddess, est le suivant : « Si vous ne pouvez trouver ce que vous cherchez à l'intérieur de vous-même, ne vous donnez pas la peine de le chercher ailleurs ». Pour comprendre un concept aussi vaste, il faut commencer par trouver son propre équilibre et les répercussions de cet équilibre sur le monde. Je suis à la fois un agent destructeur et un créateur. Lorsque mon être n'est pas équilibré, la Déesse me permet de m'en rendre compte et de ramener l'équilibre en moi, et ainsi éviter de m'apitoyer sur mon sort.
>
> — ATHENA, 17 ANS

vous remettre en question et de remettre en question les autres. De plus, si vous notez vos réflexions, vous serez en mesure de garder vos idées claires. Un esprit fort et lucide est nécessaire à la pratique de la Wicca ; si vos pensées sont confuses, la magie ne sera pas aussi efficace qu'elle devrait l'être et vous ne profiterez pas de tous les avantages que peut vous procurer la spiritualité.

SERVEZ-VOUS DAVANTAGE DE VOTRE MATIÈRE GRISE

Les sorcières ont recours à trois types fondamentaux d'habileté psychique. En premier lieu, la *clairvoyance*, qui signifie « voir clairement », reste la manifestation la plus connue. Certaines personnes peuvent voir des événements futurs dans leurs rêves ; et d'autres peuvent recevoir des visions instantanées qui prédisent l'avenir alors qu'elles sont tout à fait éveillées. La capacité de voir l'esprit de personnes décédées ou des esprits fait également partie de la clairvoyance. Certaines sorcières se servent vraiment d'une boule de cristal (habituellement cristalline ou obsidienne, formée de lave en fusion qui a refroidi très rapidement). Vous trouverez de plus amples renseignements sur la divination au moyen d'une boule de cristal au chapitre 11.

En deuxième lieu, une faculté moins bien connue, la *clairaudience,* qui signifie « entendre clairement », consiste à entendre des pensées ou des voix provenant du monde spirituel. N'allez pas croire que tous ceux qui entendent des voix dans leur tête souffrent de schizophrénie ou de troubles délirants. Il s'agit souvent d'une très subtile impression, comme la voix qui se manifeste pour nous ramener dans le droit chemin. Certaines personnes qui possèdent cette faculté entendent aussi la voix de fantômes et d'esprits. Elles peuvent recevoir des conseils ou des renseignements sur certaines circonstances ou encore des mises en garde.

En troisième lieu, la *clairsentience,* qui signifie « percevoir clairement », renvoie à la capacité de prévoir avec précision les situations, parfois par une sensation physique (c'est-à-dire, ressentir des nausées en raison d'énergies négatives flottant dans l'environnement), et d'autres fois, par la sensation profonde de la vérité que présente une situation. Pourtant, certains ne confèrent pas à la clairsentience le statut de faculté psychique parce que presque tout le monde a déjà ressenti de bonnes ou de mauvaises ondes.

Il se peut que vous ayez fait l'expérience de l'un ou de l'autre de ces phénomènes psychiques. Si ce n'est pas le cas, ne vous en faites pas ! Ils ne sont pas réservés à une catégorie de personnes en particulier : tous les êtres humains possèdent ces capacités. Le temps et la pratique vous permettront de découvrir ces pouvoirs de l'esprit et de les utiliser.

Le monde grouille d'éléments que nous ne pouvons ni voir, ni entendre, ni sentir. À titre d'exemple, nous ne pouvons pas voir les atomes à l'œil nu, mais pourtant, nous reconnaissons leur existence. Lorsque vous regardez dans un microscope, tous les éléments que vous voyez sont infiniment petits, et le milieu dans lequel ils évoluent, est très vaste. Il s'agit en quelque sorte d'une réalité très différente de celle que nous « voyons » tous les jours. Apprenez à cultiver le silence et le calme à l'intérieur de vous-même et vous commencerez à percevoir clairement les énergies subtiles.

La remise en question des motivations et des croyances est très importante dans le cadre du judaïsme et du paganisme et c'est l'une des raisons pour lesquelles je me sens à l'aise à pratiquer ces deux religions. Je suis pourtant en désaccord sur certaines pratiques du judaïsme. À titre d'exemple, j'assistais, il y a quelque temps, à une réunion religieuse de jeunes et nous discutions de ce qui se passe à la mort. J'ai alors posé la question suivante : prenons un païen qui respecte tous les codes moraux des Juifs et qui est également très actif socialement, mais n'a pas l'intention de devenir Juif… et un Juif qui croit qu'il est béni, mais qui ne fait que le minimum exigé par sa pratique religieuse. Lequel des deux sera privilégié au Ciel ? Le rabbin m'a répondu qu'il n'en avait aucune idée. Cette réponse m'a bouleversée.

— MARJORIE, 13 ANS

FRICTION CINÉTIQUE DE STYLE MÉTAPHYSIQUE (EXERCICE DE DÉVELOPPEMENT D'ÉNERGIE)

Selon l'une des lois de la physique, l'énergie n'est ni créée ni perdue. Elle est toujours présente, et ce, dans toute chose. Vous pouvez déplacer l'énergie présente dans votre propre corps, la faire entrer, la faire circuler à l'intérieur de vous et l'évacuer. Vous pouvez également prendre l'énergie présente dans d'autres corps pour l'amener dans le vôtre. Rappelez-vous que tout est interrelié et donc que l'énergie présente dans d'autres corps, est également liée à vous et à votre énergie. Votre volonté vous aidera à interagir consciemment avec votre propre énergie et avec celle présente dans les corps qui vous entourent.

Une fois que vous aurez repéré la région de votre corps la plus réceptive aux énergies subtiles, vous pouvez renforcer votre propre énergie dans cette région particulière. Commencez par vous frotter les paumes des mains en effectuant un geste circulaire. Faites-le jusqu'à ce que vous sentiez votre peau devenir humide. Il se peut que vous ressentiez un fourmillement, une sensation très discrète s'apparentant à un picotement ou à une sensation de piqûre. Vous venez de canaliser l'énergie issue de la friction cinétique, soit l'énergie produite par le frottement de deux objets entre eux (dans ce cas-ci, vos mains) qui se transporte dans des directions opposées. Placez votre main dominante sur votre région réceptive. Visualisez la chaleur de vos paumes comme une vive lumière blanche. Imaginez que cette lumière est un filtre ou un obstacle impénétrable, selon le niveau de protection dont vous avez besoin. La partie la plus importante de cet exercice consiste à *prendre conscience* que cette barrière d'énergie protégera du danger votre région sensible. Le simple fait de placer votre main sur votre région réceptive créera également un obstacle et lorsque vous renforcez votre énergie de

Vous, cher lecteur, cherchez (ou peut-être avez-vous déjà trouvé) une religion qui corresponde à vos croyances les plus profondes, soit une religion qui véhicule de bonnes valeurs. Toute religion peut répondre aux nombreuses questions théologiques, mais seule la spiritualité (cette connaissance intérieure, ou recherche intérieure) peut vraiment le faire. L'un des aspects de la Wicca que j'admire particulièrement, est son caractère individuel plutôt que collectif. C'est vous qui importez ainsi que la relation que vous entretenez avec les divinités.

— ATHENA, 17 ANS

cette façon, elle continue de protéger vos points d'entrée même lorsque vous retirez votre main.

LA TOILE DE VIE

Au cours du mois de dévotions, je vous recommande de réduire votre consommation de viande, et ce, pour deux raisons : tout d'abord, la protéine animale est difficile à digérer. Si votre corps doit dépenser beaucoup d'énergie pour accomplir ce processus, il en restera moins pour la méditation, les sortilèges et autre.

Ensuite, il faut réaliser que la viande est la chair d'un autre animal, que ce dernier a donné sa vie pour que vous puissiez vous nourrir. Ne vous méprenez pas ! Je n'affirme pas qu'il est malsain de manger de la viande et je ne dis pas que vous devez vous convertir au végétarisme. Il faut seulement prendre conscience de ce que nous mangeons : tout ce que vous ingérez devient une partie de vous-même. Il est important de savoir que les êtres humains sont liés aux éléments vivants et qu'ils ne sont pas supérieurs aux autres créatures. Nous sommes au sommet de la chaîne alimentaire et faire partie d'un tout plus grand signifie qu'il faut en respecter chaque partie, et non la fouler aux pieds. Le mois de dévotions est un mois d'expérimentation et, pour cette raison, je vous recommande les petits paquets dans lesquels la viande est emballée dans les marchés d'alimentation et de comprendre véritablement ce que signifie le fait de manger la chair d'un autre animal. Si vous bannissez la viande de votre alimentation, assurez-vous de consommer suffisamment de protéines provenant d'autres sources. À titre d'exemple, les noix, le tofu et la combinaison de riz et de fèves peuvent vous fournir les protéines dont vous avez besoin. Toutefois, si votre corps a besoin de viande, alors

Si vos parents consomment beaucoup de viande et que celle-ci constitue le principal élément des repas, vous pouvez ne manger que les à-côtés, ou encore vous pouvez offrir votre aide pour faire la cuisine. Préparez votre repas pendant que vos parents préparent le leur. Saisissez l'occasion pour former des liens affectifs et initier vos parents à certaines de vos croyances.

mangez-en. Votre corps sait exactement ce dont il a besoin et il est de votre devoir de l'écouter attentivement.

Une fois que vous aurez réussi à vivre en harmonie avec vous-même, vous pourrez commencer à vivre au diapason avec le reste de la nature. Être enfermé(e) dans une salle de classe ou une maison climatisée jour et nuit n'est pas très naturel ! Il est formidable d'apprendre à se connaître et de s'entendre avec le Tout par la méditation, mais si vous êtes confiné(e) entre quatre murs la plupart du temps, vous n'y arriverez jamais. Pour travailler avec l'énergie, vous devez vraiment la comprendre et la sentir. Il s'agit de l'énergie que dégagent la nature, les rochers, les plantes et la terre à l'état brut. Je dois avouer que cette partie a été la plus difficile pour moi. Je n'ai jamais été une grande fervente de la randonnée pédestre et de la nature. Je pouvais tout de même voir la beauté de la nature, mais la nature me semblait toujours être un élément à l'extérieur de moi et non un élément auquel j'étais liée de façon concrète. J'ai dû faire un effort conscient pour comprendre la simple joie de faire connaissance avec la poussière et le soleil et il m'a fallu quelque temps pour comprendre que ces éléments faisaient partie de moi.

LES CINQ ÉLÉMENTS

Les énergies présentes dans notre monde proviennent de cinq éléments : la terre, l'air, le feu, l'eau et l'esprit (également appelé *Akasha*, en sanskrit). Tout ce qui existe provient de ces éléments de base. Pour travailler avec ces éléments, vous devez vous présenter à eux. Les exercices suivants peuvent être adaptés et tout ce que vous pourrez y ajouter renforcera votre relation avec les éléments. Il faut se donner entièrement pendant les exercices pour créer un lien avec l'énergie.

DÉVOTION À LA TERRE

L'ENSORCELLEMENT CULINAIRE

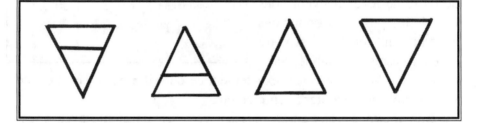

Le nord représente la terre, à laquelle on associe les teintes de brun et de vert. Guérir le corps grâce aux dons de la terre est l'une des plus puissantes pratiques de la magie. La cuisine nécessite la collaboration de l'énergie de la terre, car la nourriture provient directement du sol. L'utilisation des herbes médicinales est évidemment une des façons de pratiquer la sorcellerie, mais les herbes, les aliments ordinaires possèdent de grandes vertus guérisseuses. À titre d'exemple, l'ail et la cannelle possèdent des vertus antibactériennes et antibiotiques et les agrumes contiennent de la vitamine C, laquelle renforce le système immunitaire. (La sorcellerie a ses racines bien ancrées dans la science.) Votre corps est directement lié à la terre ; il est fait de terre. Notre corps possède la sagesse de toutes les années de la terre, lesquelles sont imprimées dans chacune de nos cellules. Votre corps vous dit exactement quels sont ses besoins alimentaires. Dans le même ordre d'idées, si vous sentez que votre corps rejette certains aliments ou certains groupes d'aliments, bannissez-les de votre alimentation. Essayez de faire cuire des biscuits ou un pain si vous n'êtes pas en mesure de cuisiner un repas complet. En mesurant les ingrédients et en les mélangeant, pensez à la façon dont vous créez un corps sain. Tout en mangeant, prenez conscience de l'énergie de la nourriture qui circule dans votre corps et qui maintient chacune de vos cellules en vie.

Cuisiner à l'occasion vous offre également la possibilité d'établir des liens avec les membres de votre famille. En plus de rendre service à vos proches, vous pouvez commencer à les initier aux plus simples éléments de la philosophie wiccane dans une atmosphère calme.

LA TERRE – UNE CRÉATURE VIVANTE

Prenez une poignée de terre. Sentez sa texture, humez son odeur et remarquez les différents tons de bruns qui la constituent. Sachez que vous avez entre les mains des milliers de micro-organismes vivants. Frottez la terre entre vos paumes et remerciez-la de ses bienfaits.

Étendez-vous directement sur le sol. La terre épousera la forme de votre corps. Elle vous réconfortera et vous accueillera. Si vous le pouvez, dormez un soir à la belle étoile. Cette nuit-là pourrait bien être la plus belle nuit de votre vie.

DÉVOTION À L'AIR

SOUFFLE DE VOTRE CORPS

L'air est essentiel à la vie. Il pénètre presque partout et vit à l'intérieur de nous sous forme de souffle. L'air représente l'élément de l'intellect et est traditionnellement associé à l'est.

> À quoi servent des chandelles qui brûlent, du sel, de l'eau bénie, des symboles, les danses, le rire, les chansons, les prières, un tambour, les mots ? Pris individuellement, ces éléments ne servent à rien. Ils possèdent bien sûr chacun leur énergie, mais comme bien des humains qui traversent la vie sans se rendre compte des sources d'énergie qu'ils laissent s'envoler par des actions et des paroles apparemment anodines et qu'on ne remarque même pas, ils sont comme des feuilles dispersées au vent, dansant au hasard sans direction ni but précis. Alors, qu'est-ce que la magie ? Que sont les rituels ? Ratisser les feuilles mortes, je suppose.
>
> – ATHENA, 17 ANS

L'air est à la fois doux et très puissant et les couleurs qui le représentent sont le jaune clair et le bleu pâle.

Une inspiration profonde vous fait immédiatement vivre en harmonie avec l'élément de l'air. Respirez normalement et sentez l'air entrer dans vos narines et, tout en gonflant votre poitrine, sentez l'air descendre jusque dans vos poumons. Sentez l'air chaud lorsque vous expirez ; prenez conscience de votre respiration. Lorsque vous vous sentez à l'aise, respirez à un rythme cadencé : inspirez pendant trois secondes, retenez votre respiration pendant trois secondes, expirez pendant trois secondes, tenez votre respiration pendant trois secondes et répétez l'exercice. Efforcez-vous de dilater consciemment votre poitrine et votre abdomen lorsque vous inspirez. Contractez votre abdomen et votre poitrine lorsque vous expirez. Continuez l'exercice aussi longtemps que vous le désirez.

LE VENT ET LES TEMPÊTES

L'air est un élément actif. La prochaine fois qu'un fort vent se lèvera, sortez à l'extérieur et tenez-vous debout. Trouvez de quel côté il vient, installez-vous dos au vent et ensuite sautez le plus haut que vous pouvez. Vous sentirez le vent vous bercer, vous soulever et jouer avec votre corps. Criez en sautant et sentez les mots qui s'éloignent de vous. Dansez et imitez le rythme et les mouvements des arbres qui se balancent.

DÉVOTION AU FEU

FEU DE L'ÂME DE PAR L'INFINI

Le feu, source d'énergie vigoureuse, dynamique et animée, représente la passion, la sexualité, la création et la destruction. Le feu est également source de purification et de libération. Les couleurs qui le représentent sont le rouge, l'orange, le jaune, le blanc et le bleu. En outre, le feu est associé au sud.

Ce premier exercice nécessite que vous allumiez une chandelle. Si vous ne pouvez pas le faire dans votre chambre, trouvez un point lumineux à l'extérieur. Il n'est pas nécessaire d'utiliser les chandelles dans les exercices quotidiens, mais il est important de vous familiariser avec le phénomène du feu au moins une fois. Ensuite, vous pourrez le visualiser mentalement.

Déposez votre chandelle blanche sur une surface stable et allumez-la. Asseyez-vous et faites les exercices suivants : effectuez des mouvements circulaires avec la tête, étirez vos bras et vos jambes et ensuite asseyez-vous confortablement, mais sans voûter le dos. Tenez la paume de votre main réceptive au-dessus de la flamme, suffisamment près de cette dernière pour ressentir la chaleur. L'énergie produite par le feu de la chandelle ne se termine pas avec la flamme ; elle va au-delà.

Continuez de tenir votre paume à une distance confortable de la flamme. Fermez les yeux.

Toutes les herbes que j'utilise pour les recettes sont comestibles, mais vous pouvez être allergique à l'une ou l'autre de ces herbes, et ce, sans pour autant le savoir. Soyez donc vigilant(e) lorsque vous mangerez ces herbes et ces épices pour la première fois. Vous pouvez utiliser un substitut que vous avez déjà mangé, ou bien prendre une quantité minime de l'ingrédient la première fois que vous y goûterez. Ensuite, si vous ressentez des effets indésirables, portez-leur une attention particulière. Si vous souffrez de nausée, d'urticaire, de rougeur ou de maux de tête, ne mangez plus de cet ingrédient. Si vous ne remarquez rien d'anormal, goûtez encore à l'ingrédient en question. Répétez cet exercice pendant trois jours, en augmentant un peu la quantité chaque fois. Assurez-vous de ne goûter à rien d'autre pendant que vous faites l'essai. De cette façon, si vous ressentez des effets indésirables, vous saurez qu'ils sont causés par le nouvel ingrédient.

Sentez la chaleur du feu réchauffer votre paume et ensuite votre bras. Déplacez la sensation de la chaleur de votre bras à votre poitrine, ensuite à votre sternum, puis à votre abdomen. Laissez-la s'épanouir à cet endroit, juste sous votre nombril. C'est à cet endroit que le feu réside dans votre corps. Sentez la chaleur circuler à l'intérieur de vous, à partir de votre abdomen, descendre et monter le long de votre colonne vertébrale et descendre à toute vitesse dans vos membres, jusqu'au bout de vos doigts et de vos orteils.

FLAMME DANSANTE

Après avoir effectué ce type de méditation à quelques reprises, essayez ce qui suit : amenez l'énergie du feu dans votre main réceptive et laissez-la circuler dans tout votre corps, comme vous l'avez fait pour le premier exercice. Affichez votre volonté, laissez l'énergie prendre de l'expansion et essayez de pousser la flamme en même temps que vous passez lentement votre bras dominant au-dessus de la flamme et autour d'elle. Ouvrez les yeux et fixez la flamme pendant un instant. Ensuite, fermez les yeux et visualisez-la. Vous pouvez invoquer le feu en tout temps sans chandelle, seulement en utilisant cette image mentale.

DÉVOTION À L'EAU

BAIN FORTIFIANT

L'eau, source de vie et associée à l'ouest, représente le subconscient, les habiletés psychiques ainsi que les rêves. Cet élément, qui est d'ailleurs un solvant universel, est directement lié à la lune, puisqu'il régule les marées. Les couleurs représentant l'eau sont le bleu nuit, l'argent et le blanc.

Nous apprécions chaque jour le ressourcement et la puissance régénératrice que procure l'eau qui, avec le temps, arrive à dissoudre la plupart des substances, notamment le stress, l'anxiété et la peur. De plus, elle vous remplit d'énergie et nourrit votre corps et vos émotions.

Pour profiter des vertus d'un bain d'herbes régénératrices, rassembler des herbes fraîches ou séchées et mettez-les dans un bocal propre ou un grand bol (consultez les recettes au chapitre 12 ou choisissez quelques herbes à partir de la liste figurant dans les annexes). Versez deux à trois tasses d'eau bouillante sur les herbes et laissez macérer entre trois à cinq minutes, tout comme vous le feriez pour infuser une tisane. Filtrez le mélange pour éviter que des particules restent collées à la baignoire, ce qui risque de fâcher vos parents. Coulez-vous un bain très chaud et versez l'infusion dans la baignoire. Ensuite, glissez-vous dans celle-ci. Vous pouvez également verser du sel de mer dans la baignoire. Le sel de mer nettoie et dissout les impuretés et nous rappelle d'où vient la vie, c'est-à-dire de l'utérus ou de l'océan.

LE PHILTRE LE PLUS SIMPLE DE CONSCIENCE PSYCHIQUE

Pour éveiller vos capacités psychiques, essayez ce qui suit : versez de l'eau dans votre petit chaudron ou dans votre petit bol. L'eau de pluie est idéale pour effectuer cet exercice. Tenez le bol entre vos mains et concentrez-vous sur les habiletés que vous souhaitez acquérir. Posez le bol et frottez-vous les paumes des mains pour canaliser l'énergie dynamique. Lorsque vous sentirez une source d'énergie suffisante, placez l'index de votre main dominante dans le bol d'eau et faites-le circuler dans le sens des aiguilles d'une montre. Buvez l'eau et sentez l'énergie qui circule en vous. Vous pouvez en faire une grande quantité et placer le bol sur le rebord d'une fenêtre où la lune dardera dessus ses rayons et le rendra magique.

PURIFICATION DE DÉVOTION

Maintenant, vous êtes prêt à purifier votre chambre, ce qui est quelque peu différent du simple nettoyage. Lorsque vous *nettoyez*, vous vous débarrassez des impuretés physiques et vous mettez de l'ordre. Par contre, lorsque vous *purifiez*, vous vous débarrassez des débris psychiques qui s'accumulent dans toute pièce. Les mouvements que vous effectuez lorsque vous purifiez une pièce ne sont pas aléatoires. Circulez dans le sens inverse des aiguilles d'une montre, c'est-à-dire dans le sens anti-horaire, en commençant par l'est, en poursuivant vers le sud, l'ouest, le nord et en revenant vers l'est. Vous utiliserez les éléments dans un ordre particulier : d'abord l'air, ensuite, le feu, l'eau et finalement la terre. En procédant de cette façon, vous supprimez toute énergie négative qui pourrait se trouver dans la pièce. Si vous circulez dans le sens des aiguilles d'une montre et que vous inversez l'ordre des éléments, vous invoquez une énergie (comme la protection) ou remplissez votre espace (avec la créativité, par exemple). La rotation dans le sens horaire attire des éléments positifs et permet l'invocation, puisqu'elle représente le mouvement du soleil dans l'univers. La rotation dans le sens inverse des aiguilles d'une montre, le sens anti-horaire, amène des éléments négatifs et l'exil parce que le mouvement est contraire au mouvement naturel du soleil. Cet exercice constitue un bon point de départ ; nous traiterons plus en profondeur des techniques de rituels au chapitre 10.

RITE PURIFIANT

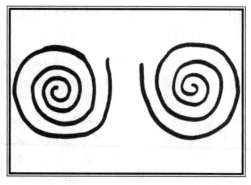

Circulez dans le sens des aiguilles d'une montre pour vous remplir d'énergie ; circulez dans le sens inverse des aiguilles d'une montre pour expulser l'énergie.

Remplissez un bol d'eau du robinet (si vous avez accès à de l'eau de source, tant mieux, autrement l'eau ordinaire fera l'affaire, à moins que vous n'habitiez près d'une usine nucléaire qui déverse des produits chimiques. Vous ne souhaitez tout de même pas purifier votre chambre avec de l'eau radioactive ! J'aimerais que ce ne soit qu'une blague !) Déposez le bol d'eau près d'une fenêtre et regardez les rayons du soleil se refléter dans l'eau. Versez du sel dans un autre bol et placez-le près du premier bol. Ouvrez la fenêtre, même s'il fait froid dehors. En commençant par le côté est de votre chambre, sentez le vent chasser les pensées et les émotions négatives. Sachez que l'air frais a remplacé toute négativité par une joie éclatante. Laissez les rayons du soleil pénétrer dans votre chambre, regardez sa lumière vive remplacer la noirceur de votre chambre et lui redonner de l'éclat. Marchez tout autour de votre chambre dans le sens anti-horaire en tenant le bol d'eau d'une main (en commençant par l'est, le sud, l'ouest et en terminant par le nord), en trempant vos doigts dans l'eau et en aspergeant de gouttes d'eau chaque coin et le plancher. Ensuite, prenez le bol rempli de sel et marchez lentement autour de votre chambre, en lançant quelques grains de sel sur chacun des murs et dans les coins. N'oubliez pas l'entrée de la porte et le rebord de la fenêtre, et dessinez une fine ligne de sel le long du seuil de porte et du rebord de la fenêtre. Ce sont les points d'entrée de votre pièce et le sel les protègera en empêchant l'énergie négative de se faufiler dans votre chambre. Si vous pouvez faire brûler de l'encens, faites-le maintenant, alors que vous revenez vers l'est. Transportez l'encens tout en marchant.

RYTHME LUNAIRE

Maintenant que votre chambre est purifiée et que vous avez amassé les objets nécessaires, essayez d'enter en rapport avec l'Esprit. Si vous le désirez, vous pouvez commencer durant la nuit et répéter cet exercice chaque soir jusqu'à la pleine lune. Il s'agit d'un geste symbolique : commencez votre aventure dans la noirceur, permettant à votre conscience de prendre de l'expansion à mesure que la lune croît et, ensuite, départissez-vous de toutes vos peurs et de toutes vos pensées négatives au même rythme que la lune décroît. Le cycle de la lune est défini et, si vous gardez cette information à l'esprit tout au long de l'expérience, votre concentration renforcera votre intention. Ces exercices ne sont qu'une suggestion ; commencez lorsque vous jugerez que le moment est venu. Rappelez-vous que lorsque la lune passe de la quasi-invisibilité à la pleine visibilité, vous progressez ; à la pleine lune, vos aspirations sont à leur comble ; lorsqu'elle passe de la pleine à un quart, vos obstacles diminuent. Mais avant tout, vous devez savoir reconnaître les différentes phases de la lune, bien sûr ! Sortez chaque soir du présent mois de dévotions et jetez un coup d'œil à la lune, même si vous ne pouvez le faire que pendant une minute ou deux. De nombreux calendriers indiquent les dates des différentes phases du cycle de la lune.

Célébrez la pleine lune d'une façon spéciale ; faites-vous un thé et allez méditer à l'extérieur sous la lumière de la lune et faites une peinture comprenant un clair de lune ou composez un poème en son honneur. Les sorcières vénèrent souvent les déesses durant la pleine lune, laquelle porte également le nom de *esbat*. La pleine lune crée une énergie très spéciale que vous pouvez mobiliser. Faites-en l'expérience !

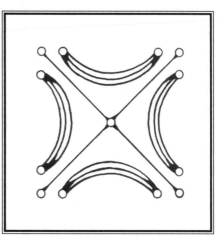

Diagramme cérémoniel de la lune

Chaque phase lunaire émet une énergie particulière. La nouvelle lune est associée au commencement et à la planification de la prospérité, ainsi qu'à la réflexion intérieure, à la divination, au blocage ou à l'expulsion. La lune croissante, comme son nom l'indique, représente la croissance. Pour sa part, la pleine lune représente le temps propice pour s'adonner à la magie ; elle est dans toute sa gloire et projette des sources d'énergie. Finalement, la lune décroissante représente une période de relâchement, d'expulsion et de diminution.

– GWINEVERE, 16 ANS

DÉVOTIONS À L'ESPRIT

Vous devez vous poser les questions suivantes : « Pourquoi suis-je dans ce monde ? Pourquoi ai-je voulu essayer la sorcellerie ? ». Si vous avez répondu que c'était par curiosité, c'est parfait ! Si vous avez été élevé dans une religion particulière, repensez à ce que vous aimiez et à ce que vous n'aimiez pas dans le cadre de cette pratique religieuse. L'examen de vos croyances vous permet de vous découvrir.

Le principal exercice à faire est celui qui vous rend alerte, que ce soit la peinture, le chant, l'écriture, l'équitation, la course, le jardinage – bref toute activité qui vous procure de la joie. Remarquez comment vous vous sentez lorsque vous réussissez ce que vous entreprenez et cherchez plus profondément les raisons pour lesquelles vous aimez tellement

Message à l'intention des filles : Lorsque vous aurez vos règles au cours du mois de dévotions, accordez une attention particulière à ce qui vous rend joyeuse, fâchée ou triste, ainsi qu'à tout sentiment instinctif ou à toute prémonition. Au cours de cette période, votre intuition est grandement accrue. Traitez-vous en princesse durant cette période. C'est un privilège d'être née femme, malgré les crampes, bien entendu…

pratiquer cette activité. Est-ce le jeu des couleurs que vous réussissez à créer sur papier ? Est-ce la sensation du vent dans vos cheveux lorsque vous courez ou que vous faites de l'équitation ? Est-ce la stimulation intellectuelle que vous ressentez ? Connaître ces raisons vous aidera à comprendre vos points forts et vos points faibles. Vous pouvez exploiter ces parties de vous-même qui sont moins développées en invoquant un élément ou une divinité en particulier et en ramenant cette énergie à vous.

L'INTELLECT MÈNE À LA VOIE DIVINE

Informez-vous sur toutes les formes de spiritualité qui vous intriguent. Tout concept qu'une personne a posé comme principe est utile et chaque religion compte des divinités. De plus, vos recherches vous aideront à mieux comprendre vos propres conceptions. À titre d'exemple, si un aspect donné d'une autre culture vous attire, vous venez alors de découvrir quelque chose sur votre vision de la vie. D'un autre côté, si vous éprouvez de la répulsion pour une certaine philosophie, vous savez alors que cette pensée vous est néfaste ou inutile. Cet exercice relève davantage de l'élimination que de la découverte.

DÉESSES ET DIEUX, ÂME DU MONDE

Les dévotions présentées dans cet ouvrage visent à vous aider à vivre en harmonie avec le Dieu ou la Déesse, ou encore les deux, selon votre préférence. Certaines femmes estiment qu'il est important de travailler d'abord avec la Déesse, puisqu'elle est souvent oubliée dans notre culture. Par contre, certains hommes sont plus à l'aise avec le Dieu, au début, pour la raison invoquée par les femmes. Sachez qu'il n'y a ni bonne ni mauvaise façon d'établir un lien avec les divinités. Si vous vous liez à une seule force, reconnaissez au moins l'existence de l'autre pour créer un équilibre.

Admettez simplement la possibilité de l'existence de cette énergie universelle et réalisez qu'elle est à la fois féminine et masculine, à la fois sombre et claire. Pensez à l'énergie du monde en tant que masculine et féminine et prenez conscience que les forces en opposition se complètent et s'équilibrent entre elles. La sorcellerie repose en partie sur ces assises. Faites le lien avec la physique : toute action entraîne une réaction égale et opposée. La fonction que vous effectuez sur un côté d'une équation algébrique doit être nécessairement effectuée de l'autre côté pour l'équilibrer. La sorcellerie est essentiellement fondée sur des principes d'équilibre, d'unification des contraires et d'action entraînant une réaction. Parlez-en à votre prof de math !

Si vous décidez de nommer ces forces, découvrez ce que vous pouvez sur leur culture et leurs affinités particulières. À titre d'exemple, si vous choisissez d'établir un lien avec Aphrodite (déesse grecque de l'amour et de la beauté), vous pourrez ensuite choisir les symboles qui y sont associés, comme le coquillage. Vous pouvez lui donner en offrande des aliments traditionnels de la culture grecque,

Symbole de l'énergie magique

comme du miel, des olives ou des citrons. Voyez-vous où je veux en venir ? Utilisez les symboles pour communiquer avec votre subconscient et les divinités feront de même.

Choisissez une chandelle de couleur pour représenter la Déesse ainsi que l'énergie féminine et l'autre chandelle pour représenter le Dieu et l'énergie masculine (rappelez-vous les chandelles dont nous avons parlé aux pages 85-86). La couleur de la chandelle n'a aucune importance pour le moment. Nous aborderons la symbolique des couleurs plus loin dans l'ouvrage. Si vous ne pouvez pas utiliser de chandelles, ce n'est pas grave. Utilisez plutôt une pierre ronde et lisse que vous aurez trouvée à l'extérieur pour représenter la Déesse et une pièce de bois pour représenter le Dieu. Vous pouvez également créer une image Yin-Yang sur papier ou avec de l'argile et l'accrocher au mur ou, encore, prendre un beau verre pour représenter la Déesse et un morceau de cristal ou de pierre en pointe pour représenter le Dieu.

ABONDANCE DIVINE

INVOCATION MATINALE

À votre réveil, prenez le temps de boire un thé. J'ai choisi le thé pour cette partie des dévotions parce que la plante vient de la terre, est infusée dans l'eau, est chauffée sur le feu et produit de la vapeur (air) ; le thé possède également des propriétés qui favorisent la santé. Si vous n'aimez pas le thé, faites-vous un chocolat chaud. Le chocolat est un aliment sacré qui crée une réaction chimique dans le cerveau qui éveille un sentiment amoureux (de plus, c'est délicieux !). Utilisez une tasse que vous réserverez aux dévotions. Pendant que l'eau bout, libérez-vous de vos pensées et concentrez-vous sur votre respiration. Pendant l'infusion du thé ou la dissolution du cacao, tenez la tasse entre vos mains. Sentez la chaleur du liquide. Regardez la vapeur monter en spirale et aspirez les vapeurs. Pendant que vous tenez la tasse, prenez un moment pour remercier en silence la Déesse et le Dieu pour l'eau, la terre d'où vient le thé (ou le chocolat) et pour vos sens qui vous permettent d'apprécier cette boisson.

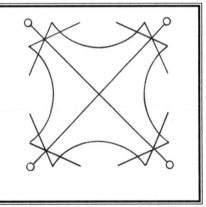

Diagramme cérémoniel du soleil

À chaque gorgée, sentez la chaleur de l'abondance divine descendre jusqu'au creux de votre estomac. Tout en avalant, faites-vous la promesse de remercier souvent les divinités et d'accueillir leur générosité avec grâce. La chaleur et le confort de leurs bienfaits resteront en vous et votre corps s'en souviendra comme d'une luminescence chaude à l'intérieur de vous et vous pourrez les invoquer lorsque vous en ressentirez le besoin. Rappelez-vous seulement votre dévotion matinale et votre esprit déclenchera ces sensations dans votre corps pour revivre l'expérience. Vous pouvez également le faire avec du café, si vous êtes, comme moi, amateur de café, mais je pense que la quantité de caféine contenue dans le java est trop grande pour une dévotion matinale. Le café contient également un agent acide qui incommode l'estomac. Les douleurs gastriques ne vous laisseront certainement pas un bon souvenir des dieux... Si la première chose que vous faites le matin est de boire un café, faites votre dévotion après.

SALUTATION AU SOLEIL

Une fois que vous aurez pris votre boisson matinale, étirez-vous un peu. Essayez de vous pencher de façon à pouvoir toucher vos orteils et ensuite ramener lentement votre corps à la verticale, tout en écartant vos bras et en dirigeant vos doigts vers l'extérieur pendant un moment. Ensuite, ramenez lentement vos bras vers l'intérieur et croisez-les au-dessus de votre poitrine, déposez chaque main sur l'épaule qui lui est opposée. Il s'agit de la position du Dieu et c'est une excellente façon de saluer le soleil et le nouveau jour qui se lève.

INVOCATION QUOTIDIENNE

Si vous utilisez des chandelles, allumez, au cours de la matinée, les deux chandelles de couleur pendant quelques minutes. Les flammes représentent la lumière éternelle et le pouvoir des divinités. Saluez-les. Demandez-leur de vous protéger tout au long de la journée. Demandez-leur de vous aider à développer une vision claire, une audition claire et une perception claire. Si vous le désirez, faites brûler un peu d'encens, soufflez sur la fumée dans l'air et visualisez vos prières transportées par cette fumée. Si vous ne pouvez pas utiliser de chandelles ni d'encens, contentez-vous de garder ces mêmes pensées à l'esprit tout en respirant profondément. Lorsque vous expirez, votre respiration transportera vos vœux jusqu'aux divinités. Assurez-vous de bien éteindre les chandelles et l'encens une fois l'exercice terminé. Mettre le feu à la maison ne vous rapprochera pas du tout des divinités...

CHOISISSEZ LA VIE

Tout au long de la journée, efforcez-vous, à différents moments, de prendre conscience de votre corps. Sentez les mouvements de chacun de vos muscles lorsque vous marchez. Mâchez et avalez consciemment et lentement, délectez-vous de chaque geste de votre langue et de vos dents, de chaque sensation et de chaque saveur. Remerciez silencieusement votre corps pour toutes les joies qu'il vous procure. Efforcez-vous d'amener à vous des pensées positives parce que votre corps transporte chaque pensée aux cellules. Si vous prenez le temps de faire parvenir à votre corps des messages d'amour et d'acceptation, il vous le rendra.

Tournez la langue sept fois dans la bouche avant de parler, comme le dit si bien le dicton. Choisissez vos mots. C'est très important. Les pensées sont exprimées par les mots et rappelez-vous qu'on ne peut pas reprendre ses paroles. Si vous dites des mots d'amour et de bienveillance, vous générerez alors ces deux émotions. Par contre, si vous répondez à quelqu'un en vous fâchant, vous provoquez de la colère. Vos paroles colériques se répercutent comme des ondes sonores, et ce, bien après qu'elles ont été prononcées. Assurez-vous qu'elles sont véridiques et qu'elles représentent clairement vos pensées. Si la situation est délicate, alors faites preuve de tact. Vous ne gagnerez rien à dire à votre mère que son ragoût de bœuf n'est pas mangeable ou que ses cheveux sont affreux, et ce, même si c'est vrai. Trouvez plutôt une façon de vous faire comprendre sans heurter les sentiments des autres sous prétexte de vouloir être honnête.

Écoutez attentivement votre interlocuteur et regardez-le dans les yeux (non pas d'une façon désagréable ou en le fixant et assurez-vous de maintenir le contact visuel). Lorsque vous écoutez activement quelqu'un, ne préparez pas

Thé du soleil : Mettez dans un récipient de verre le nombre de sachets de thé, qui convient à la dimension du récipient et à la façon dont vous aimez votre thé. Remplissez le récipient avec de l'eau et placez-le dans un endroit ensoleillé pour laisser infuser quelques heures. Enlevez les sachets de thé avant de consommer la boisson, mettez le récipient au réfrigérateur. Vous pouvez également ajouter des herbes associées au soleil, généralement toutes celles qui vous réchauffent et favorisent la circulation, comme le gingembre et la cannelle.

Thé de la lune : Préparez cette recette dans une tasse et non dans un grand récipient. Faites votre thé de la façon habituelle, avec de l'eau bouillante et du thé noir ou vert. Laissez infuser sur le rebord d'une fenêtre où l'on peut apercevoir la lune. Ajoutez-y ensuite des herbes associées à la lune : noix de muscade (qui favorise l'attention psychique), camomille (qui favorise le sommeil) ou jasmin (qui a une affinité avec la lune parce que sa fleur s'ouvre la nuit).

en même temps votre réponse. Assimilez chacune des syllabes qu'il prononce et votre esprit sera ouvert à tous les messages subtils qu'il vous enverra. Lorsque vous lui accordez votre entière attention, vous lui témoignez du respect.

INVOCATION NOCTURNE

Pendant la soirée, soit après le dîner et avant d'aller au lit, préparez-vous un thé ou un chocolat chaud. Versez-le dans une tasse que vous tiendrez entre les mains avant de boire. Lorsque vous sentirez la chaleur de la boisson, sentez aussi la paix et la tranquillité que le sommeil procure. Remerciez les divinités pour chaque moment de la journée. Réconfortez-vous de leur présence.

RENOUEZ AVEC LA LUNE

Si vous le pouvez, sortez à l'extérieur quelques instants pour boire votre thé. Cherchez la lune. Encore une fois, après avoir bu votre boisson, étirez les bras et les jambes. Penchez-vous jusqu'au sol, ramenez votre corps à la verticale, écartez les bras le plus possible et tournez-vous vers la lune. La position debout, bras et jambes écartées est celle de la Déesse. Sentez l'énergie parcourir votre corps, entrer par votre sternum (situé au centre de la poitrine) et se rendre jusqu'au bout de vos doigts et de vos orteils.

AYEZ UNE VISION EN RÊVE

Avant d'aller au lit, allumez les chandelles représentant le Dieu et la Déesse (si vous le pouvez, bien sûr) et priez dans la position qui vous rend confortable. Demandez aux divinités avec lesquelles vous entrez en relation de vous envoyer un rêve. Les divinités y apparaissent souvent sous différentes formes. Consignez vos rêves dans votre carnet de notes. Si vous rêvez d'animaux, ces derniers peuvent être des messagers des dieux. Si vous rêvez d'un événement en particulier, notez-le et remarquez si un événement similaire se produit dans les jours qui suivent. Si votre rêve concerne une personne, surveillez-la et assurez-vous de lui parler, si cela est possible. Ces symboles constituent souvent des indices fournis par les divinités pour nous conduire vers eux.

Effectuez ces dévotions le plus régulièrement possible pendant tout le mois de dévotions et vous en ressentirez les effets. Lorsque vous réussirez à laisser votre imagination et votre spontanéité orienter votre pratique, votre vie sera remplie d'occasions créatives. Chaque moment deviendra magie et vous lancerez un sort puissant chaque fois que vous rirez fort par exemple, simplement parce que vous serez rempli(e) de joie.

CHAPITRE CINQ
RÉFLEXION ET MÉDITATION

Il existe différentes façons de méditer et diverses raisons de le faire. En tout premier lieu, la méditation ressemble à une pause café mentale. Elle détend le corps et éclaircit l'esprit, le débarrassant du stress quotidien et de ce qui l'encombre. Les quelques minutes que vous prenez pour communiquer avec l'Éternité vous feront voir votre examen de mi-session sous un autre angle et vous permettront de mieux le réussir ! La méditation est aussi une discipline mentale. C'est un moyen de prendre en main vos pensées et vos émotions, de sorte que ce soit vous qui les dominiez et non le contraire.

La pratique de la magie exige une maîtrise de l'esprit et de la volonté. Nous utilisons des techniques très semblables aux styles orientaux, mais il existe aussi des façons moins formelles de détendre l'esprit et de communiquer avec son soi. La méditation peut être un exercice simple ou complexe. Faire la vaisselle et passer l'aspirateur sont deux de mes moyens favoris pour méditer même si ça peut sembler fou.

BOUDDHA MAÎTRE MOINE, PRISE 1

Étirez-vous. Contractez et détendez chaque grand groupe musculaire, en commençant par les pieds, pour passer aux jambes, au tronc, aux bras, aux mains, au cou et finalement à la tête. Respirez consciemment pendant quelques secondes, en dilatant la poitrine et l'abdomen pendant l'inhalation et en les comprimant à l'expiration.

Lorsque vous aurez trouvé le mode de respiration qui vous convient, fermez les yeux et écoutez votre respiration.

Vous pouvez essayer différentes méthodes pour vous préparer à la méditation. Comptez votre respiration, écoutez-la et concentrez-vous là-dessus. Lorsque vos pensées vagabondent (et je peux vous assurer que ça arrivera, que vous commencerez à entendre une chanson dans la tête, à penser aux événements de la journée, à sentir la faim, des démangeaisons du nez, un picotement des pieds, etc.), ramenez votre concentration sur votre respiration et comptez un deux, un deux, un deux.

BOUDDHA MAÎTRE MOINE, PRISE 2

Dans un excellent livre sur le bouddhisme, j'ai trouvé une technique qui décrit l'utilisation d'un objet pour se concentrer. Les aides visuelles peuvent aider votre esprit à rester centré. Tout ce que vous trouvez intéressant fonctionnera, particulièrement les motifs géométriques. Prenez une affiche, une photo ou autre et collez-la au mur. Placez-vous devant, assez près pour en voir tous les détails, mais assez loin pour voir l'ensemble de l'image. Vous pouvez aussi utiliser une statuette, une chandelle (la première technique de méditation que j'ai apprise), tout ce qui vous plaît.

Essayez un grand cercle. Dessinez un cercle bleu sur une feuille blanche. Utilisez un compas ou un gabarit pour le faire le plus parfait possible. Collez-le au mur et asseyez-vous en face. Laissez votre esprit

se fixer sur le cercle et dites : « Cercle, cercle, cercle ». Fermez ensuite les yeux et représentez-vous le cercle aussi parfaitement que vous le pouvez. Si vous visualisez une image vague (une image rémanente orange si vous avez utilisé un cercle bleu), gardez les yeux fermés et regardez l'image. Essayez de faire apparaître le cercle et de le faire disparaître derrière vos paupières baissées. Si vous ne voyez pas d'image lorsque vous fermez les yeux, rouvrez les yeux et continuez à regarder le cercle intensément, en fermant les yeux de temps à autre jusqu'à ce que l'image apparaisse. Cette technique aide à purger l'esprit de toute négativité ; si votre esprit est rempli d'une image pure, cette image chasse la colère, la jalousie ou la haine.

MÉDITATION DIRIGÉE

Ce type de méditation fait appel à un moyen acoustique pour vous amener à un léger état hypnotique. Le but est de vous mettre en rapport avec votre subconscient. Il est souvent indiqué de trouver un objet, une personne ou autre symbole que vous « ramenez » mentalement dans votre conscience de veille. Si vous le faites régulièrement, vous créerez dans votre esprit un lieu sacré où vous pouvez aller pour recharger vos batteries mentales ou vous débattre contre vos difficultés. Cette technique ne me réussit pas. Un psychiatre a essayé une fois de m'hypnotiser (une technique semblable à la méditation dirigée) avant de me déclarer que je n'étais pas influençable. Ça vaut quand même la peine de l'essayer, car beaucoup de gens obtiennent de bons résultats avec la méditation dirigée.

Demandez à un ami ou une amie de vous lire la méditation à haute voix ou enregistrez-vous la lisant et faites jouer la bande. Lisez lentement en énonçant clairement et d'un ton apaisant. Comptez à rebours à partir de soixante. Pendant l'écoute de votre voix qui compte, contractez et détendez chacun de vos muscles, en commençant par les pieds et en finissant par le visage. Étendez-vous, fermez les yeux et imaginez la scène suivante le plus nettement possible.

La maison de l'esprit

Vous êtes couché(e) dans un pré. Il fait chaud, mais pas trop et une légère brise caresse votre corps. La journée a été splendide et le soleil est sur le point de se coucher. Vous pouvez entendre les grillons chanter au loin et vous avez envie de rester étendu(e) dans l'herbe à vous détendre et à sentir que la terre vous berce. Vos yeux sont fermés à cause du soleil et vous pouvez sentir sa chaleur et voir ses rayons à travers vos paupières. Vous pouvez sentir l'herbe sous vous et respirer son odeur fraîche. Le soleil brille sur vous comme une bénédiction, il réchauffe vos yeux, votre tête, votre visage, votre poitrine, vos bras, votre ventre, vos jambes, vos pieds ; vous pourriez rester étendu(e) comme ça pour le restant de votre vie. (Faites une pause de dix secondes avant de continuer.)

Même si c'est très agréable, vous voulez vous lever. Vous vous redressez lentement et ouvrez les yeux. Le ciel est d'un bleu sombre tournant au violet. Le pré est tranquille et vous marchez lentement, remarquant la douce inclinaison du sol. Vous êtes au sommet d'une petite colline et vous voyez une grande maison, pas loin du bas de la colline. Elle est blanche, avec des volets et une porte bleu clair. En marchant en sa direction, vous remarquez de la lumière aux fenêtres et lorsque vous êtes suffisamment près, une petite enseigne rectangulaire noire sur la porte. Lorsque vous arrivez à la porte, vous lisez les lettres argentées de l'enseigne qui dit : « Ceci est la maison de votre esprit. Bienvenue ! ».

Vous tournez la poignée argentée pour ouvrir la porte. Vous êtes dans un petit vestibule, au carrelage et aux murs blancs. Vous voyez en face de vous une arcade qui donne sur une belle salle à manger à la longue table de bois et aux nombreuses chaises. À votre gauche et à votre droite, vous voyez un couloir. Vous vous dirigez vers la droite. Vous sentez la fraîcheur du carrelage blanc sous vos pieds et les murs sont d'un blanc vif. C'est un long couloir et vous passez devant de nombreuses portes, mais vous poursuivez votre chemin, car vous voulez aller au bout du couloir.

Lorsque vous y arrivez, la porte est ouverte. La pièce est vide à l'exception d'une petite table. Lorsque vous vous rapprochez de la table, vous voyez qu'un objet est posé dessus. Vous le ramassez avec les deux mains. Qu'est-ce que c'est ? Regardez-le de près. Vous l'emporterez avec vous.

Vous vous retournez vers la porte et remarquez l'interrupteur situé près de la porte. Vous éteignez la lumière. Vous sortez de la chambre et fermez la porte derrière vous. Vous retraversez le long couloir aux murs blancs et à la fin du couloir, vous voyez un interrupteur. Vous éteignez la lumière à la fin du couloir et retournez au vestibule. Vous vous dirigez vers la porte et vous voyez un autre interrupteur. Vous éteignez encore une fois la lumière. Vous ouvrez la porte pour sortir.

Il fait noir dehors et vous pouvez voir la lune et les étoiles. Vous regardez la lune. C'est une pleine lune brillante. Vos yeux sont remplis de cette lumière vive. Vos yeux sont remplis de lumière. Vos yeux sont ouverts. Bienvenue !

Quel est l'objet que vous avez vu sur la table ? Souvenez-vous en du mieux que vous pouvez. Ne vous inquiétez pas si vous n'en avez pas une image nette. Servez-vous de votre imagination et pensez à la première chose qui vous est venue à l'esprit lorsque vous regardiez l'objet dans la chambre. Retournez et refaites l'expérience autant de fois que vous le désirez, en apportant chaque fois quelques changements. Vous pourriez vouloir emprunter le couloir de gauche la fois suivante et voir ce qu'il y a au bout.

LA MÉDITATION EN MOUVEMENT

Aussi fou que cela puisse paraître, la pratique d'un sport comme le basket-ball, la course, la nage, ou tout autre sport, peut constituer un exercice de méditation. Pratiquer un sport exige de l'attention ; si vous avez jamais participé à une compétition, vous savez exactement ce qui se passe lorsque vous cessez de vous concentrer : vous jouez mal, ratez les passes les plus faciles et finissez par perdre la partie. C'est ce qui se produit dans la vie.

Gardez votre esprit fixé sur les mouvements du corps et ne laissez pas vos pensées vagabonder. L'exercice d'une activité rythmique comme la natation, la course, la marche ou le ballon vous facilitera la chose. Concentrez-vous sur le son que vous faites et assurez-vous de faire rebondir le ballon, de nager, de courir, etc. de façon rythmée.

UNE PETITE MARCHE VERS LA RÉVÉLATION

Mettez des vêtements et des souliers confortables et sortez. Avant de vous mettre en route, étirez-vous un peu : penchez-vous pour toucher vos orteils, redressez-vous et écartez les bras, penchez la tête d'un côté, puis de l'autre, faites tout mouvement qui vous détend et vous prépare à vous mettre en route. Choisissez un point d'arrêt, situé à cinq ou six minutes à pied. Commencez votre respiration rythmique et marchez. Accordez votre pas au rythme de votre respiration. Concentrez-vous sur votre respiration et votre pas. Si vous perdez le rythme, arrêtez. Attendez un moment, retrouvez votre respiration, concentrez-vous et repartez. Pendant l'exercice, regardez à vos pieds, il y a ainsi moins de distractions.

LE SON DE L'ESPRIT EN MÉDITATION

Différents types de musique suscitent une réaction différente et évidente. Selon le morceau, la musique classique peut me donner une sensation de détente ou d'exubérance ; la musique électronique me donne envie de danser ou me met dans un état hypnotique ; la musique punk me donne envie de peindre la maison ou de renverser le gouvernement (je ne la recommande pas pour la méditation). Découvrez le genre de musique qui vous détend et vous aide à vous concentrer. Fermez la porte, trouvez-vous un coin confortable et appuyez sur le bouton de commande de fonctionnement.

Vous pouvez utiliser la musique pour mobiliser l'attention, en prêtant l'oreille à toute nuisance. Vous pouvez fermer les yeux et visualiser les images que la musique évoque. Vous pouvez aussi vous contenter de savourer le plaisir d'écouter un morceau qui vous fait vibrer.

UN INSTRUMENT DU DIVIN

Si vous jouez un instrument, servez-vous en comme outil pour centrer vos pensées. J'ai joué du violon pendant quelques années et c'était indubitablement une méditation. Pour obtenir le meilleur son, je devais adopter une posture parfaite et me concentrer très fort en surveillant le mouvement de mes doigts, en maintenant la position de ma main et en lisant la musique en même temps. C'est ce que j'appelle mobiliser l'attention !

Jouez une gamme ascendante ou un arpège de façon répétitive. D'habitude, les gammes sont simples et si vous jouez depuis un mois, sans pause entre les répétitions, vous en connaissez probablement une sur le bout des doigts. Si vous la jouez sans arrêt, sans pause entre les répétitions, elle vous deviendra probablement étrange, tout comme le fait de dire violet à maintes reprises enlève au mot sa signification. Pour bien jouer d'un instrument, vous devez vous concentrer, même si c'est juste pour faire des gammes. Les gammes ascendantes offrent l'avantage de remonter le moral.

Si vous ne jouez pas d'un instrument (ou même si vous en jouez), chantez une gamme. Le chant est une excellente façon de contrôler votre respiration et il agit comme un délicieux massage léger de vos organes. Le fait de chanter des gammes vous préparera aussi aux incantations plus tard ; votre diaphragme, le muscle qui sépare le thorax de l'abdomen, sera prêt à toute incantation.

Si vous croyez qu'il vous est absolument impossible de chanter, essayez de ne chantonner qu'une note. Vous en êtes capable, non ? Alors, ne soyez pas timide. Si vous voulez pratiquer la sorcellerie, vous feriez mieux d'améliorer votre estime de soi et de vous débarrasser de votre timidité.

LE TAROT POUR VOUS CHATOUILLER LES MÉNINGES

Le jeu de tarots est, entre autre, un excellent outil de méditation. Si vous ne possédez pas de jeu de tarots, achetez-en un si vous avez 20,00 $ à dépenser. Si vous n'avez pas les moyens de l'acheter, ne vous découragez pas. Au chapitre 11, nous verrons comment en faire un.

Le but de la méditation par le tarot est de faire travailler votre cerveau, en le faisant communiquer avec le subconscient. C'est de l'aérobique mentale !

Il existe plusieurs façons d'utiliser le tarot pour méditer. La façon la plus simple est de choisir une carte que vous aimez particulièrement, de la coller au mur et de vous asseoir en face. Examinez-la de près et reculez. Fermez les yeux et visualisez la carte dans votre tête. Essayez de vous souvenir du plus grand nombre de détails. Inscrivez le nom de chaque objet dont vous vous souvenez et vérifiez ensuite si vous aviez raison. Savonnez-vous les mains, rincez et recommencez.

ÉCRIVEZ CE QUE VOUS VIVEZ

J'insiste beaucoup pour que vous écriviez continuellement. L'écriture est une habileté remarquable à acquérir. C'est une extériorisation, une thérapie, un pouvoir. C'est aussi une excellente technique de méditation.

Vous pouvez mettre par écrit ce qui vous est arrivé au courant de la journée, notamment les plus simples détails. Commencez par noter comment vous vous sentiez au réveil. Notez chaque moment de la journée. Qu'est-ce que vous avez mangé le midi ? À quels cours avez-vous assisté ? À qui avez-vous parlé ? En étant conscient (e) de chaque moment et de chaque action, vous serez capable d'avoir un tableau d'ensemble de votre vie. Gardez aussi un calepin à proximité de votre lit le soir. Dès que vous vous réveillez, notez tout rêve dont vous vous souvenez. Inscrivez le plus grand nombre de détails possible. Plus tard, lorsque vous aurez le temps, relisez vos notes et attardez-vous à chaque détail : couleurs, description des gens, lieux et choses. Consignez votre interprétation de la signification de chaque détail.

AROMATHÉRAPIE

Utilisez votre sens de l'odorat pour stimuler votre esprit et vous concentrer. Avez-vous remarqué que certaines senteurs entraînent chez vous une réaction émotive ? La préparation de biscuits ou d'une soupe maison me donne un sentiment de bien-être et me détend parce que j'y associe le bonheur à la maison. L'aromathérapie fonctionne selon le même principe et certaines odeurs sont plus propices à la méditation que d'autres, notamment la lavande

La lavande est très apaisante, à détendre le corps et l'esprit pour permettre une méditation intense. Si vous avez la permission de faire brûler de l'encens, utilisez un encens commercial. Autrement, cueillez des fleurs de lavande ou de la lavande séchée. Mettez les fleurs dans une casserole et recouvrez d'eau. Faites chauffer à feu doux et laissez mijoter pendant que vous méditez. Cette méthode fonctionne aussi avec toute espèce végétale, même les aiguilles de pin et l'écorce d'orange. Au chapitre 12, vous trouverez d'autres recettes.

CULTIVEZ UN JARDIN DE SORCIÈRE

Un jardin tout simple de sorcière

Sauge
Romarin
Rose (diverses variétés miniatures poussent bien dans un pot, sur le rebord de la fenêtre)
Camomille
Menthe
Lavande

Le fait de prendre soin d'une autre créature vivante vous aide à ne pas être trop centré(e) sur vous-même et vos folles pensées. Vous vous concentrez sur la diffusion d'énergie à une autre créature et vous prêtez une grande attention à ses besoins, si vous voulez qu'elle vive bien entendu. Cultiver un jardin de sorcière est une façon de méditer quotidiennement, qui s'accompagne de nombreux avantages indirects.

Avoir des plantes à la maison favorise la bonne santé. Les plantes nettoient l'air et dégagent de l'oxygène pur. Les plantes sont vivantes. Leur énergie donnera un coup de fouet à la vôtre et rendra votre maison plus gaie. Si vous n'avez pas le pouce vert ; ne vous inquiétez ; je ne l'ai pas non plus. Il faut prendre vraiment soin des plantes, c'est-à-dire qu'au lieu de se contenter de les arroser, il faut les élaguer, les nourrir, les vaporiser et les laisser savoir que vous y tenez.

Toutes les herbes mentionnées sont passablement rustiques. Pour déterminer les besoins spécifiques d'une plante, vérifiez à l'endos du paquet de semences ou lisez le petit bâtonnet planté dans la terre des plantes achetées dans une pépinière. Elles vont s'épanouir sur le rebord d'une fenêtre, mais gardez-les dans des pots séparés. Chacune aura des besoins spéciaux en termes d'arrosage et d'ensoleillement. Si vous le pouvez, mettez-les dehors l'été. Elles aiment ça. Vous pouvez les conserver à l'année longue, mais vous remarquerez que leur saveur est moins forte en hiver et à l'automne. Ce n'est pas grave puisque, plus tard, vous vous en servirez pour jeter des sorts.

Procurez-vous une copie d'un Almanach des fermiers (en vente dans la plupart des librairies). Vous serez peut-être surpris(e) d'apprendre que, souvent, les fermiers suivent les phases de la lune pour planter et semer !

CHAPITRE SIX
L'ESPACE SACRÉ

En sorcellerie, il n'existe pas de lieux de culte particuliers comme les églises, bien que certains groupes et assemblées aient établi des lieux permanents de rassemblement et de pratique des rituels et que cette tendance aille en s'accentuant. Nous nous réunissons habituellement chez l'un ou l'autre ou dans des lieux spéciaux à l'extérieur. Pour les Wiccans, chaque endroit, tout comme chaque pouce carré de notre corps et de la terre, est sacré. À la maison, un endroit est réservé à l'exercice du culte et de la magie blanche. Même lorsque l'assemblée ou la communauté dispose d'un lieu de rassemblement, les sorciers et les sorcières, qui pratiquent pour la plupart en solitaire, devraient se réserver un espace à part chez eux.

Posséder votre propre autel est en effet un excellent moyen de vous rappeler quotidiennement votre relation avec les dieux et la nature. En outre, les autels constituent de véritables œuvres d'art en cours d'élaboration ; vous pouvez leur ajouter des choses à mesure que le besoin se fait sentir : pour vous rappeler un problème que vous essayez de solutionner ; pour stimuler votre énergie psychique ; pour célébrer le changement des saisons ; ou simplement pour construire une ravissante sculpture !

UN CERCLE PORTATIF

S'il vous est absolument interdit de posséder un seul petit truc de sorcellerie, ne vous en faites pas ! Vous pouvez fabriquer un Cercle portatif qui sera là lorsque vous en aurez besoin, mais caché à la vue du public.

Vous aurez besoin des choses suivantes :

- Un grand morceau de tissu ou de toile carré, léger et de couleur unie[1]. Sa dimension dépendra de la grandeur que vous voulez donner au Cercle. Si vous adoptez le traditionnel Cercle de neuf pieds, alors faites un carré ayant des côtés d'environ dix pieds et demi, assez grand pour comprendre le Cercle et des objets décoratifs.

- Des marqueurs ou de la peinture à tissu.

- Un bout de corde.

- 5 punaises ou poids.

Étendez le morceau de tissu ou de toile par terre. Utilisez un plancher recouvert de tapis parce que vous allez punaiser les coins. S'il s'agit d'un parquet de bois franc, utilisez des poids plutôt que des punaises.

Trouvez le centre du morceau de tissu en tirant deux diagonales dont la première va du coin supérieur droit au coin inférieur gauche et l'autre du coin supérieur gauche au coin inférieur droit, à l'aide d'un crayon à mine, sans trop appuyer. Servez-vous d'un ruban à mesurer en acier pour que les lignes soient parfaitement droites. À la fin, le morceau de tissu présentera un X.

Enfoncez une punaise au centre du X (ou mettez-y un poids). C'est le centre du carré. Maintenant, fixez votre bout de corde à la punaise (ou au poids). La longueur de la corde équivaudra à la moitié du diamètre du cercle. Un Cercle traditionnel a un diamètre de neuf pieds. Si vous ne disposez pas d'assez d'espace, tracez quand même un cercle d'une grandeur suffisante pour vous y asseoir et y être à l'aise.

Maintenant, attachez votre pinceau ou votre marqueur à l'autre extrémité de la corde. Des marqueurs pour les tissus seraient idéals puisqu'ils sont faciles à manipuler et indélébiles. Tirez sur la corde de manière à la tendre et faites le tour de votre morceau de tissu en dessinant lentement un cercle, sans trop appuyer sur le marqueur. Si vous allez trop vite, vous froisserez le tissu, alors prenez votre temps.

Décorez-le à votre gré. Vous pouvez l'orner des signes astrologiques ou placer le symbole d'un des éléments dans chaque coin. Vous pouvez aussi dessiner plusieurs Cercles plus petits à l'intérieur du grand et faire les deux ! Vous pourriez peut-être imprimer tout simplement des motifs de plantes grimpantes fleuries tout autour. Tout ce qui vous chante.

> « Pour ce qui est de créer votre espace sacré dans votre chambre sans augmenter les tensions de la maisonnée, commencez par essayer d'allumer des chandelles en prétextant que vous aimez l'aromathérapie. Gravez le dessus d'une étagère ou d'une commode et disposez de petits objets de collection dessus comme des objets d'art, des figurines de porcelaine, des articles souvenirs, des chandelles, des plumes, des cailloux, etc. Ultérieurement, vous devriez pouvoir en faire votre propre autel, bien que d'exposer en permanence votre athamé, votre calice et votre baguette magique puisse être un peu radical. »
>
> – ATHENA, 17 ANS

Vous avez maintenant un Cercle portatif permanent, à rouler et à ranger dans un placard ou en dessous du lit lorsque vous ne l'utilisez pas ; lorsque vous en avez besoin, sortez-le, placez-vous dans le centre et obtenez instantanément tous les bienfaits associés au temple. Servez-vous-en pour méditer, renforcer votre projection de cercle ou chaque fois que vous avez besoin de concentrer votre énergie – comme lorsque vous devez étudier en vue d'un examen important.

LES AUTELS SIMPLES

Si vos parents, ou les personnes avec lesquelles vous partagez la maison, sont d'accord pour que vous ayez un autel, formidable ! Il **faut** que vous montriez le plus grand respect envers les autres parce que l'autel sert principalement de stand de ravitaillement psychique ; ce qui incommode certaines personnes, tandis que d'autres sont extrêmement sensibles à l'énergie magique qui s'en dégage – même si elles ne sont pas sorciers ou sorcières elles-mêmes. Il ne faudrait pas que vous perturbiez la santé psychique d'une autre personne. Les Wiccans ont, après tout, comme principe de ne nuire à personne. Nous espérons que les gens avec qui vous vivez respecteront en contrepartie *votre* besoin d'expression.

Beaucoup de Wiccans ont un autel officiel sur lequel ils disposent leurs outils de travail, selon les recommandations de leur tradition. Pour obtenir plus de détails à ce sujet, reportez-vous au chapitre 9. Mon autel évolue en fonction de mon intérêt du moment et je préfère d'habitude avoir un autel officiel et un autel moins élaboré. Même si vous n'avez pas tous vos outils – nous verrons cela au chapitre 9 – cela ne devrait pas vous empêcher de dresser un autel.

Ce qu'il faut savoir lorsque vous dressez votre autel :

• Un lien doit vous unir à chacun des objets. Un objet qui ne signifie rien pour vous ne vous fera aucun bien !

• Ayez un thème en tête. Votre autel est-il un lieu de méditation ? Est-ce un endroit où vous pratiquerez la divination ? Voulez-vous que tous les Éléments y soient représentés (un thème assez traditionnel) ? Assurez-vous que le thème se reflète dans chaque objet et placez-les d'une manière symbolique.

• Assurez-vous que l'autel soit agréable à regarder – à moins que vous ne fassiez un travail plutôt désagréable, comme le bannissement. Nous en reparlerons plus tard.

• Jusqu'à quel point pouvez-vous vous afficher votre appartenance à la sorcellerie à la maison ? Vous aimeriez peut-être mettre un grand pentagramme à l'ancienne sur votre mur ou utiliser des chandelles noires sur lesquelles vous avez tracé des runes, mais vos parents vont-ils piquer une crise ?

• Qu'est-ce les autres peuvent voir ou toucher ? Certains adeptes de la sorcellerie ne veulent pas que d'autres personnes touchent (ou même parfois voient) leur matériel de rituel ; d'autres s'en fichent complètement. Ça ne vous dérangera pas que votre frère voie votre boule divinatoire, mais vous ne voudrez pas qu'une autre personne touche à un charme.

LA PLEINE NATURE

Si vous avez de la place dehors, dressez un autel extérieur. Si vous avez l'intention de pratiquer la sorcellerie, il vaudrait mieux que vous soyez à l'aise à l'extérieur. Après tout, c'est là que se trouve surtout l'énergie. Les incantations proférées sur la terre ferme avec des outils naturels fonctionnent avec plus de facilité et la création du lien avec la Nature est parfaitement harmonieuse.

En outre, vous pouvez trouver dans votre cour arrière toutes sortes de jolies choses avec lesquelles faire un autel. Une journée, faites une longue et agréable marche et pensez à apporter votre sac à dos ou un récipient quelconque pour transporter toutes les belles choses que vous ramasserez en cours de route. Promenez-vous et cherchez des bâtons ou des roches qui vous attirent. Les plumes présentent aussi de l'intérêt. Ma copine Chrissy semble toujours trouver des cailloux en forme de cœur lorsqu'elle fait une randonnée pédestre ; alors elle les rapporte avec elle et les dépose un peu partout autour de la maison. Vous pouvez avoir de la veine et trouver des quartz de couleur naturelle ou même de jolis roses. Ne vous éloignez pas trop de la maison cependant, traîner une roche de cinq livres sur votre dos vous risque de vous épuiser rapidement.

Avec un peu de chance, vous tomberez sur une pierre mince et plate qui servira de toit à votre autel. En la déposant sur une, deux, trois piles de roches, ou même davantage, vous obtiendrez un formidable autel de pierres. Installez-le dans un coin à demi isolé de la cour. Vous pourriez avoir la chance d'y trouver des arbres qui forment naturellement un cercle. Essayez de trouver au moins un arbre auprès duquel vous asseoir.

Décorez votre coin de fleurs (en planter tout autour serait très impressionnant), de statues, de tout ce qui peut aller dans un temple selon vous et qui correspond à votre espace et à votre budget. Un simple bain ou une mangeoire pour les oiseaux embelliront aussi l'endroit. Vous pourriez encore planter des fleurs que les papillons aiment. Il se vend au moins un mélange de graines conçu pour attirer les papillons. Si vous n'en trouvez pas, furetez dans un centre de jardinage et demandez à un préposé quelles fleurs attireront les papillons chez vous.

LA PLEINE NATURE À L'INTÉRIEUR

Un joli autel qui passe inaperçu et qui ne prend qu'un tout petit coin d'une pièce (de préférence, de votre chambre à coucher) est tout indiqué pour vouer un culte à la nature à l'intérieur. C'est une solution intéressante pour les païens de la ville qui n'ont pas de cour arrière, ou pour ceux d'entre vous qui ne peuvent exhiber le pentacle et laisser traîner leur athamé. Vous créerez votre propre petite jungle que vous pourrez nommer ainsi. Vous pouvez trouver dans un centre de jardinage ou même un supermarché local tout ce qu'il faut pour construire cet autel à peu de coût.

Vous aurez besoin de :

• Quelques pousses de lierre en bonne santé (le lierre pousse assez bien dans un milieu mi-ombragé, par conséquent une chambre avec une bonne fenêtre fera l'affaire ! Achetez la plante elle-même, n'essayez pas de faire pousser le lierre à partir de semences).
• Petits pots pour y planter le lierre.
• La terre poussiéreuse de l'extérieur ne contient pas les substances nutritives dont les plantes en pot ont besoin et elle ne se drainera pas bien.
• Crochets pour plantes.
• Une vieille table – surveillez les ventes de garage, allez dans les marchés aux puces ou les boutiques bon marché. Elle n'a pas besoin d'être de qualité supérieure, juste solide.
• Une chaise ou un coussin. Voir ci-dessus.

Choisissez un coin ensoleillé de votre chambre à coucher. Il devrait idéalement recevoir au moins six heures d'ensoleillement par jour, sinon ajoutez un ou deux tubes fluorescents. Retirez le lierre du pot en le retournant et en donnant une petite tape sur le fond. La motte de terre devrait se détacher du pot sans difficulté.

Divisez le lierre en plants en séparant doucement les racines ; ne vous inquiétez pas, cela n'endommagera pas les plants ! Rempotez chaque plant en remplissant de terreau le nouveau pot jusqu'aux deux tiers de sa hauteur. Faites un petit trou, mettez-y le plant et remplissez-le de terre. Quand vous aurez rempoté tous les plants, arrosez-les généreusement.

Maintenant, essayez de leur trouver un endroit pour les suspendre. Il s'agit pratiquement de créer une autre pièce avec des plantes suspendues. Suspendez les pots de lierre à quelques pouces de distance les uns des autres de manière à couvrir le plafond au-dessus de votre coin. Le lierre pousse vraiment vite et vous aurez bientôt un joli assortiment de plantes rampantes qui vous donneront l'impression d'être à l'extérieur. Vous pouvez, si vous le voulez, faire grimper les tiges et leur donner des formes particulières en vous servant de punaises transparentes autour desquelles vous les enroulez.

Placez votre table face à un coin. Recouvrez-la d'un bout de tissu si vous voulez – un vieux drap que vous aurez peint ou teint fera l'affaire. Vous pourriez aussi peinturer la table et peindre une scène symbolique sur toute sa surface. Mettez-y des objets qui ont un sens pour vous : des statues, des cristaux, de jolis pots-pourris, des photos et n'importe quoi d'autre qui vous semble intéressant et possède une signification particulière pour vous. Déposez votre chaise ou votre coussin en face et vous avez là l'endroit idéal pour méditer, proférer des incantations, faire brûler de l'encens, lire les tarots...

Lorsque vous voulez jeter un sort ou faire un rituel, disposez vos outils sur l'autel pour faire le plein de toutes ces ondes émanant des plantes. Tirez-le du coin et faites votre travail. Lorsque vous avez terminé, votre installation reprend l'allure d'un coin pour amoureux de la nature... la discrétion même ! Ce système laisse *amplement* place à la créativité, tout dépend de votre emballement. Songez à du velours pour les murs, à des peintures murales, de gros morceaux de quartz roses au pied de votre autel... Il vaudrait mieux que j'arrête ! Je suis certaine que vous voyez ce que je veux dire.

CHAPITRE SEPT
LA VISUALISATION

L a visualisation est la capacité de voir en esprit une image très
clairement. Il existe deux types de visualisation : la *visualisation
interne*, lorsque vous voyez quelque chose avec les yeux de
l'esprit, comme au cours du rêve éveillé ; et la *visualisation externe*
lorsque l'image que vous imaginez est si frappante qu'elle se superpose
au monde réel. Il vous faudra commencer par travailler la visualisation
interne, plus simple que l'autre type de visualisation – à moins que vous
ne soyez un artiste, auquel cas vous utilisez probablement la
visualisation de façon régulière. La visualisation joue un grand rôle
dans les sortilèges ; plus vous pouvez voir clairement l'objectif ou
l'objet, plus vos sortilèges seront efficaces.

Peut-être trouverez-vous quelques-uns des exercices suivants un
peu farfelus. Ce sont des jeux d'esprit. Détendez-vous. Amusez-vous.
Si vous n'obtenez pas les résultats *escomptés*, prétendez que vous les
avez obtenus. Trouvez du plaisir à vous servir de votre esprit et utilisez
le jeu et le simulacre dans votre magie. Ces jeux sont plus efficaces que
vous ne le croyez.

J'ai inclus un certain nombre d'exercices pour stimuler votre esprit.

STIMULATION DE LA MÉMOIRE

Prenez plusieurs objets de petite taille que vous trouverez dans la
maison : des morceaux de fruit, des bijoux, des pièces d'argenterie, etc.
Commencez avec huit ou neuf objets ; un nombre moins élevé d'objets

rendra l'exercice trop facile, tandis qu'un nombre plus élevé le rendra trop difficile. Disposez vos objets de manière à former un cercle sur un plateau ou une plaque. Regardez le cercle pendant quelques minutes. Puis, recouvrez-le d'une serviette.

Tracez un cercle sur un bout de papier et écrivez le nom de chaque objet à l'endroit exact où il se trouve sur la circonférence du cercle. Vérifiez l'exactitude de vos réponses. Changez plusieurs fois l'ordre des objets et recommencez. Lorsque vous aurez réussi à trouver le bon ordre plusieurs fois de suite, ajoutez des objets et refaites l'exercice.

Variante

Rassemblez des objets de même forme, par exemple, des bouteilles de vernis à ongles, diverses pièces de monnaie ou différentes bouteilles. Il faut que ce soit des objets du même type, car cela complique leur localisation au bon endroit plus tard.

TRUC AVEC LA LUMIÈRE

Regardez attentivement la lune, la flamme d'une chandelle ou une ampoule. Plissez les yeux de manière à ne laisser passer qu'un mince filet de lumière. Voyez les petits rayons qui s'échappent de la source principale de lumière. Ce sont tantôt des flots de lumière, tantôt des halos rougeoyants. Si vous remuez les paupières (de préférence lorsque personne ne vous regarde, car vous aurez l'air un tantinet idiot), vous pouvez déplacer la lueur, l'étirer ou la contracter. Étirez la lumière le plus possible.

Maintenant, essayez de faire descendre la lumière jusqu'à un objet que vous tenez dans les mains. Pratiquez cette technique. Elle est utile lorsque vous voulez charger un objet de lumière ou bénir un charme.

VOS PAUPIÈRES SONT UN TABLEAU NOIR

Que voyez-vous lorsque vous fermez les yeux ? Est-ce noir comme dans un four à l'intérieur, ou pouvez-vous voir des couleurs tourbillonner, des ombres s'agiter dans les ténèbres ? (Ce sont généralement ces dernières que je vois). Si vous ne percevez pas de lumière ni de mouvement lorsque vous fermez les yeux, vous possédez un beau tableau noir tout propre sur lequel dessiner des formes.

Fermez les yeux et détendez-vous. Imaginez que vous êtes debout devant un immense tableau noir dans une pièce noire. Maintenant, imaginez une toute petite tache de lumière blanche sur le tableau noir. Cela peut vous prendre quelques minutes, alors détendez-vous. La première fois que j'ai fait cet exercice, je me suis aperçue que je pouvais imaginer la petite tache de lumière, mais qu'elle ne cessait de se déplacer à sa guise. Les premières fois que vous essaierez cet exercice, laissez-la simplement se déplacer à son gré. Si elle dessine quelque chose, notez-le dans votre cahier. Si vous ne voyez pas de forme se dessiner, ne vous inquiétez pas ! Concentrez-vous simplement sur la tache de lumière, essayez de la voir et regardez-la se déplacer.

Après l'avoir fait à quelques reprises, essayez de déplacer la tache de lumière. Les figures géométriques simples semblent bien fonctionner. Essayez de dessiner une figure géométrique à l'aide de la tache. La première fois que j'ai fait l'exercice, je pouvais tracer la figure (en fait, je suis meilleure avec les triangles que les cercles – que je n'arrivais jamais à faire parfaits), mais elle s'évanouissait ensuite. C'est normal. Continuez simplement à faire apparaître l'image jusqu'à ce que vous en ayez assez. La prochaine fois que vous le ferez, voyez combien de temps vous pouvez la conserver présente à l'esprit avant qu'elle ne disparaisse. Vous vous améliorerez de fois en fois.

L'aura, vous l'aurez

L'aura existe ! Je dois vous avouer que j'ai longtemps été sceptique à l'esprit des personnes qui prétendaient voir l'aura – et vous feriez bien de l'être aussi. Vous *devriez* toujours douter jusqu'à ce que vous estimiez en avoir reçu la preuve. Et même encore, croyez-y, mais redevenez sceptique le lendemain. J'admettais, sans l'ombre d'un doute, que les gens généraient de l'énergie. Ce me semblait un fait tout simplement élémentaire et prouvable scientifiquement, mais l'aura ?

Il y a quelque mois, j'ai vu une aura pour la première fois. C'était très bizarre parce que je ne m'y attendais pas du tout. Je n'y pensais même pas. En fait, depuis ce temps, je me suis aperçue qu'il m'était plus facile de voir l'aura si je n'y pensais pas. Enfin, toujours est-il que j'étais assise avec ma copine Joyce dans son salon, nous bavardions agréablement lorsque, tout à coup, j'ai vu une tache de lumière violet foncé à deux ou trois pouces au-dessus de ses épaules. Je n'en ai pas fait grand cas sur le coup, sauf qu'elle est restée là quelques minutes. Puis, ça m'est arrivé une autre fois quelques heures plus tard alors que j'étais avec John, un autre de mes amis. J'ai vu une faible lueur grisâtre ou blanche à deux ou trois pouces au-dessus de sa tête. C'est alors que je me suis rendue compte que je voyais l'aura des gens. J'avais fait brûler de puissants encens plus tôt cette journée-là et je crois qu'ils ont stimulé mon flux psychique... Depuis ce temps, il m'arrive de voir l'aura des gens : surtout lorsque je n'y prête pas attention.

J'ai demandé à John de me rendre un service en se prêtant à un petit jeu. Il devait se tenir debout devant un mur blanc et m'envoyer une couleur. C'est ce qu'il a fait et j'ai vu une petite poche de brouillard bleu pâle au-dessus de sa tête.

Demandez à un de vos amis de se placer devant un mur blanc. Regardez un peu à droite ou à gauche de sa tête ou au-dessus de celle-ci et détendez vos yeux. Ne fixez pas les yeux. Il se peut que vous voyiez une couleur unie, plusieurs couches de couleurs ou une faible lumière chatoyante. Une fois que vous aurez vu quelque chose, demandez à votre ami de se concentrer sur une couleur particulière et vérifiez si vous pouvez recevoir cette impression. Notez le nombre de bonnes réponses ; si vous avez deviné juste dans plus de 50 % des cas, dites-vous qu'il ne s'agit pas d'une coïncidence.

PSYCHOMÉTRIE ET VENTE DE GARAGE

Je suis une mordue des ventes de garage. Voici ce que pourrait être une journée agréable sur le plan psychique :

Allez fureter dans une vente de garage chez une personne que vous ne connaissez pas (en compagnie d'un parent ou autre). Marchez lentement d'une table à l'autre et choisissez quelques objets qui vous semblent vieux, extraordinaires ou dotés d'une valeur sentimentale. Tenez-les dans votre main réceptive (celle avec laquelle vous n'écrivez pas). Examinez-les de très près. Voyez ce qui vous vient à l'esprit. Avez-vous ressenti du bonheur lorsque vous les avez pris ou de la tristesse ? Des images sont-elles apparues dans votre esprit ? Inventez une histoire aux objets que vous avez choisis à la vente de garage. Puis, trouvez la personne qui s'en occupe et demandez-lui si votre trésor cache une histoire. Voyez si son histoire coïncide avec la vôtre.

CHAPITRE HUIT

AUGMENTATION DU NIVEAU D'ÉNERGIE

Pour pratiquer la sorcellerie, vous devez sentir votre propre énergie et celle de la Nature, ainsi que vous l'avez appris au chapitre 4. Par ailleurs, votre propre énergie étant liée à l'énergie qui est présente en permanence dans toute chose, vous pouvez augmenter cette énergie lumineuse et vous en servir ! L'énergie est déjà présente ; ce que vous devez faire, c'est *l'amplifier*, l'extraire des objets ou de vous-même, faire l'effort de l'accumuler en grande quantité. C'est un peu vague, je sais, alors je vais comparer cela à certaines expériences que vous avez peut-être déjà vécues afin que vous ayez une image plus claire de ce qu'est l'énergie.

Souvenez-vous d'une fois où vous vous êtes mis(e) dans une colère folle à propos de quelque chose. Je veux dire où vous avez explosé de colère au point d'en trembler ou de crier à vous égosiller. Ce n'est pas nécessairement ce type d'énergie qu'il faut amplifier, mais je suis certaine que vous pourrez au moins faire le rapprochement. Qu'avez-vous ressenti à l'intérieur de votre corps ? Peut-être un fourmillement, de la chaleur ou peut-être avez-vous eu l'impression que votre sang bouillait ? C'est ça l'énergie. Comment ce sentiment se traduit-il chez vous ? Élevez-vous la voix, criez-vous et sortez-vous généralement de vos gonds jusqu'à ce que vous vous sentiez mieux ? Voilà un exemple de *libération* d'énergie. Lorsque vous allez faire un tour pour vous débarrasser de la colère d'une manière constructive, c'est un exemple de *canalisation* de l'énergie : vous la laissez circuler dans votre corps et la transformer.

Maintenant, souvenez-vous d'une grande soirée à laquelle vous avez assisté. Un murmure incessant entrecoupé de rires se faisait entendre, une multitude de visages allaient et venaient. Selon que la soirée vous a plu ou non, vous avez peut-être ressenti de l'excitation lorsque vous êtes entré(e) dans la pièce, ou un ennui mortel. Une soirée – ou n'importe quel rassemblement important de personnes au même endroit – dégage toujours des ondes qui leur sont propres. Il en va de même pour l'endroit où se tient la fête. Ça aussi, c'est de l'énergie. Si vous êtes déjà allé(e) à une soirée tout à fait ennuyante et avez tenté de l'animer un peu, voilà un exemple simple de *déplacement* de l'énergie. Si vous essayez de faire bouger les choses en motivant les gens à se laisser un peu aller ou en les faisant rire, cela s'appelle *stimuler* l'énergie : faire sortir ce qui est déjà là – les rires, le plaisir, l'enthousiasme – sous la surface. Si, au cours d'une soirée, vous faites démarrer les choses en faisant le fou, en montant le volume de la musique ou en avalant du feu – peu importe ce que vous faites pour divertir les gens – et qu'ils y réagissent positivement, alors vous avez fait passer l'énergie de la soirée du niveau assommant au niveau sensationnel. Vos prouesses physiques mobilisent l'énergie ; la musique mobilise certainement l'énergie ; et cela contribue à mobiliser l'énergie de la Nature.

Il vaut mieux commencer par ce que vous connaissez le mieux : votre corps. Vous avez pratiqué l'exercice de la friction cinétique au chapitre 4, non ? Si vous ne l'avez pas fait, faites-le maintenant ! C'est la façon la plus simple de dégager un peu d'énergie de votre corps. Ça fonctionne bien quand il s'agit d'exercer un charme, mais vous devrez le faire sur une échelle beaucoup plus grande pour jeter un sort. La danse est assurément l'une des meilleures façons d'augmenter l'énergie et elle présente un effet secondaire intéressant : l'extase, un état altéré de conscience. C'est aussi un excellent moyen de *commencer* à augmenter l'énergie, parce que les résultats sont immédiats et que vous pouvez facilement sentir ce que vous faites. La danse est une puissante combinaison de mouvements, de méditation, de visualisation et de stimulation de l'énergie. Ne soyez pas gêné(e) si vous n'êtes pas un danseur hors pair. ON S'EN FICHE ! Les Dieux ne se moqueront pas de vous, soyez-en certain(e). Sans compter que plus vous dansez, mieux vous le faites, ce qui est certainement un avantage supplémentaire tant dans le monde réel que dans celui de la magie blanche. Avant de vous lancer dans une danse spirituelle susceptible de stimuler l'énergie, sautillez autour de la pièce pour voir comment vous vous sentirez.

Si vous voulez faire jouer de la musique (ce n'est certainement pas nécessaire, mais beaucoup plus facile ainsi), choisissez une chanson que vous connaissez bien et préparez l'appareil avant de commencer ; pressez le bouton « répéter » de votre lecteur de disques compacts ou enregistrez la même chanson plusieurs fois de suite. Comme vous ne jetterez pas de sort pour le moment, vous n'avez pas vraiment besoin d'outils de rituel ou de quoi que ce soit d'autre. Ce serait excellent de danser à l'extérieur, mais si ça risque d'énerver vos voisins, dansez juste dans votre chambre. Faites jouer une musique qui vous incite à la danse, peu importe ce que c'est. Je crois que la (bonne) musique techno/électronique est formidable pour stimuler l'énergie et j'adore aussi la musique de type tribal avec des percussions. La musique irlandaise, comme *The Chieftains* me met aussi en train.

L'ÉNERGIE EN MOUVEMENT

Les mouvements dont il est question ici sont très précis. Lisez cette section au complet à quelques reprises avant de vous lancer. Ce n'est pas la seule façon de stimuler et de déplacer l'énergie, mais elle fonctionne bien. Pendant que j'écrivais ce texte, j'ai fait jouer à tue-tête une pièce des Transglobal Underground (du rock), je me suis levée et me suis lancée dans mon rituel habituel de stimulation de l'énergie afin d'être certaine de ne rien oublier. Je ne m'en étais jamais rendue compte avant, mais j'utilise *toujours* la même série de mouvements pour faire mon rituel…

Faites quelques étirements (Avez-vous remarqué que je recommande souvent les étirements ?) pour réchauffer vos muscles. Respirez profondément pendant quelques minutes. Il vaut mieux être pieds nus ; prenez conscience de la sensation que procure le contact avec le sol ou le plancher et sentez comme ils sont liés à la terre. Imaginez que la terre a un pouls, des battements de cœur et qu'elle bat au même rythme que votre cœur. Sentez les battements frénétiques sous vos pieds qui montent le long de vos jambes, remontent votre colonne vertébrale pour atteindre votre crâne ; sentez-les dans votre poitrine, descendre le long de vos bras, jusqu'à ce que tout votre corps palpite au rythme de votre cœur ; sentez le rythme de la terre, celui de la musique (la basse et la batterie à plein régime aident vraiment à rendre la sensation immédiate et manifeste) et tout cela se mêle dans votre tête et votre corps. Puis, essayez de vous représenter le rythme qui vibre autour de vous. Vous pouvez l'imaginer comme une brume, une toile qui bat – selon ce que l'énergie peut éveiller comme image chez vous. Ce qui marche bien dans mon cas, c'est quand je me la représente sous forme de brouillard ou de pulsation électrique, bien que je sois assez à l'aise aussi quand je travaille avec une matière invisible.

Commencez par bouger lentement… vous devez vous concentrer sur chacun des mouvements. Écartez les jambes ; sentez cette pulsation qui monte et qui vient du sol ; faites consciemment *monter* cette sensation le long de vos jambes et de votre colonne. Faites-la glisser le long de votre colonne vertébrale. Retenez-la un instant au niveau du bassin et remuez les hanches ; *sentez* et *voyez* l'énergie couler à flots, imaginez que votre sang est pure énergie, pure lumière. Votre énergie personnelle devrait être en mouvement maintenant puisque que votre corps bouge… faites-la revenir dans votre colonne, remonter dans votre cou, descendre dans vos bras. Baissez les bras et touchez le sol sous vos pieds et imaginez que votre énergie personnelle s'écoule de vos doigts comme la lumière que répand un immense projecteur. Maintenant, *contemplez* l'énergie terrestre circulant autour de vous tel un fin brouillard. Si vous ne pouvez vraiment la voir (relaxez, vous y arriverez !), contentez-vous de sentir sa présence et de l'imaginer. Faites une coupe avec les deux mains et ramassez littéralement l'énergie irradiant de la terre. Sentez l'énergie terrestre remplir vos mains. Imaginez votre énergie se mêlant à la terre. Vous pouvez même faire comme si vous cueilliez des bouquets de fin brouillard. Vos mouvements créeront une légère brise. Imaginez-vous jonglant avec cette brise, tout en remuant les hanches et fléchissant le corps et les membres au gré des mouvements. Sentez cette énergie circuler en vous tel un courant électrique ou un torrent dévalant vos veines. Regardez-la tourbillonner autour de vous.

Levez les bras lentement, en continuant de vous représenter vos mains pleines de cette lumière faite de brouillard fin et de brise. Placez les bras de façon qu'ils soient un peu plus hauts que les épaules, pliez légèrement les coudes, les paumes tournées vers le ciel. Tournez sur vous-même en décrivant de petits cercles, juste assez grands pour faire pivoter votre corps, très lentement au début, avec les mains toujours remplies d'énergie. Essayez une astuce de danseur pour demeurer concentré : repérez un objet dans votre champ de vision (votre commode ou une image) ; chaque fois que vous faites un tour complet sur vous-même, tournez rapidement la tête en direction de cet objet. Faites ce mouvement jusqu'à ce que vous sentiez vraiment que vous vibrez d'énergie. Continuez d'imaginer l'énergie s'accumulant autour de vous comme si votre corps en mouvement l'attirait à la manière d'un aimant, en vous concentrant surtout sur vos paumes. Faites-le en suivant le rythme de la musique. Il ne s'agit pas d'une sorte de mouvement frénétique. C'est très contrôlé (à ce niveau du moins) et vous feriez bien de laisser la musique guider vos mouvements.

Maintenant que vous l'avez mise en mouvement, vous pouvez commencer à lui transmettre une véritable force. Laissez l'énergie tournoyer autour de vous et former une plus grande bulle. Voyez-la s'échapper de votre corps, de vos mains et se répandre dans toute la pièce. Elle est votre matrice et elle existe vraiment. Elle bat tout autour de vous, tourbillonne et se déplace. Vous l'avez engendrée, par consequent, elle est liée à vous, touche votre corps. Maintenant, vous devez laisser le plus possible la frénésie vous gagner, danser à un rythme éperdu en mettant tout votre corps à contribution, engendrant de plus en plus d'énergie avec vos mouvements et l'arrachant à la terre.

Employez des gestes qui imitent ce que vous faites : extraire l'énergie de la nature et de votre corps et nourrir votre matrice sur le plan énergétique. Continuez de tirer et de pousser avec vos bras et vos mains, d'extirper l'énergie de votre corps, de l'air et de la terre et de la pousser dans votre matrice.

Maintenant, qu'allez-vous faire de cette énergie ?

D'abord, calmez-vous un peu. Vous serez en sueur et essoufflé(e) et vous devriez être capable de sentir la matrice que vous avez créée. Il se peut que votre tête tourne et vous serez probablement un peu étourdi(e), un peu soûl(e), en état d'extase quoi ! Ralentissez vos mouvements jusqu'à ce que vous vous immobilisiez. Essayez de vous agenouiller par terre et d'étirer les bras au-dessus de la tête ; faites passer le reste l'énergie de votre corps à vos mains et laissez-la suinter lentement pour qu'elle se joigne à la matrice. Gardez les bras levés à la manière d'un chef d'orchestre sur le point d'attaquer une partition.

À ce stade, vous pouvez faire un certain nombre de choses. Vous pouvez ramener l'énergie dans votre corps (ce qui est bien, mais risque de vous secouer un peu), la disperser ou l'envoyer quelque part. Étant donné qu'il s'agissait de votre première expérience, le mieux est sans doute de la diriger simplement vers le sol. Comme vous ne vous étiez pas vraiment fixé(e) de but au départ, il peut être très difficile de penser à quelque chose et de trouver la volonté nécessaire de le faire à ce stade.

Diriger l'énergie vers le sol est vraiment facile et très important. Les bras levés, refoulez l'énergie dans un espace restreint (j'aime utiliser une sphère). Cela peut prendre quelques minutes, mais continuez d'imaginer l'énergie qui se concentre, devient de plus en plus dense, adopte une forme quelconque et voltige quelques pieds en avant de vous. Visualisez l'énergie qui flotte à cet endroit et commencez à la déplacer lentement vers le bas. Lorsque vous l'aurez fait descendre légèrement au-dessus du sol, faites-la pénétrer dans la terre (si vous êtes à l'intérieur, imaginez-la traversant le plancher et pénétrant dans la terre). Voyez-la s'infiltrer dans la terre. Imaginez le sol qui l'absorbe. Renforcez votre visualisation en penchant le torse (vous devriez être toujours à genoux), en vous couchant sur le sol et en étirant les bras au-dessus de la tête pour la toucher. Vous venez simplement de redonner à la terre ce que vous avez utilisé et il est bien de la nourrir ainsi.

PSALMODIE

La psalmodie, sensiblement moins physique que la danse, est aussi un bon moyen de stimuler l'énergie. Votre respiration elle-même possède une puissance magique ; elle constitue une partie de la force essentielle à la vie après tout. Le son est magique ; il *est* énergie, énergie réelle, présente, physique qui rebondit tout autour.

Il existe diverses façons d'utiliser la psalmodie pour stimuler l'énergie.

La méthode de psalmodie la plus simple consiste à répéter le même mot ou le même son encore et encore, généralement sur le même ton. Dans l'Hindouisme, ces formules sacrées s'appellent des mantras et le plus célèbre est le « OM ». Si vous vous sentiriez ridicule à dire « OM », vous pouvez opter pour un son plus ouvert comme « AH ». Cette technique est excellente pour vous concentrer au cours de la meditation et vous pouvez l'employer aussi pour stimuler l'énergie. Habituez-vous à la psalmodie en la pratiquant plusieurs fois de la façon suivante :

Asseyez-vous dans un fauteuil confortable et fermez les yeux. Respirez profondément à quelques reprises et trouvez le rythme de votre respiration. Lorsque vous inspirez, sentez l'air nourrir d'énergie vos cellules. Lorsque vous expirez, imaginez que votre respiration est une faible lumière blanche s'échappant de votre bouche. Commencez à réciter votre mantra au moment d'expirer en élevant très peu la voix, comme si c'était une longue et même note. Chaque fois que vous expirez et récitez votre mantra, élevez un peu plus la voix. Imaginez que la lumière de votre respiration devient de plus en plus brillante. Continuez jusqu'à ce que votre voix atteigne un niveau élevé de résonance et de force. Lorsque vous aurez atteint votre niveau maximum, visualisez l'énergie engendrée par votre respiration comme une forme rutilante devant vos yeux. Puis, dirigez-la vers le sol comme nous l'avons fait précédemment.

LE CERCLE DE LA SORCELLERIE

PARTIE IV

CHAPITRE NEUF
OBJETS DE CULTE

Les sorcières se servent d'objets de culte pour deux raisons. Tout d'abord, ils symbolisent le pouvoir. Comme je l'ai souligné au chapitre 4, l'utilisation d'objets particuliers au cours de chacun de vos rituels oriente votre esprit vers la magie. C'est un peu comme porter un vêtement de nuit confortable pour dormir. Lorsque vous l'enfilez, votre esprit fait instantanément le lien avec le sommeil. De la même façon, vos objets de prédilection servent à déterminer les balises de votre cercle ou à pratiquer la sorcellerie. Votre esprit capte alors le signal que l'heure de la magie est arrivée.

Ensuite, certains accessoires, en particulier les cristaux et les objets métalliques, sont privilégiés parce qu'ils retiennent l'énergie. De plus, des éléments comme les plantes, la terre, le bois et les cailloux possèdent leur propre vibration naturelle, laquelle s'unit à la vôtre pour l'intensifier.

Il n'est pas nécessaire, à moins que vous ne le souhaitiez, de vous lancer dans de folles dépenses pour vous procurer une baguette magique et un chaudron ornés. Pour ma part, je crois qu'il est préférable que vous fabriquiez vos propres objets de culte, car le temps et l'énergie que vous consacrez à cette activité augmenteront leur pouvoir et ils vous appartiendront totalement. Dans le présent chapitre, vous trouverez quelques suggestions sur la façon de vous y prendre. Vous devriez pouvoir trouver les autres objets dont vous aurez besoin dans des boutiques d'artisanat ou à la maison, tout simplement. En outre, les ventes de garage sont des endroits rêvés pour faire de belles trouvailles.

Vous pouvez y dénicher des trucs bizarres, mais tout de même intéressants ; les prix sont dérisoires et rien ne vous empêche de peindre vos objets, de les sculpter ou encore de les modifier à votre guise pour les adapter à vos besoins. Par ailleurs, vous ne vous sentirez pas désemparé si l'objet se brise ou si vous n'aimez pas les modifications que vous lui avez apportées. Si vous désirez intégrer un objet ou un ingrédient exotique à vos rituels, vous trouverez dans les annexes une liste de boutiques spécialisées dans la vente d'accessoires païens. Je me suis assurée que toutes ces boutiques acceptent les mandats-poste (nul besoin d'une carte de crédit) et les commandes postales.

Tout au long de votre lecture, rappelez-vous que les objets de culte ne servent qu'à vous aider à atteindre les objectifs que vous vous êtes fixés. Ils ne possèdent aucun pouvoir en soi. C'est votre esprit et l'utilisation constante de ces objets qui leur donnent un certain pouvoir (cette théorie s'applique à la majorité des articles, sauf quelques exceptions : les herbes magiques, le feu et l'eau possèdent *déjà* des vertus). En effet, *vous* êtes l'élément le plus puissant de la sorcellerie. Qui plus est, vous trouvez peut-être les objets attrayants et vous aimez sans doute les collectionner, mais je vous conseille de ne pas trop leur accorder d'importance. Vous devez exercer votre esprit à faire la plus grande partie de la magie.

J'ai divisé les accessoires en deux catégories distinctes, soit les « accessoires de rituel », qui regroupent les objets d'usage courant pendant les rituels dans la Wicca traditionnelle, soit les « accessoires d'artisanat ».

ACCESSOIRES DE RITUEL

Le Pentacle

Le pentacle, lorsqu'il est placé sur un autel, symbolise la terre et est associé au nord. Ses cinq branches rappellent également un corps humain se tenant debout, les jambes écartées et les bras levés, soit la position de la Déesse. Le pentacle peut servir à capter l'énergie non désirée, à demander la protection d'une entité et à matérialiser l'énergie. Habituellement composé d'argile, de bois ou de métal[1], matériaux issus de la terre, il est utilisé au cours des rituels invoquant l'argent et la santé, car ce sont des préoccupations courantes de notre passage sur Terre. De nombreux adeptes de la Wicca et d'autres confessions religieuses portent le pentacle soit accroché à un collier, soit enchâssé dans une bague.

Ne confondez pas le *pentacle* avec le *pentagramme*. Bien qu'il s'agisse en fait du même symbole, le *pentagramme* est habituellement dessiné dans les airs au cours des rituels, mais ne compte pas de cercle autour de l'étoile.

FABRIQUEZ VOTRE PROPRE PENTACLE

Vous pouvez fabriquer votre pentacle de différentes façons, mais la plus facile consiste à le tracer dans la terre, matière très abordable et facile à trouver. Vous n'avez besoin que d'un bol ou d'une assiette, de terre et d'un de vos doigts. Il vous suffit de dessiner un pentacle avec votre doigt. Le pentacle semble être un symbole plutôt simpliste, mais il est approprié pour les deux raisons suivantes : tout d'abord, le pentacle représente la terre ; ensuite, si vous vous servez d'un pentacle pour capter une énergie négative, la terre constitue un bon élément pour y arriver. En outre, vous obtiendrez les mêmes résultats en remplaçant la terre par du sel.

Si vous souhaitez que votre pentacle soit présent de façon permanente sur votre autel, peignez-le sur une pierre. Si vous êtes très créateur (créative), vous pouvez utiliser de l'argile polymorphe. Ce type d'argile n'est pas naturel, mais il ne nécessite pas d'être cuit pour durcir. Toutefois, si vous avez accès à un four, utilisez sans hésiter de l'argile naturelle. L'argile polymorphe, peu coûteuse et facilement malléable, se trouve dans toute bonne boutique d'artisanat. D'abord, pétrissez l'argile pour la réchauffer en déplaçant votre énergie et concentrez-vous sur votre utilisation future du pentacle.

Roulez ensuite l'argile pour obtenir une pâte d'environ un pouce d'épaisseur (pour ce faire, vous pouvez utiliser un rouleau à pâte ou une bouteille vide). Prenez un objet circulaire, comme une assiette à dessert (ou une assiette à dîner, même si elle risque d'être trop grande) et placez-la sur l'argile. Découpez l'argile autour de l'assiette avec un couteau. Adoucissez les coins avec votre doigt. À cette étape-ci, plusieurs choix s'offrent à vous. Vous pouvez dessiner votre pentacle avec un bâton pointu avant que l'argile ne durcisse, ou vous pouvez la laisser durcir et y peindre votre pentacle par la suite. Pour ma part, je pense que la deuxième option est la meilleure, étant donné qu'il est plus facile de dessiner une belle ligne et d'obtenir de meilleurs résultats de cette façon. Dessinez d'abord le symbole légèrement au crayon de plomb, pour vous assurer que vous êtes satisfait de votre dessin avant de le peindre.

L'athamé

L'*athamé* (sorte de dague) est habituellement muni d'un manche noir et d'une lame à double tranchant, tandis que la *bolline*, autre type de couteau utilisé dans certaines cultures, est montée sur un manche blanc et comprend une lame en forme de croissant. L'athamé, lorsqu'il est placé sur un autel, symbolise l'air[2] et est associé à l'est, sert à orienter et à contrôler l'énergie. Dans nombre de cultures, il ne sert que lors de rituels visant à diriger l'énergie à l'intérieur d'un cercle, alors que la bolline sert à couper les herbes magiques et à effectuer d'autres pratiques magiques à l'extérieur du cercle.

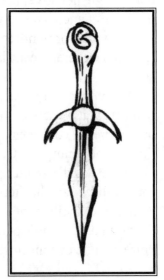

N'utilisez *jamais* votre athamé pour blesser une créature vivante ou menacer quelqu'un. Vous ne pourriez qu'en retirer des conséquences négatives. En fait, il est préférable que la lame soit émoussée de façon à éviter tout accident.

FABRIQUEZ VOTRE PROPRE ATHAMÉ

À moins d'être métallurgiste, vous devrez acheter votre dague. Dans *Complete Book of Wichcraft*, Raymond Buckland explique comment fabriquer un athamé. Je ne l'ai jamais essayé, mais vous pouvez tenter l'expérience.

Il est possible de trouver une dague dans des boutiques d'antiquité ou dans des ventes de garage. Je vous déconseille de négocier son prix ou encore moins de la voler et vous recommande de bien la nettoyer et de bien la *purifier*. Si vous n'en trouvez nulle part, vous pouvez utiliser un coupe-papier. Il fera tout à fait l'affaire !

À propos, si vous *achetez* une véritable dague, je crois qu'il est préférable de l'utiliser le plus souvent possible plutôt que de ne l'utiliser qu'à l'intérieur du cercle. Servez-vous-en pour couper des herbes magiques ou pour tracer des symboles sur les chandelles. Utilisez-la pour tout ce qui est lié à la magie. Un usage fréquent en accroîtra l'efficacité.

La Baguette

La baguette, lorsqu'elle est placée sur un autel, symbolise le feu et est associée au sud. Habituellement faite en bois, elle sert à invoquer ou à générer l'énergie. Le bois possède son propre pouvoir naturel, puisqu'il vient de l'arbre, lequel est une créature vivante. Votre baguette vous aidera à intensifier l'énergie et vous profiterez également de l'énergie de l'arbre qui a servi à la fabriquer.

Les boutiques d'accessoires païens offrent des baguettes métalliques au style plus attrayant, mais je ne vous les recommande pas. Pour en savoir davantage à ce sujet, consultez la première note de bas de page traitant de la controverse liée à l'utilisation du métal pendant les rituels. Par ailleurs, il est très facile de fabriquer une baguette et le temps et l'énergie que vous consacrerez à la fabrication de cet objet intensifieront son pouvoir.

FABRIQUEZ VOTRE PROPRE BAGUETTE

Vous pouvez tout simplement prendre une branche d'arbre pour fabriquer votre baguette. Tout d'abord, vous devez trouver la branche parfaite. Si vous souhaitez utiliser une essence particulière, regardez sur le sol entourant l'arbre qui vous plaît, plutôt que d'arracher une branche. Le sol en est jonché. Alors, pourquoi

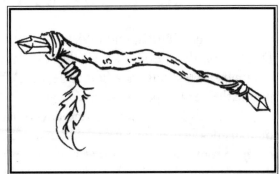

couper sans raison la branche vivante d'un pauvre vieil arbre. Que vous a-t-il fait ?

Choisissez une branche saine, sans pourriture ni saleté, et surtout qui soit mince. Vous ne voulez tout de même pas traîner une bûche sur vos épaules pendant tout le temps du rituel ! D'habitude, une baguette fait la longueur allant de votre coude au bout de votre majeur. Elle doit au moins être aussi longue que votre bras, car elle constitue un prolongement de votre main et de votre propre énergie. Si vous ne trouvez pas de branche correspondant à cette longueur, choisissez-en une plus longue et coupez-la. Vous pouvez également l'utiliser telle quelle, car ses vertus demeurent efficaces. Ou encore, puisqu'il est facile d'en fabriquer une, vous pouvez tenter l'expérience.

Commencez par polir la branche avec du papier sablé afin de lui donner belle apparence. Vous pouvez, si vous voulez, y graver des runes et autres formes avec de l'encre. Quelques ouvrages traitent des inscriptions traditionnelles pour les baguettes, mais je vous conseille de choisir des symboles que vous aimez, comme celui représentant l'infinité, puisque l'énergie que vous utilisez est infinie ou, encore, votre signe astrologique, puisqu'il représente une partie de votre nature magique ; certains y ajoutent le symbole du Dieu, puisque la baguette est un objet entièrement masculin.

Choisissez des objets particuliers pour embellir votre baguette. Comme votre baguette intensifiera votre puissance, il vous faut sélectionner vos accessoires en conséquence. Des pointes de quartz sont parfaites pour cet usage parce que les cristaux, particulièrement le quartz, amplifient l'énergie. On peut s'en procurer facilement à un prix abordable. Essayez de prendre des pierres ou des cristaux pointus que vous aimez, car ils favorisent une meilleure concentration de l'énergie.

Vous pouvez les coller sur votre baguette avec de l'époxy ou de la colle à bois mais, tout d'abord, vous devez faire une entaille dans le bout de la baguette pour pouvoir y insérer la pointe du cristal. Pour ce faire, vous aurez besoin d'un couteau effilé (soyez prudent (e) ! Je peux déjà me représenter vos parents en train de m'écrire des lettres de reproches...) Vous n'avez qu'à tourner un peu la pointe du couteau dans le bois de façon à obtenir une petite incision. Vous pouvez également fixer le cristal avec du fil floche si vous souhaitez y ajouter une symbolique des couleurs.

Les plumes sont également à considérer, particulièrement si vous souhaitez que les baguettes symbolisent l'air. Vous pouvez également utiliser un bâton d'encens allumé comme baguette temporaire ; sa fumée vous aidera à voir l'énergie que vous avez invoquée.

Faites de votre baguette ce que vous désirez et appropriez-vous-la totalement !

Le calice et le chaudron

Le *calice* et le *chaudron*, lorsqu'ils sont placés sur l'autel, représentent l'eau. Le calice doit être placé du côté ouest de l'autel, tandis que le chaudron (si vous en utilisez un) peut être placé sous l'autel, d'un côté ou de l'autre. Il n'est pas nécessaire que ces objets soient composés d'une matière particulière, bien que je croie que les chaudrons en fonte conviennent davantage. Pour ma part, je préfère utiliser un calice fait de verre ou d'argile et un chaudron fait de verre ou de cuivre. Ces matériaux représentent de puissants symboles de la Déesse. Votre vie commence dans l'eau lorsque vous flottez dans l'utérus de votre mère. Le calice et le chaudron représentent l'utérus et servent à créer des potions, des toniques et d'autres liquides possédant des vertus médicinales. Vous pouvez également utiliser le chaudron pour préparer une soupe magique... Ne sous-estimez jamais le pouvoir d'une bonne soupe ! De plus, vous utiliserez ces accessoires pour bénir l'eau dont vous vous servirez au cours de vos rituels.

FABRIQUEZ VOTRE PROPRE CALICE

Prenez une coupe à vin ordinaire (pour ma part, je préfère les coupes à vin rouge, car elles sont plus grosses) ou un gobelet provenant d'une de vos armoires ou d'une vente de garage. Si vous commencez par une coupe simple, vous pourrez y intégrer vos propres dessins plus facilement. Vous pouvez vous servir d'une peinture particulière (en vente à faible coût dans les boutiques d'artisanat) pour peindre la coupe. C'est un bon moyen de personnaliser le calice.

Vous pouvez personnaliser votre calice avec une multitude de couleurs et créer un dessin tournoyant. Choisissez des teintes de bleu, de violet, de vert clair, soit les couleurs associées à l'eau. Vous pouvez également peindre sur votre coupe des symboles qui représentent l'eau et les déesses. La Déesse représentant les trois phases de la lune serait tout à fait appropriée ; vous pouvez également peindre un croissant ou un triangle inversé (symboles des déesses). Si vous le désirez, vous pouvez également dessiner autour de la base de la coupe les signes du zodiaque représentant l'eau, comme le poisson, le cancer et le scorpion. Choisissez les symboles qui vous inspirent le plus.

ACCESSOIRES D'ARTISANAT

La liste qui suit comprend les articles que je juge absolument nécessaire d'avoir à votre disposition en tout temps pour pratiquer la sorcellerie. Il n'est pas obligatoire de se les procurer tous la même journée. Trouvez un élément de chacun des différents groupes et procurez-vous les autres graduellement. Vous pouvez également utiliser des produits de remplacement (il vous faut alors faire preuve de débrouillardise). À titre d'exemple, si vous devez pratiquer un rituel de bannissement et que vous ne pouvez trouver de l'encens, vous pouvez le remplacer par de la sauge, qui se vend dans les marchés d'alimentation.

Les sorts, les recettes et les projets cités dans cet ouvrage peuvent être réalisés avec les ingrédients ci-après. Vous pourrez avoir besoin à l'occasion d'un bâton ou d'une pierre, mais je pense que ces articles sont très faciles à trouver. Consultez les annexes afin de déterminer la façon de remplacer un ingrédient énuméré ci-dessous par un autre que vous avez à votre disposition.

HERBES ET FLEURS

Sauge
Cannelle, en bâton ou en poudre
Lavande (herbe séchée ou huile essentielle)
Camomille
Noix de muscade
Romarin
Menthe
Gingembre, frais ou en poudre
Pétales de rose ou eau de rose
Clou de girofle
Grains de poivre entiers (je suis désolée, mais le poivre déjà moulu
   ne convient pas du tout !)
Gousse ou extrait de vanille

HUILES ESSENTIELLES

Anis
Bergamote (peut rendre votre peau sensible aux rayons du soleil ;
   utilisez-la avec modération)
Encens
Lavande
Patchouli
Menthe poivrée
Orange
Melaleuca

INGRÉDIENTS ET ACCESSOIRES COURANTS DANS UNE CUISINE

Miel

Sel (de préférence du sel de mer)

Lait (lait entier ou lait en poudre)

Huile (préférablement de l'huile de jojoba, d'olive extra vierge, d'amande douce, même si certaines personnes sont allergiques à l'amande douce – et de pépins de raisins. Vous pouvez vous procurer toutes ces huiles dans les boutiques d'aliments naturels)

Beurre de cacao (également en vente dans les boutiques d'aliments naturels)

Thé (le thé déthéiné est préférable, car la théine possède des agents qui créent l'accoutumance)

Deux bols

Un bain-marie, ou une casserole qui peut être insérée à l'intérieur d'une autre casserole, ou un bol qui peut être inséré dans une de vos casseroles (demandez la permission à vos parents avant de vous en servir, car la casserole supérieure ne pourra plus être utilisée pour cuisiner).

AUTRES FOURNITURES

Languettes de charbon (elles servent à faire brûler de l'encens en poudre. Vous pouvez vous en procurer dans les boutiques d'accessoires païens, d'aliments naturels ou de tendance Nouvel Âge…)

Cire d'abeille (vous pouvez l'utiliser pour faire des chandelles ou des lotions)

Sel d'Epsom (vous pouvez vous en procurer dans les pharmacies et ce n'est pas cher – environ 3 dollars pour trois livres)

Chandelles (de toute taille, de toute forme et de toute couleur, n'oubliez pas de faire provision de blanches)

Fils de différentes couleurs

Aiguilles à coudre

Plusieurs verges de coton ordinaire ou de toile à patron

Ficelle ou fil à broder, de différentes couleurs

Feuilles de différentes couleurs

Assortiment de peintures, d'encre et de stylos

Bouteilles et boîtes (achetez-les dans des magasins d'occasion, des ventes de garage, ou bien utilisez celles que vous avez à la maison.)

Lame de chêne, carton ou autre type de papier rigide

Graines, particulièrement de luzerne ou de fleurs sauvages

Deux cahiers de notes ; un pour faire vos exercices et un qui deviendra votre almanach et votre éphéméride. (Utilisez ce cahier pour prendre des notes sur l'astrologie, les différents cycles lunaires et d'autres renseignements relatifs au zodiaque.)

ARTICLES SOUHAITABLES

Vous n'avez pas absolument *besoin* des articles qui suivent, mais il peut être utile de les avoir à votre disposition.

- un mortier et un pilon (Ils sont parfaits pour écraser les herbes et la résine. Vous pouvez également utiliser deux pierres, un vieux bol et le dos d'une vieille cuillère de bois et tout objet qui vous permet de broyer ou de concasser des aliments.)

- un athamé (Vous pouvez également utiliser l'index de votre main dominante, soit celle que vous utilisez pour écrire. Portez une bague à ce doigt, pour le côté métallique.)

- un encensoir (Il s'agit d'un récipient, souvent métallique, dans lequel vous faites brûler de l'encens. Il a belle apparence, mais un bol avec quelques grains de sable à l'intérieur, ou un caillou avec une incision fera tout à fait l'affaire.)

- un chaudron (Vous pouvez certainement acheter un beau chaudron dans une boutique spécialisée dans les accessoires païens, mais un chaudron que vous utilisez pour cuisiner fera tout à fait l'affaire. Selon moi, les casseroles de cuivre sont à préférer aux chaudrons de fonte. La fonte est un bon conducteur, mais elle est également réactive. En effet, si vous y versez un ingrédient acide, comme du jus de citron ou du jus de tomate, elle rouillera. De plus, quelques morceaux de fer s'incorporeront à votre mélange, ce qui n'est pas dangereux, mais peut en altérer le goût. Le même phénomène se produira avec l'aluminium. Le cuivre, par contre, est un excellent conducteur qui ne modifiera pas les propriétés des ingrédients que vous utiliserez. Le cuivre est également considéré comme un métal sacré qui a belle apparence, mais il doit être poli à l'occasion, ce qui le rechargera d'énergie. D'autre part, la casserole de cuivre est un peu plus coûteuse. Essayez d'en dénicher une dans une vente de garage, si vous désirez utiliser un chaudron fait de ce métal.)

- une tenue de rituels (Sexy... mystérieuse... et totalement inutile. Vous pouvez revêtir un vêtement qui convient aux rituels, comme une belle robe ou un pantalon particulier et l'utiliser seulement à cette fin. Si vous avez des vêtements blancs, ils peuvent être particulièrement utiles, puisque vous pouvez les teindre ou y broder des symboles. Vous pouvez revêtir la tenue d'Adam ou d'Ève ! C'est-à-dire être nu(e), tout simplement.)

- un balai (Certaines sorcières utilisent le balai pour nettoyer concrètement et purifier l'environnement réservé aux rituels. C'est un excellent accessoire symbolique à avoir avec soi, car il est très magique. Vous pouvez le remplacer par un ventilateur ou des plumes pour obtenir le même résultat.)

- un jeu de tarot (Nous en fabriquerons au chapitre 11, mais il en existe des fantastiques, comme celui de Dali. Ils sont coûteux, mais en valent la peine si vous vous intéressez au tarot.)

CHAPITRE DIX

PROJECTION DU CERCLE

L a représentation de sorcières et de magiciens debout au centre d'un cercle fumant et entourés de démons déchaînés qui surgissent des ténèbres est bien ancrée dans nos esprits, bien que presque totalement fausse. C'est vrai que certains magiciens s'intéressent à la conjuration des démons, pour une raison que j'*ignore* ; toutefois, ce n'est pas le cas de la majorité des sorcières. S'il est vrai que nous invitons souvent les divinités à se joindre à nos rituels, d'autres raisons déterminent l'importance du cercle.

Tout d'abord, lorsque vous tracez un cercle, vous vous placez *entre les différents mondes*. Vous êtes alors à l'intérieur d'un temple, dans un espace sacré, et dans un état d'esprit mystique, favorable à la magie. Le cercle physique et psychique permet de concentrer l'énergie autour de vous, de l'amplifier jusqu'à ce que vous soyez prêt(e) à la libérer ; de plus, le cercle *supprime* toute source d'énergie négative. Vous ne souhaitez sûrement pas vous retrouver au milieu d'un nuage d'énergie opposée, alors que votre esprit est grandement ouvert et qu'il se promène entre les différents mondes. Rappelez-vous que le cercle favorise la concentration et assure votre protection.

Il existe bien des façons de tracer un cercle. Vous devriez toutes les essayer et les adapter à votre guise. Cet exercice consiste essentiellement à utiliser les éléments pour faire de votre cercle un espace sacré. Il vous faut ensuite le visualiser très clairement. Rappelez-vous que le phénomène de la magie se produit d'abord dans la tête. Étudiez les différentes méthodes ci-après, essayez-les toutes et retenez celles que vous préférez. Selon Carl Jung, psychiatre réputé, depuis l'aube de l'humanité, le cercle et les quatre points cardinaux représentent un symbole des divinités et un temple dans nombre de cultures. Dans l'ouvrage intitulé *Psychology and Religion: West and East,* Jung déclare que le caractère complet (*la perfection*) du cercle céleste et la régularité de la terre, en combinant les quatre éléments ou les qualités psychiques, expriment l'absolu et l'union.

LES CERCLES TRADITIONNELS

La construction d'un cercle gardnérien (et par conséquent alexandrien – rappelez-vous que Sanders s'est approprié la tradition gardnérienne en changeant quelques éléments) est une entreprise sérieuse. Le cercle gardnérien nécessite l'utilisation d'une foule d'accessoires, un respect absolu de la liturgie, des mouvements précis et le manuel d'instructions suivant : *Le Livre des ombres*, qui était à l'époque retranscrit à la main et remis à la prêtresse afin qu'elle transmette son savoir aux initiés.

Cette méthode de création de cercle fonctionne en raison de la concentration intense qu'elle requiert. Toutefois, ce *n'*est *pas* l'option que privilégient nécessairement toutes les sorcières. Elle présente des avantages certains ; c'est la raison pour laquelle je vous conseille de l'essayer. De plus, je vous recommande l'ouvrage intitulé *The Witches Way,* de Stewart et Janet Farrar, la version la plus exhaustive du *Livre des ombres* de la tradition gardnérienne. Si vous créez vos propres rituels (et j'espère que vous le ferez), vous voudrez sans aucun doute connaître les rituels qu'observent d'autres personnes.

Ce qui me déplaît dans cette méthode, et par le fait même dans la culture gardnérienne en général, c'est qu'elle ne tient pas compte de la pratique en solitaire. De plus, je ne raffole pas de leur symbolisme. Mais ce n'est que mon opinion. Je n'affirme pas que les adeptes gardnériens qui pratiquent la Wicca ont tort ; je n'arrive tout simplement pas à sentir un lien avec les symboles qu'ils utilisent. Rappelez-vous que les adolescents ne sont pas autorisés à fréquenter les assemblées alors que la méthode gardnérienne est liée à l'appartenance à une assemblée. La méthode de création d'un cercle exprime cette philosophie, puisque le grand prêtre et la grande prêtresse jouent chacun un rôle précis.

Je recommande…

LE CERCLE SEMI-GARDNÉRIEN, AVEC UNE LÉGÈRE VARIANTE

Il vous faut prendre le temps de tracer un cercle dès que vous vous attaquez à une tâche plus compliquée que la bénédiction d'un charme. Lorsque vous faites de la magie, vous ouvrez votre *esprit*. Vous devez vous assurer que les limites du cercle sont bien en place afin de maintenir votre équilibre interne et protéger votre esprit, pas nécessairement des êtres de l'au-delà, mais du flux surabondant provenant de votre subconscient. Je ne cherche pas à vous faire peur ! Je veux seulement que vous puissiez maintenir votre équilibre. Voyager entre différents mondes est une expérience extraordinaire, mais vous aurez besoin de passer du temps sur Terre pour vous changer les idées à l'occasion. La création et la fermeture de cercles semi-formels éviteront que ces expériences ne deviennent oppressantes.

> Conseil : Lorsque vous aurez trouvé la méthode qui vous convient, répétez-la à quelques reprises. Elle vous permettra de pratiquer la sorcellerie et les rituels. Appliquez cette même méthode jusqu'à ce qu'une vous séduise davantage. La répétition renforce votre concentration et, après un certain temps, vous pourrez accéder à d'autres mondes plus rapidement, et ce, en faisant appel à vos souvenirs.

Après diverses tentatives, j'ai trouvé quelques façons de tracer des cercles sans tambour ni trompettes, mais avec une concentration suffisante pour bien établir les limites. Voici les points les plus importants à retenir afin de construire un cercle en vous fondant sur le modèle gardnérien. Choisissez des symboles que vous aimez, mais conservez les structures de base intactes jusqu'à ce que vous vous sentiez prêt(e) à vous en servir efficacement. Je sais que cette méthode nécessite des accessoires que vos parents ne vous autoriseront pas nécessairement à utiliser, comme l'encens et les chandelles. Mais ne vous en faites pas, vous n'êtes pas obligé(e) de le tracer de cette façon chaque fois. Si vous le faites une fois, vous pourrez visualiser le cercle chaque fois que vous le voudrez, sans pour autant faire l'exercice concrètement.

CONSEILS GÉNÉRAUX POUR LA CRÉATION D'UN CERCLE

Voici un exemple générique de création de cercle formel (qui ne se pratique pas en habit de gala pas plus qu'en jeans et t-shirt) :

But visé

Tracer votre premier cercle formel.

Accessoires

Quatre chandelles décoratives de couleur blanche ; à placer aux quatre coins de l'autel.
Deux autres chandelles, qui représenteront le Dieu et la Déesse.
Une autre chandelle, qui fera fonction de chandelle de travail. Elle servira à allumer les autres chandelles.
Un bol rempli de sel.
Un calice rempli d'eau.
Une assiette remplie de terre.
Des pastilles de charbon (pas celles utilisées pour le barbecue).
De l'encens et de la sauge, broyés avec un mortier et un pilon ou un produit de remplacement. Déposez les ingrédients dans un récipient.

Aménagement de l'autel

Bénédiction de l'eau et du sel

Placez vos mains au-dessus du bol rempli de sel, déplacez-les dans le sens des aiguilles d'une montre jusqu'à ce que vous sentiez le sel se remplir d'énergie. Répétez cet exercice pour l'eau dans le calice. Prenez une pincée de sel entre vos doigts et versez-la dans l'eau ; brassez le mélange dans le sens des aiguilles d'une montre. Imaginez que l'eau représente celle qui se trouve dans l'océan et dans l'utérus. Les adeptes de la Wicca traditionnelle utilisent le bout de leur athamé pour mettre le sel dans l'eau et brasser le mélange. Cette pratique symbolise le grand rite ; elle représente l'union sexuelle. Il s'agit également d'une déclaration : Les hommes et les femmes sont des contraires égaux qui s'unissent pour se compléter.

Création d'un cercle

Dessinez un cercle avec votre athamé ou un doigt.

« Terre, Air, Feu et Eau. Je vous appelle. Je suis votre fils (ou votre fille). Je vous remercie de bénir ce cercle. »

(Allumez une chandelle du côté est.)

« Air, tu es le souffle de vie. Je te remercie de m'avoir prêté ton pouvoir pour accomplir ce rituel. »

(Allumez une chandelle du côté sud.)

« Feu, tu es l'étincelle divine. Je te remercie de m'avoir prêté ton pouvoir pour accomplir ce rituel. »

(Allumez une chandelle du côté ouest.)

« Eau, tu es comme le sang qui coule dans mes veines. Je te remercie de m'avoir prêté ton pouvoir pour accomplir ce rituel. »

(Allumez une chandelle du côté nord.)

« Terre, tu es comme les os dans mon corps. Je te remercie de m'avoir prêté ton pouvoir pour accomplir ce rituel. »

Dessinez un pentacle dans la terre que vous aurez déposée dans une assiette au centre de votre autel. Allumez les pastilles de charbon et placez-les également au centre de votre pentacle et déposez-y une portion généreuse du mélange d'encens et de sauge. Placez vos mains au-dessus de la fumée et dirigez-la doucement autour de votre corps, en imaginant qu'elle purifie votre esprit. Dans les cultures autochtones américaines, on appelle cette pratique le « port des peintures traditionnelles ». L'odeur seule vous permettra de ressentir une sensation de purification. L'encens et la sauge possèdent une odeur d'astringent, tout comme l'alcool à friction. Faites trois fois le tour du cercle dans le sens des aiguilles d'une montre avec le pentacle et l'encens. Votre cercle est maintenant purifié par l'Air. Ramenez maintenant votre pentacle sur l'autel.

Tenez les chandelles représentant le Dieu et la Déesse à environ un pied de votre corps, près de votre sternum. Imaginez que la flamme brûle toutes les énergies négatives présentes. Faites trois fois le tour du cercle dans le sens des aiguilles d'une montre avec la chandelle. Votre cercle est maintenant purifié par le Feu. Ramenez maintenant les chandelles sur l'autel.

Avec l'Eau, aspergez-vous un peu le front, les mains et les pieds. Faites trois fois le tour du cercle dans le sens des aiguilles d'une montre avec le calice. Aspergez un peu d'Eau tout en marchant. Votre cercle est maintenant purifié par l'Eau. Remettez le calice sur l'autel.

Faites trois fois le tour du cercle dans le sens des aiguilles d'une montre avec le sel en lançant des pincées de sel tout en marchant. Imaginez que les grains de sel suppriment toute pensée négative de votre cercle. Votre cercle est maintenant purifié par la Terre. Voilà ! L'exercice est terminé.

Maintenant, imaginez que votre cercle est une lumière blanche brillante qui vous entoure. Conservez l'image dans votre esprit le plus longtemps possible et concentrez-vous sur votre respiration quelques instants.

INVOCATION D'UNE DÉESSE ET D'UN DIEU

Concentrez votre attention sur les divinités que vous avez choisies pour accomplir vos rituels et tentez de trouver des illustrations les représentant. À titre d'exemple, si vous invoquez Athéna et Apollo, vous pouvez utiliser une statue d'hibou et une image du soleil pour les représenter. Vous pouvez également leur offrir de la nourriture traditionnelle, comme un bol rempli d'huile d'olive dans lequel vous ajoutez du citron et des herbes. Et pourquoi ne pas les invoquer en grec ? Il est bien de parler la langue de la personne que vous invitez à une soirée. Gravez le nom des divinités que vous avez choisies sur leur chandelle respective, psalmodiez leur nom jusqu'à ce que vous sentiez l'énergie circuler en vous et allumez les chandelles. Les flammes représentent leur présence.

AMPLIFICATION DE L'ÉNERGIE

À cette étape-ci, plusieurs choix s'offrent à vous : vous pouvez danser, chanter, tambouriner ou, mieux encore, combiner toutes ces actions. Les sons et les mouvements sont des amplificateurs d'énergie puissants et ils sont encore plus efficaces lorsqu'ils sont effectués simultanément. Éclatez-vous, tout en gardant le contrôle et votre concentration. Pour les rituels qui nécessitent le silence, respirez profondément pour invoquer l'énergie. Revenez à l'exercice relatif au mantra, qui a fait l'objet du chapitre 8.

> Pour accomplir un rituel, il est bon d'invoquer des divinités du même panthéon. Dans le cadre de certains rituels éclectiques, des divinités de toute provenance sont invoquées, mais je pense que cette pratique est source de confusion. De plus, comment pouvons-nous savoir que ces divinités ont des atomes crochus ? Dans la Santeria, certains orishas ne font jamais l'objet d'invocation au cours d'une même cérémonie, car leurs énergies sont incompatibles.

Quelle que soit la méthode que vous choisirez, assurez-vous de visualiser l'énergie qui se trouve à l'intérieur du cercle, afin que vous puissiez par la suite …

EXPULSER L'ÉNERGIE

Une fois que vous aurez accumulé suffisamment d'énergie (vous la sentirez, croyez-moi), vous pourrez l'utiliser pour invoquer ce que vous désirez. Vous utiliserez l'énergie en fonction de l'objectif que vous vous serez fixé. Si votre rituel se limite au culte, vous ne diffuserez probablement pas d'énergie. Par contre, si le rituel a pour but de vous guérir, vous voudrez peut-être diriger l'énergie vers un médicament ou encore une miche de pain que vous mangerez plus tard ; si vous désirez guérir quelqu'un d'autre (avec son autorisation, bien sûr), vous pourrez diriger l'énergie vers cette personne en vous concentrant sur une photographie d'elle ; si vous désirez charger une amulette d'énergie ou bénir un charme, vous dirigerez alors l'énergie vers cet objet.

> « L'utilisation d'un cercle magique est tout à fait optionnelle, quoique je la recommande quand même. Le cercle favorise la concentration et la disposition d'esprit. Il sert également de barrière protectrice (contre les énergies négatives et hostiles), et aide à diriger les sorts. »
>
> – GWINEVERE, 16 ANS

Un grand nombre de sorcières se servent de l'image d'un *cône de pouvoir* volant vers ce qu'elles désirent, en visualisant l'énergie comme un énorme cône au-dessus de leur cercle. C'est un bon moyen d'obtenir ce que vous désirez. Pour ma part, je visualise habituellement différentes images, selon ce que je désire. Entre autres, j'aime visualiser de larges rayons colorés (veuillez consulter la Table de correspondance dans les annexes).

TERRE

Vous avez déjà effectué cet exercice, très facile d'ailleurs, qui est expliqué au chapitre 8. Il vous suffit de vous étendre sur le sol pour ressentir votre énergie pénétrer dans la terre.

Vous devrez également vous concentrer pour vous ramener de cet état d'extase. Par la suite, asseyez-vous les jambes croisées et respirez profondément pendant quelques instants. Certaines personnes vous recommanderont d'imaginer que vous êtes un arbre dont les racines sont bien enfoncées dans la terre. Par ailleurs, sachez que le fait de goûter à certains plaisirs est une bonne façon de compléter un rituel et une collation vous aidera à ramener les deux pieds sur terre et à amplifier votre énergie.

BANISSEMENT DU CERCLE

Fermez le cercle en en faisant le tour dans le sens inverse des aiguilles d'une montre. Représentez-vous le cercle qui revient dans votre athamé ou votre doigt. Tout en marchant, arrêtez-vous à chacun des points cardinaux et libérez cet élément en formulant des remerciements et en précisant que le cercle est ouvert, mais jamais brisé. Vous avez défait le cercle, mais il demeurera toujours dans votre esprit et vous pourrez l'invoquer lorsque vous en aurez besoin.

CHAPITRE ONZE
DIVINATION

Pour la plupart des gens, la divination est la faculté de deviner ce qui doit se passer. Je crois que cette définition est inexacte. La divination consiste à examiner le « présent » et à voir les possibilités qui s'offrent à nous si nous continuons de suivre la même voie dans le cosmos. J'espère que je ne donne pas l'impression d'être une hippie quand je dis ça. Ça ne me ferait pas plaisir ! Je me sers de cartes de tarot ou d'une boule de cristal pour ouvrir mon subconscient à l'univers et obtenir un signe de ce dernier, de manière que je puisse aligner mes agissements avec le cours des choses.

De nombreuses sorcières recourent à la divination avant de jeter un sort. Tout d'abord, cela leur donne une indication de la chance de réussite de leur sort et des effets secondaires qui pourraient survenir. Deuxièmement, cela les aide à savoir si le moment est propice. Si je veux jeter un sort pour attirer l'amour et que je fais un tirage où n'apparaît aucune carte liée à une relation amoureuse, je ne vais probablement pas jeter de sort à ce moment-là. Un tirage pourrait me donner des indices sur ce que je dois travailler avant de pouvoir obtenir la relation que je souhaite. Par exemple, si, au cours du tirage, j'obtiens peu de cartes liées à l'équilibre et à la santé, il me faut probablement contrôler mes émotions et équilibrer davantage mon énergie avant de tenter d'attirer un amoureux.

Il existe des *centaines* de méthodes de divination et je ne pourrai pas les passer toutes en revue ici. J'en ai choisi quelques-unes que j'aime particulièrement et qui sont relativement faciles pour un débutant. Essayez-les toutes.

LES RUNES

Les runes sont des alphabets magiques qui ont été en usage dans différentes civilisations, notamment les germanique, scandinave et celtique. Le Futhark, expliqué ci-dessous, est l'un des alphabets les plus répandus. Il se divise en Futhark primitif et Futhark tardif.

Pour la divination, les runes sont dessinées sur des pierres ou sur des morceaux de bois qu'on lance. Placez-les dans un sac, secouez-le et concentrez-vous sur votre question.

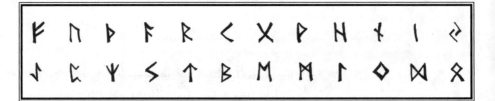

1. *Fehu : (taureau) abondance, succès*
2. *Uruz : (aurochs) force, protection*
3. *Thurisaz : (épine) pouvoir, marteau de Thor*
4. *Ansuz : (divinité mâle) puissance magique, inspiration*
5. *Raidho : (voyage) déplacements, mouvement cosmique*
6. *Kenaz : (torche) énergie créatrice, changement*
7. *Gebo : (cadeau) interaction d'énergies*
8. *Wunjo : (joie) confort, bonne fortune*
9. *Hagalaz : (grêle) protection, contrôle d'une situation*
10. *Naudhiz : (nécessité) force intérieure, détermination*
11. *Isa : (glace) obligation, contrôle*
12. *Jera : (année) abondance, vivre en suivant les cycles des saisons*
13. *Eihwas : (if) crise durable, magie*
14. *Pertho : (dé) chance*
15. *Elhaz : (wapiti) bonne énergie, protection*
16. *Sowilo : (soleil) mouvement, indication cosmique*
17. *Tiwaz : (Tyr) victoire, justice*
18. *Björk : (bouleau, déesse) Terre mère, cycle des naissances et des morts*
19. *Ehwas : (cheval) fertilité, mariage*

20. *Mannaz : (être humain) homme et femme en union avec le divin*
21. *Laguz : (eau, poireau) vertu, croissance*
22. *Ingwaz : (Ing) événement qui commence, incubation*
23. *Dagaz : (Dag, jour) éveil spirituel, espoir*
24. *Othala : (propriété) maison, prospérité*

Quand vous sentez que votre énergie est passée dans les pierres, lancez-en une, deux ou plusieurs en même temps afin d'obtenir votre réponse. Vous pouvez également les lancer en donnant à chaque rune une place qui a un sens particulier. À titre d'exemple, si vous voulez savoir pourquoi votre amoureux agit bizarrement, vous pourriez faire un tirage pour le passé, un pour le présent et un pour l'avenir. Remuez les runes et tirez-en une que vous placez sur une table. C'est le « passé ». Puis, prenez-en une autre et placez-la à droite de la première ; c'est le « présent ». Tirez-en une autre encore et placez-la à droite du « présent ». Cette dernière représente « l'avenir ». Vous pouvez alors consulter le livre que vous utilisez pour guider votre interprétation ou utiliser la liste ci-dessus et lire chaque rune en fonction de sa place.

Il existe aussi un autre mode de divination à l'aide des runes. Dessinez un cercle sur un morceau de papier ou tracez-en un sur le sol. Remuez les runes, concentrez-vous et jetez-les toutes en même temps. Ne lisez que celles qui tombent dans le cercle.

FABRIQUEZ VOS PROPRES RUNES

Il est incroyablement facile de fabriquer ses propres runes. Il suffit de réunir des pierres qui sont à peu près de la même taille et de la même forme – ça va mieux avec des pierres de rivière, parce qu'elles sont lisses et rondes – et de peindre les symboles dessus. Choisissez une couleur différente pour chaque rune, si cela peut vous aider à vous souvenir de leur signification. Vous pouvez aussi graver les symboles sur les pierres.

Fabriquez-vous également une bourse pour les ranger. En les conservant dans une bourse, il est plus facile de les garder physiquement « propres ». Prenez deux carrés de mousseline ou de coton et pliez-en les coins de manière qu'il y ait environ un demi-pouce de tissu qui se chevauche. Cousez chaque coin de cette manière. Il restera un petit trou dans les rebords. Cousez ensuite les deux morceaux de tissu ensemble, l'envers tourné vers l'extérieur, et laissez la pointe ouverte. Retournez la bourse pour que l'endroit soit vers l'extérieur. Faufilez une ficelle dans les deux rebords. Fermez la bourse avec la ficelle et faites un nœud pour conserver vos runes ensemble. De nombreuses sorcières ne laissent personne toucher à leurs runes, afin que celles-ci ne soient pénétrées que de leur énergie. Si vous voulez faire un tirage pour d'autres personnes, demandez-leur simplement de se concentrer sur leur question pendant que vous secouez les runes et jetez-les. Les runes, pas vos amis !

CRISTALLOMANCIE

La cristallomancie utilise une surface réfléchissante, comme un miroir ou une boule de cristal, pour y voir des images qui parlent de possibles événements futurs. Si vous êtes une personne très visuelle, vous verrez des images très claires. Comme je suis quelqu'un de plutôt abstrait, j'obtiens souvent des images abstraites, comme des figures géométriques, des flashs colorés ou des flashs d'images qui n'ont pas toujours de signification jusqu'à ce que je les inscrive sur une feuille et que j'y réfléchisse pendant un certain temps.

Divers objets sont utilisés en cristallomancie. Ça m'a déjà bien réussi avec une sphère en obsidienne, une fenêtre noire la nuit et la flamme d'une chandelle (on appelle *pyromancie* l'utilisation d'un feu ou d'une chandelle). Un bol d'eau où l'on met quelques gouttes d'huile d'olive ou d'encre, un miroir que l'on utilise uniquement pour faire de la cristallomancie et des sphères de quartz transparent ou même en verre sont également de bons instruments de cristallomancie.

Pour vous préparer, faites brûler de l'encens de Vision ou de Pouvoir (vous trouverez des recettes au chapitre 12), un peu de résine pure de sang de dragon ou de l'oliban sur du charbon de bois. Vous pouvez aussi tracer un cercle. N'oubliez pas de prendre votre carnet, parce que vous allez vouloir écrire vos impressions. Laissez la fumée remplir la pièce. S'il vous est interdit de faire brûler de l'encens, essayez de préparer une tasse de thé à la camomille et à la cannelle avec 1/8 de cuillerée à thé de muscade fraîchement moulue. En fait, préparez le thé même si vos parents vous autorisent à brûler de l'encens. Décontractez-vous et respirez à fond.

Si vous utilisez de l'eau pour faire de la cristallomancie, placez-la dans un bol et remuez-la dans le sens des aiguilles d'une montre. Penchez-vous sur le bol et récitez une brève incantation, comme : « Les visions m'apparaissent maintenant, je ne verrai que celles qui sont vraies. ». Répétez-la jusqu'à ce que vous sentiez votre conscience changer d'état.

Versez quelques gouttes d'huile ou d'encre dans l'eau pendant qu'elle bouge encore. Soufflez sur l'eau pour y faire des vagues. Ensuite, asseyez-vous confortablement, décontractez-vous et regardez. C'est la partie délicate : vous devez laisser votre vision faiblir et regarder avec votre troisième œil. Mais laissez-moi faire un petit retour en arrière pour vous donner des explications.

Fixez votre bol. Sentez-vous où se trouve votre énergie ? Elle est dans vos yeux, non ? Bon, prenez cette sensation et déplacez-la jusqu'à un point situé entre vos sourcils, légèrement au-dessus, tout en continuant à fixer l'eau. Si vous vous concentrez sur ce point, vous sentirez une légère sensation d'ouverture et votre vision deviendra floue. Ce brouillard visuel ouvre votre vision psychique – votre troisième œil. Je sais que ça peut sembler un peu fou, mais essayez à plusieurs reprises jusqu'à ce que vous soyez à l'aise avec cette sensation et que vous puissiez garder cette vision trouble pendant quelques minutes.

Au moment où vous vous sentez bien, regardez les gouttes d'huile ou d'encre dans l'eau. À quoi ressemblent-elles ? Voyez-vous des formes ? Décrivez-les dans votre carnet !

BIBLIOMANCIE

La bibliomancie est vraiment parfaite pour obtenir une réponse rapide. Pour la pratiquer, il vous suffit de prendre un livre, de penser à votre question, d'ouvrir le livre au hasard, de fermer les yeux et de regarder. Quel que soit le mot sur lequel vous tombez, c'est votre réponse. La plupart du temps, le résultat est surprenant.

TAROT

Ma méthode de divination préférée ! Ça marche très bien pour moi et, en plus, j'aime collectionner les jeux de cartes. On y trouve soixante-dix-huit cartes artistiques (si vous tombez sur un bon jeu) et je ne m'en lasse pas. Le tarot existe depuis des siècles ; de nombreuses cultures anciennes utilisant déjà les cartes. En fait, les jeux de cartes modernes viennent du tarot.

Les jeux de tarots, comme je viens de le dire, contiennent soixante-dix-huit cartes réparties en quatre familles (comme dans les cartes modernes), qu'on appelle les Arcanes mineurs – les petits secrets. Les cartes avec des figures (comme dans le jeu moderne, on retrouve le roi, la reine, le cavalier et le valet) représentent les autres, des parties de vous-même ou des situations de transition. Ensuite, il y a les Arcanes majeurs, que l'on ne trouve pas dans les jeux modernes. Ces trentre-deux arcanes représentent les forces universelles ou archétypales et les principales expériences humaines.

Le tarot intègre aussi la numérologie – l'utilisation des nombres pour interpréter le flux cosmique. Si vous tirez l'as de pique, par exemple, vous lirez cette carte en fonction de sa famille (pique) et de sa valeur (1). Donc, comme le pique représente le feu, cette carte représente une force active (le feu) qui a tout juste commencé à avoir un effet. Ou il pourrait s'agir d'un message pour commencer à travailler activement sur un projet. Ou cela peut signifier le début de l'été, parce que l'été est la saison chaude et que l'as correspond aux commencements. Ou…

Quand on commence à interpréter le tarot pour la première fois, on peut se sentir débordé par le fait d'avoir à mémoriser les sens traditionnels des cartes, ce qui peut être assez obscur. Il faut surtout que vous vous serviez de votre intuition. Quelles couleurs retrouve-t-on sur une carte ? Que représente l'image ? À quoi cela vous fait-il penser ou que ressentez-vous ? Ensuite, regardez toutes les autres cartes du tirage. Y a-t-il beaucoup d'Arcanes majeurs ? Y a-t-il plus de trois cartes de la même famille ? Un nombre revient-il à plusieurs reprises ? Les tirages de tarot ont un début, un développement et une fin, exactement comme dans une histoire, et il vous faut lire cette histoire en mettant en relation chaque carte avec toutes les autres.

Il existe beaucoup de très bons livres sur le tarot et, si vous souhaitez apprendre à lire les cartes, vous devriez commencer par vous en procurer un. Pour une initiation au tarot, essayez le *Tarot made easy* de Nancy Garen, consultez Tarot.com pour vous familiariser avec les jeux de cartes et les significations de base et allez à vos sites païens favoris pour obtenir de l'information sur le tarot. Vous pouvez aussi vous procurer un jeu de débutant. On suggère en général le Tarot Rider Waite (je ne l'aime pas vraiment – les couleurs sont à vomir). Parmi les autres jeux, on trouve le jeu de Robin Wood, le Tarot Old Path, le tarot Servants of the light, le tarot celtique et le tarot du chat. Vous pouvez également vous en fabriquer un assez facilement. Ça revient bien moins cher que la plupart des jeux et cela vous permettra d'apprendre à connaître les cartes.

FABRIQUEZ VOTRE PROPRE JEU DE TAROTS

Prenez du carton ou du papier rigide pour les cartes. Découpez-le en rectangles de trois pouces sur cinq. Il est plus facile de découper soixante-dix-huit cartes avec un couteau tout usage et une règle qu'avec des ciseaux. Consultez votre livre sur le tarot pour définir le sens traditionnel de chaque carte et collez les images qui correspondent aux cartes ou dessinez-les. Pour fabriquer votre propre jeu, tirez autant de renseignements que vous le pouvez sur les cartes à partir de vos sources, en prenant les cartes à tour de rôle. Je vous conseille de commencer par la première carte des Arcanes majeurs (le Fou) et de continuer dans l'ordre avec le reste du jeu. Regardez les symboles qui reviennent le plus souvent sur chaque carte et consultez des magazines, de vieux livres et d'autres sources d'images qui traitent de la carte sur laquelle vous travaillez. Vous pouvez découper les images et les coller sur les cartons que vous avez préparés (la colle Mod Podge – qu'on peut trouver dans les magasins d'artisanat – est idéale ; enduisez les cartes d'une couche de colle après les avoir découpées à la bonne taille) ou encore vous pouvez dessiner vos propres images. Il peut être utile aussi d'inclure quelques mots clés liés aux cartes afin de pouvoir vous les rappeler d'un coup d'œil. Il faudra faire attention de ne pas abîmer ces cartes lorsque vous les battez. Essayez de faire un tirage en plaçant les cartes face contre la table, puis remettez-les à nouveau dans le paquet.

CONSEILS SUR LES TIRAGES DE TAROT

Il existe de nombreuses méthodes de tirer les cartes de tarots et chaque méthode possède ses avantages. Il y a le tirage pour le passé, le présent et l'avenir (vous souvenez-vous de ce que nous faisions avec les runes ?) qui marche bien pour une réponse simple. Battez les cartes, tirez-en une, posez-la et c'est le « passé ». Mélangez-les à nouveau et posez la carte suivante à la droite de la première ; c'est le « présent ». Battez-les une dernière fois et posez la troisième carte à la droite de la deuxième. C'est le « futur » ; et vous pouvez obtenir votre réponse en interprétant ces trois cartes.

Le tirage le plus courant est celui de la croix celtique. On procède ainsi :

Les cartes sont disposées de la façon suivante :

1. L'origine de la question. Ce sont les décisions ou les forces qui vous ont amené dans la situation sur laquelle vous vous posez des questions.

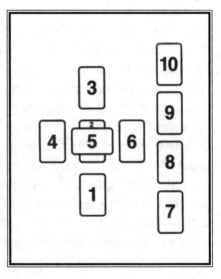

2. Le cœur de la question. Cette carte vous représente, vos réactions et l'émotion qui sous-tend la situation.

3. Ce que vous pouvez espérer de mieux. C'est l'idéal le plus élevé ou le plus grand bienfait auquel vous pouvez vous attendre si ous ne changez rien.

4. Le passé récent. Cette carte représente une énergie ou une situation qui est en train de disparaître, mais qui a toujours un effet sur vous.

5. Ce qui vous traverse. Si c'est une carte qui a un sens négatif, elle représente ce qui travaille contre vous. Si la carte est positive, elle vous dit quelles sont les forces en votre faveur ou celles auxquelles vous pouvez faire appel.

6. Le futur proche. Cette carte représente les événements ou l'énergie qui vont vous toucher dans les quelques heures ou jours à venir.

7. Comment l'avenir proche va évoluer. Elle fait la lumière sur la dernière carte et vous indique le chemin qui s'annonce vraisemblablement pour vous.

8. Les autres personnes. Cette carte vous donne une indication de l'influence qu'auront les autres sur vous dans les jours à venir.

9. Vous, dans un avenir proche. Cette carte vous en dit un peu sur ce que vous ferez ou sur ce que vous allez vivre dans un avenir proche.

10. Le résultat final. Cette carte résume l'interprétation et votre réponse.

CHAPITRE DOUZE

INCANTATIONS

Alors, qu'est-ce que la magie ? Nombre de personnes ont tenté de la définir. Je ne possède pas plus de connaissances qu'elles et je ne suis pas meilleure poète. Je ne peux pas vous fournir une définition *scientifique* de la magie et je ne peux pas vous démontrer que cet art fonctionne avec autant de facilité que je pourrais, par exemple, vous prouver qu'une livre de terre pèse vraiment une livre. Tout ce que je sais, c'est que notre esprit possède un pouvoir extraordinaire que nous n'utilisons qu'en partie. Selon moi, la magie est la capacité de mettre à profit les nombreuses ressources de notre esprit, d'en utiliser les symboles et de comprendre le fonctionnement de la nature afin de réussir à nous lier au reste de l'univers. Une fois que vous aurez pris conscience que tout est interrelié, vous comprendrez à quel point vos pensées façonnent la réalité. Et si vous poussez plus loin cette réflexion, vous constaterez que votre imagination, tout comme l'univers, est infinie et que les symboles de l'univers et votre connaissance de la nature vous aideront à satisfaire vos désirs et vos

> « La magie, c'est une sensation ; la magie, c'est le fait d'être ; la magie, c'est un moyen de modifier la réalité, non pas parce que vous vous sentez impuissante et que vous ne pouvez changer ce qui ne peut l'être, mais parce que vous êtes en pleine possession de vos moyens et que vous refusez d'être une victime ; la magie, c'est la célébration de la vie, de la mort et de la renaissance, à la fois sur les plans physique et psychologique. »
>
> — ATHENA, 17 ANS

besoins.

Maintenant, faisons le point sur certaines croyances. Tout d'abord, vous devez savoir que vous ne pourrez, à moins d'être moine bouddhiste, ni arrêter le temps ni voler comme un oiseau (il paraît que les moines bouddhistes sont capables de le faire !). Ensuite, même si votre imagination joue un rôle

Pour réussir une incantation, il faut :

- utiliser les bons accessoires ;
- créer un espace sacré ;
- énoncer clairement votre souhait ;
- amplifier et diriger l'énergie ;
- demander aux divinités de vous venir en aide ;
- agir en harmonie.

essentiel en matière de magie, la magie n'en est pas pour autant entièrement cérébrale. Finalement, les incantations ne donnent pas toujours les résultats escomptés. Vous devez utiliser des formulations précises et bien évaluer la situation avant d'effectuer une incantation. Consultez votre correspondance astrologique, assurez-vous que la période est propice à l'invocation des déesses et des dieux et, surtout, écoutez votre voix intérieure. Si votre conscience vous dit que le moment n'est pas propice ou que vous imposez votre volonté à quelqu'un d'autre, abstenez-vous ! Je n'ai pas l'intention de vous donner une leçon de morale en matière de magie. Je ne cherche qu'à vous préciser que la magie *noire* ou *blanche* n'existe tout simplement pas. En effet, ce n'est pas l'énergie produite qui est *bonne* ou *mauvaise,* mais ce sont plutôt vos intentions qui peuvent l'être. La détermination du bien et du mal n'est qu'une question de subjectivité. TOUTEFOIS, je peux vous affirmer, d'après mon expérience personnelle, que le karma existe bel et bien.

Il existe deux méthodes fondamentales d'*envoûtement* qui reposent sur l'hypothèse que les images et les représentations d'objets réels ont une influence réciproque en raison de leur similarité. La similarité suppose une relation, qui est l'expression d'un lien et la magie est l'art de déceler les liens ainsi que de se servir de l'énergie qui découle d'une relation. À titre d'exemple, si vous utilisez l'énergie de la lune pour faire une incantation, vous pourrez utiliser soit une pierre de lune, car sa couleur et son lustre rappellent ceux de la lune ; soit le jasmin, car sa fleur s'ouvre la nuit, ce qui suppose un lien entre l'énergie du jasmin et celle de la lune.

L'envoûtement comprend à la fois la magie *contagieuse* et la magie *homéopathique*. La magie *contagieuse* repose sur le principe que les objets, comme les ongles et les cheveux qui ont appartenu à une personne donnée, produiront toujours un effet sur cette personne. Ce type de magie inclut également la captation de l'énergie d'un autre objet, comme une pierre ou un arbre. La magie *homéopathique* se fonde, quant à elle, sur la théorie que l'action pratiquée sur la représentation de personnes ou de choses réelles, comme la tristement célèbre poupée vaudou, aura un effet sur cette personne ou cette chose, tout comme les hommes préhistoriques dessinaient des animaux sur les murs de leur caverne pour en favoriser la chasse.

Les incantations dont il sera question dans le présent chapitre nécessiteront des chandelles (afin de favoriser la concentration et l'utilisation des propriétés des couleurs, des huiles et des symboles), de la corde (afin de lier quelque chose à vous ou de l'éloigner de vous) ou certains éléments particuliers (afin d'utiliser l'énergie d'un élément particulier pour obtenir ce dont vous avez besoin). Certaines incantations exigeront ces trois types d'objets, tandis que d'autres n'en demanderont que deux. Lorsque vous effectuez une incantation, gardez le contact avec la *réalité*, ce que l'on appelle *agir en harmonie*. La magie est efficace, dans la mesure où vous concentrez toute votre énergie sur l'objectif que vous vous êtes fixé, c'est-à-dire que vous devez vous y consacrer quotidiennement. Vous pouvez effectuer une incantation pour obtenir de l'argent, mais vous connaîtrez plus de succès si vous faites le souhait d'obtenir un emploi.

J'essaierai de formuler simplement mes incantations et d'expliquer, étape par étape, la façon d'adapter les techniques de rédaction à la composition de vos propres incantations. Tout d'abord, vous devez savoir que les mots qui viendront directement de votre esprit et de votre cœur seront plus efficaces que ceux que je pourrais vous suggérer. Pour ma part, j'utilise habituellement les rimes ainsi qu'une langue archaïque lorsque j'invoque une divinité ou que j'effectue une incantation. Vous préférerez peut-être avoir recours à un langage simple ou garder le silence. Adoptez la méthode qui vous convient. Consultez à nouveau la section *Comment utiliser ce livre* avant de vous lancer dans cette expérience. Vous tirerez alors meilleur parti des incantations qui suivent.

À PROPOS DES RECETTES...

Dans le présent chapitre, je vous donnerai des recettes de potions, d'encens, d'huile et de crèmes. Les ingrédients et accessoires dont vous aurez besoin sont faciles à obtenir. Toutefois, si vous ne pouvez vous les procurer tous, remplacez-les ou consultez le tableau de la page (347) des annexes. Lorsque vous essayez un nouveau produit, que ce soit un ingrédient à ingérer ou à appliquer sur la peau, je vous recommande d'en tester d'abord une petite quantité. Pour ce qui est des crèmes et des huiles, appliquez d'abord une petite quantité sur votre poignet ou votre coude. Dans un jour ou deux, vous saurez si le produit irrite votre peau.

Vous vous demandez peut-être quel lien peuvent avoir les crèmes et les huiles avec la magie. La magie n'est pas seulement synonyme de cérémonies et d'accessoires élégants. Lorsque vous vous donnez la peine de mémoriser les différentes vertus des herbes et des épices, vous pouvez en utiliser l'énergie pour amplifier les effets magiques. Le simple fait de fabriquer des huiles, des potions ou autre vous permet de charger d'énergie votre recette et d'intensifier cette énergie avec votre propre énergie et vos souhaits, en plus de disposer du pouvoir des ingrédients eux-mêmes. Les herbes et les huiles essentielles possèdent des propriétés *évocatoires*. L'*invocation* consiste à faire appel à des forces qui sont à l'extérieur de vous, tandis que l'*évocation* consiste à faire appel à des forces qui sont à l'intérieur de vous. Les parfums évoquent des émotions, une énergie particulièrement utile pour la pratique de la magie. La magie consiste après tout à ouvrir son esprit, comme je vous l'ai déjà dit. Utilisez tout ce qui est à votre disposition !

Voici quelques renseignements concernant les ingrédients dont vous aurez besoin...

HUILES ESSENTIELLES

Seules les huiles essentielles peuvent servir à bénir des chandelles ou peuvent être incorporées à de l'encens. Les huiles parfumées vendues dans les boutiques contiennent généralement des ingrédients synthétiques dont la combustion dégage une odeur désagréable ainsi que des agents chimiques nocifs pour la santé. N'appliquez jamais d'huiles essentielles sur votre peau, car elles sont *très concentrées*. Elles doivent auparavant être diluées dans un excipient. Je reviendrai plus tard sur le sujet des excipients.

Les huiles essentielles sont habituellement chères. Pour mes recettes, j'ai donc recherché celles à usages multiples. Les huiles essentielles se conservent plus d'un an à l'abri de la lumière. De plus, comme vous n'utilisez que quelques gouttes pour chacune des recettes, vous en aurez pour longtemps. Pour éviter de grever votre budget, passez en revue les recettes et choisissez-en une ou deux que vous voulez essayer. Achetez maintenant les ingrédients dont vous aurez besoin pour ces recettes et procurez-vous les autres quand vous le pourrez.

Vous pouvez également verser quelques gouttes d'huiles essentielles ou un peu d'herbes fraîches dans un bol rempli d'eau très chaude. Les vapeurs seront aussi efficaces que l'encens.

HUILE INFUSÉE

Il existe plusieurs façons d'utiliser les herbes pour fabriquer des huiles à massage, des crèmes pour le corps, des pommades et des huiles parfumées (plus ou moins odorantes).

Il est facile d'infuser vous-même les huiles. Vous n'avez qu'à cueillir les

> Pour ce qui est de l'encens, je suis consciente qu'il vous est peut-être interdit d'en faire brûler. Ma mère était incapable d'endurer l'odeur de certains types d'encens et elle se serait fâchée si j'en avais fait brûler dans ma chambre (surtout parce qu'elle croyait, pour une raison quelconque, que c'était de la marijuana). Vous pouvez quand même essayer les recettes, en mélangeant les ingrédients dans un bol et en utilisant le mélange comme pot-pourri. Ou encore, vous pouvez utiliser un diffuseur (que vous trouverez dans un magasin d'articles à un dollar) ou les faire infuser dans un chaudron contenant un peu d'eau. Vous pouvez également déposer l'encens dans un sac que vous porterez sur vous. Pressez légèrement le sac lorsque vous aurez besoin de l'énergie de l'encens.

herbes fraîches dont vous voulez vous servir. Assurez-vous qu'elles sont exemptes d'humidité. Faites chauffer doucement un peu

Si vos moyens ne vous permettent que l'achat d'un ou deux types d'huile à la fois, ne vous faites pas de souci ! Reportez-vous aux annexes pour connaître les propriétés des huiles et déterminez celles qui correspondent le plus à vos besoins en matière de magie. Lisez attentivement les recettes du présent chapitre et choisissez-en une ou deux qui pourraient convenir à quelques-unes des incantations que vous voulez essayer. Vous pouvez également utiliser une huile diluée dans un excipient pour obtenir les résultats escomptés.

d'excipient et versez-le sur les herbes. Faites-les macérer un jour ou deux. Ensuite, filtrez l'huile et répétez l'opération avec de nouvelles herbes si vous souhaitez un parfum plus prononcé. Vous pouvez également utiliser des herbes séchées, comme celles vendues dans les marchés d'alimentation. Si vous utilisez des herbes séchées, n'utilisez que la moitié de la quantité d'herbes habituelle. Pour ma part, je préfère utiliser des herbes fraîches, parce que leur pouvoir est supérieur.

Vous pouvez également essayer l'extraction à froid, laquelle nécessite plus de temps, mais permet de mieux conserver les propriétés de l'herbe qu'en faisant chauffer l'huile. Prenez quelques poignées d'herbe (un seul type d'herbe par infusion), préférablement vers midi, alors qu'elles sont sèches. Si vous ne pouvez vous les procurer vers midi, laissez-les sécher un peu sur le rebord d'une fenêtre ensoleillée. Pressez-les un peu entre vos mains avant de les déposer dans le chaudron, afin d'en extraire les huiles essentielles. Déposez les herbes dans un bocal et recouvrez-les d'excipient. Ensuite, laissez-les sur le rebord d'une fenêtre pendant deux à six semaines.

Quelle que soit la méthode utilisée, secouez légèrement le bocal de temps à autre pendant l'infusion des herbes. Assurez-vous que vous en aimez le parfum. Si ce n'est pas le cas, filtrez les herbes et répétez l'opération avec de nouvelles herbes jusqu'à ce que vous appréciez le parfum qu'elles dégagent. Étiquetez bien le contenu du bocal et dressez une liste des

La préparation de produits pour le bain et le corps est une excellente façon de pratiquer la magie, particulièrement si vos parents sont contre. La préparation d'huiles et de crèmes est une activité tout à fait anodine et vous pouvez insuffler à vos recettes une force magique puissante, et ce, sans inquiéter vos parents.

ingrédients utilisés.

Quoi qu'on en dise, les huiles infusées ne sont pas aussi concentrées que les huiles essentielles. En outre, vous ne pouvez pas les incorporer à de l'encens, car l'excipient peut dégager une senteur *désagréable* si vous le faites brûler. Toutefois, vous *pouvez* mélanger sans problème les huiles infusées à des crèmes ou à des huiles corporelles dans un diffuseur ou dans un récipient d'eau bouillante, ou encore les verser dans l'eau de la baignoire. Lorsqu'une recette nécessite un excipient quelconque, utilisez l'un de vos mélanges infusés pour donner une autre dimension à votre pratique de la magie.

Les huiles infusées se conservent de trois à quatre mois au réfrigérateur. Vérifiez leur senteur avant de les utiliser. Si elles dégagent une odeur étrange (ou si elles présentent de la moisissure), c'est qu'elles ont ranci. Vous devrez alors préparer une autre infusion.

Voici les meilleurs excipients :

- du jojoba, dont la cire est *excellente* pour la peau et les cheveux. C'est la composante que je préfère pour les crèmes et les huiles corporelles ; en outre, le jojoba possède un avantage non négligeable : il ne rancit pas. En fait, bien que l'on voie souvent la mention « huile de jojoba », il ne s'agit pas du tout d'huile, mais plutôt de la cire extraite de la plante de jojoba. Par conséquent, même si le produit *ressemble* à de l'huile, il s'agit seulement de jojoba. De plus, puisque le produit ne contient pas d'huile, il est idéal pour les personnes à la peau grasse ou qui font de l'acné ;

- des pépins de raisin, au prix très abordable et dont la texture est presque lisse ;

- de l'avocat, un bon hydratant, mais dont la texture est quelque peu consistante ;

- de l'huile d'amande douce, laquelle convient parfaitement à la fabrication des huiles de massage, malgré le fait que certaines personnes y sont allergiques. Alors, soyez prudent(e), particulièrement si vous êtes allergique aux amandes ou à d'autres types de noix ;

- de l'huile d'olive qui est, croyez-le ou non, un très bon produit pour la peau, et qui constitue un bon choix pour faire des pommades. Toutefois, il se pourrait que vous *dégagiez une senteur* d'huile d'olive, alors… ne l'utilisez pas lors des incantations d'amour.

FAITES VOS PROPRES MÉLANGES

Tout d'abord, sentez chacune des huiles. Prenez note de votre réaction à chacune d'entre elles. Ressentez-vous une sensation apaisante ou vivifiante ? Versez une goutte de chacune des huiles essentielles dans une bouteille propre, roulez la bouteille entre les paumes pour les mélanger et sentez l'odeur qui s'en dégage. Pour faire des mélanges d'huiles essentielles à brûler sur des pastilles de charbon, vous n'avez qu'à faire les recettes proposées ou à créer les vôtres. N'ajoutez cependant pas d'excipient.

Il est certainement possible d'infuser une herbe dans l'huile et de la transformer en huile de bénédiction, ou encore incorporer une herbe à votre bain à des fins magiques. Pour l'encens et le pot-pourri, utilisez une seule herbe ou les trois.

PLAN POUR LES INCANTATIONS

Les modes d'ensorcellement sont aussi variés que les raisons de le faire et que les sorcières ; par ailleurs, vos résultats seront toujours plus concluants si vous composez vous-même vos incantations. J'ai inclus certaines de mes compositions dans ce chapitre afin de vous permettre de vous familiariser avec les techniques de composition. Si vous prenez le temps de les

Certaines des recettes proposées nécessitent un bain-marie, que l'on peut se procurer dans les magasins où l'on vend des casseroles et des poêles. Son achat n'est pas obligatoire, même s'il est peu coûteux. Il vous est possible de fabriquer votre propre bain-marie en prenant un bol qui s'emboîte dans une casserole (la partie supérieure doit être plus étroite que la partie inférieure). Vous pouvez également placer un contenant à café dans un chaudron d'eau bouillante. Utilisez une poignée ou des gants de cuisine pour prendre le contenant, car il deviendra très chaud.

analyser, vous y trouverez différentes façons de charger une chose d'énergie, d'invoquer l'énergie, de la canaliser et de l'éliminer. Retenez ces techniques, appliquez-les à une chose que vous aimez et à laquelle vous êtes lié(e), et vous vous amuserez tout en voyant votre besoin comblé.

Remarquez que j'ai bien écrit *votre besoin*. Si vous vous amusez vraiment à accomplir des incantations, vous constaterez qu'elles fonctionnent souvent, mais que les *résultats obtenus* ne correspondent pas nécessairement à vos *attentes*. Si vous faites une incantation pour attirer l'amour, vous pourriez vous retrouver avec un petit chaton à aimer (mon ami Jonathan a vécu cette expérience). Non, l'univers ne vous envoie pas le message que vous devez vous contenter de relations interespèces. Il vous signale peut-être qu'il vous faudrait mieux assimiler la *définition de l'amour*. Alors, il vous envoie un ami avec lequel apprendre. C'est logique, non ?

> « Le fait de jeter un sort ne représente qu'une partie du processus d'incantation. La magie commence par la définition de votre souhait. Si vous désirez jeter un sort, vous devrez préciser le but que vous recherchez. Par la suite, vous pourrez raffiner votre souhait. Cherchez-vous à créer quelque chose, à amplifier une chose ou à la bannir ? »
>
> – GWINEVERE, 16 ANS

De façon générale, je recours à différentes techniques : des incantations rituelles ; des huiles et des crèmes, des toniques et des potions ; des talismans, des charmes ou des amulettes. Les incantations rituelles sont formidables, mais le fait de fabriquer vos propres accessoires constitue également une incantation rituelle, si, bien sûr, c'est le but que vous visez au moment de leur fabrication.

Une incantation réussie repose également sur le choix du moment et de vos accessoires. Si tous les éléments fonctionnent à merveille ensemble, vous obtiendrez de meilleurs résultats,

> Rappelez-vous que les symboles ésotériques sont à la fois intéressants et mystérieux ; toutefois, s'ils vous laissent indifférent(e) ou si vous ne comprenez pas leur signification, vous n'en obtiendrez pas de résultats. Les symboles modernes, comme les cœurs, pour l'amour et les signes de paix sont aussi magiques que les anciens, s'ils vous permettent de réagir par une émotion.

car les énergies se fusionneront dans un grand espace de symboles d'ouverture d'esprit qui renforceront le but visé. Si le but visé est en harmonie avec la phase de la lune, la position du soleil, les couleurs, les pierres et les symboles dont vous vous servez ainsi que les objets ou les recettes que vous préparez, eh bien, vous possédez déjà là une grande puissance.

Passons maintenant à la correspondance astrologique… Vous pouvez vous rendre dingue à essayer de comprendre la complexité de l'astrologie. Mais sachez que le but visé prime toujours sur toute correspondance astrologique possible. Alors, ne vous en faites pas si la lune a commencé sa phase décroissante. Consultez les annexes pour connaître d'autres types de correspondances, comme celles relatives aux couleurs, aux pierres, aux divinités et aux ingrédients de remplacement utilisés dans les recettes.

Concentrez-vous sur une incantation à la fois et n'en faites qu'une par mois, de préférence, et ce, pour éviter que vos pensées ne s'embrouillent. De cette façon, vous serez en mesure de vous concentrer entièrement sur un besoin à la fois. Je crois également qu'il est bon d'effectuer un rite de bannissement ou de purification avant chaque incantation, afin de vous débarrasser de tout élément qui s'oppose à votre souhait. Ensuite, une fois que vous serez prêt(e) à passer à l'invocation, vous devrez alors formuler le but visé en utilisant des termes positifs. Par conséquent, au lieu de dire : « Je souhaite ne plus me disputer avec mes parents », vous devriez plutôt dire « Je souhaite entretenir une relation harmonieuse avec mes

« Lorsque vous effectuez une incantation, il se peut que vous deviez recourir à la visualisation (projection mentale d'un objectif ou d'un résultat précis). Lorsque vous faites de la visualisation au cours d'une incantation, il est préférable de vous concentrer sur le résultat final. À titre d'exemple, si je fais une incantation pour attirer la prospérité, je dois me visualiser en train de compter une pile de billets de banque ou de déposer un chèque. Essayez de ne pas visualiser la façon dont vous atteindrez votre objectif, car cette technique peut ralentir ou limiter les résultats. Chaque souhait se réalisera en temps et lieu. »

– GWINEVERE, 16 ANS

parents ». Vous pouvez également énoncer le but visé comme si votre souhait s'était déjà réalisé en disant : « Mes parents et moi entretenons actuellement une relation harmonieuse ».

COMPOSITION ET EMPLOI DES INCANTATIONS

Vous devez rédiger les incantations sous forme de rimes courtes (deux, quatre ou six lignes) et douces à l'oreille. De plus, assurez-vous d'employer des termes positifs comme « Je ferai », « Je suis », etc. Voici un exemple :

« Tous les pouvoirs sont fixés
Me voici à l'intérieur de mon espace sacré
Ma victoire sera incontestée
Et mon pouvoir illimité. »

Pour les incantations de bannissement, employez des mots négatifs pour éloigner l'énergie de vous, comme « Jamais », « Il ne restera rien », etc. Voici un exemple :

« À ce mélange, rien ne pourra résister
Le néant, c'est ce que j'ai demandé
De retour au vortex et ne restera rien
À la spirale ira tout ce que je ne trouvais pas bien. »

Même si vous n'avez pas l'âme d'un grand poète ; ne soyez pas gêné ! Faites-vous confiance et énumérez chaque herbe, chaque symbole et chaque ingrédient que vous utilisez lors de l'incantation. Après tout, vous faites appel à leur pouvoir. Récitez vos incantations tout en remuant les potions ou en faisant de l'encens afin d'amener votre conscience à un état de méditation ou, encore, d'amplifier l'énergie au cours de l'incantation.

INGRÉDIENTS DE REMPLACEMENT PERSONNELS

Vous n'avez peut-être pas sous la main les éléments dont vous voudriez utiliser l'énergie. De plus, si vos parents vous interdisent d'utiliser de l'encens et des chandelles, vous trouverez peut-être que vos incantations manquent d'éclat. Ne vous inquiétez pas ! Faites appel à votre créativité pour trouver des ingrédients de remplacement.

Pour invoquer le feu sans avoir recours au feu :

- Chargez une pointe de quartz, un œil-de-tigre, une obsidienne ou un grenat en laissant la pierre au soleil quelque temps. Utilisez la pierre lorsque vous aurez besoin du feu et rechargez-la de temps en temps.

- Utilisez un miroir à main ou tout autre type de surface réfléchissante pour faire refléter une lumière sur un objet que vous voulez bénir, charger ou consacrer. Pour votre source lumineuse, vous pouvez vous servir du soleil, d'une lampe ou d'une lampe de poche.

- Incorporez les couleurs du feu dans tout ce que vous faites.

- Utilisez des herbes associées au feu pour obtenir ce type de chaleur, comme du gingembre, de la cannelle, du poivre, du wasabi, de la sauce piquante, du chili.

Pour invoquer l'air sans faire brûler d'encens :

- Servez-vous de votre souffle. Soufflez doucement sur les objets que vous voulez bénir avec l'air ou prenez une profonde inspiration pour invoquer l'air.

- Profitez de la brise !

- Créez une brise en faisant tourner une corde à l'extrémité de laquelle vous aurez attaché une clé ou un cristal.

- Chantez ! Le chant constitue une puissante combinaison de

votre respiration, de votre souhait et des ondes sonores, éléments disponibles à même votre voix.

INCANTATIONS DE GUÉRISON

Phase de la lune : de la nouvelle lune à la pleine lune.

La lune ou le soleil doit être en Vierge, en Taureau ou en Capricorne.

Amulette du soleil : *Utilisez une image représentant le soleil et chargez-la d'énergie solaire pendant que le soleil est à son zénith (le midi), de préférence lorsqu'il est en Vierge, en Taureau ou en Capricorne.*

Talisman de la terre : *Puisque votre corps exprime l'énergie de la terre, l'utilisation d'un symbole représentant la terre remplit votre corps d'énergie. Les arbres sont de puissants amplificateurs d'énergie. Je vous recommande l'utilisation d'une branche pour tracer un arbre sur un talisman d'argile.*

INCANTATION VIVIFIANTE

Ce type d'incantations vous débarrasse du cafard. Utilisez-le lorsque vous n'êtes pas en forme ou dans le cadre d'un rituel occasionnel de purification. Toutefois, si vous êtes vraiment malade, consultez un médecin ! Cette incantation se compose de deux parties : Commencez par *bannir* toute source d'énergie négative ; ensuite, *chargez-vous* d'énergie pour vous rétablir. Commencez ce rituel lorsque la lune est en phase décroissante ou à la nouvelle lune et continuez à le pratiquer quotidiennement jusqu'à la pleine lune. Sachez que même la sorcellerie exige du temps ! J'ai commencé par vous proposer des incantations de guérison, car vous devez toujours être en bonne santé avant d'entreprendre une incantation. Si votre santé est défaillante, vous n'aurez pas suffisamment d'énergie pour accomplir des incantations ou toute autre activité.

Savez-vous quelle est la différence entre un talisman, un charme et une amulette ? Le talisman est un objet magique utilisé pour attirer quelque chose vers vous (comme un collier muni de symboles qui représentent vos besoins) ; le charme est un objet que vous portez tous les jours (comme un brillant à lèvres ou une bague) et que vous pouvez utiliser pour jeter un sort temporaire afin d'y intégrer un enchantement (pour l'invisibilité ou pour attirer l'amour, par exemple) ; l'amulette est souvent un objet naturel (comme une herbe ou une feuille provenant de votre arbre préféré) utilisé pour assurer votre protection.

But visé

Vous garder en santé

Accessoires

Chandelle décorative verte.
Chandelle décorative blanche.
Chandelle décorative noire.
Bol rempli de sel.
Calice rempli d'eau.
Assiette remplie de terre.
Pastilles de charbon.
Encens ou sauge, ou ces deux ingrédients.
Jus de canneberge, ou le tonique *Sueur de singe* (consultez la page (181) pour connaître les ingrédients de la recette) dans une bouteille ou une tasse.
Pain.

Aménagement de l'autel

Mode d'emploi

Tracez votre cercle, selon votre méthode préférée. Formulez votre souhait à haute voix et très clairement. Vous pourriez dire : « J'accomplis cette incantation pour purifier mon corps de tout ce qui peut me blesser et pour raffermir ma santé ».

Ajoutez un peu d'oliban et de sauge à vos pastilles de charbon (ces éléments brûleront pendant au moins une demi-heure et vous avez donc amplement le temps de faire votre incantation). *Purifiez*-vous à fond, en imaginant que la fumée éloigne de vous toute maladie dont vous pourriez être porteur(se), en la convertissant en fumée inoffensive. Toutefois, si la fumée vous incommode, éloignez-vous et concentrez-vous sur celle-ci.

Allumez la chandelle noire, tenez-la à quelques pouces de votre sternum et imaginez que la flamme brûle toute énergie malsaine. Déposez maintenant la chandelle sur l'autel. Méditez sur la flamme. Maintenant, recueillez toute émotion déplaisante, toute douleur physique et toute source de stress en vous concentrant sur le déplacement de l'énergie dans votre sang et autour de votre corps, comme s'il s'agissait d'une lumière lumineuse chassant votre mal de vivre. Déplacez votre énergie et tout résidu psychique à l'intérieur de votre main dominante. Recouvrez la chandelle noire de votre main et transférez votre ennui dans la cire. Laissez-le partir. Imaginez que la flamme le brûle. Laissez la cire brûler complètement. C'est la raison pour laquelle j'ai choisi des chandelles décoratives pour ce rituel. La chandelle noire brûlera pendant plusieurs heures. Pendant qu'elle brûle, écoutez de la musique et relaxez-vous. Ne laissez jamais une chandelle allumée sans surveillance.

Buvez l'eau que vous avez versée dans le calice. Sentez-la descendre dans votre gorge, dans votre estomac, dans vos cellules. L'eau vous purifiera également. Remplissez le calice de jus de canneberge, du tonique *Sueur de singe*, ou de tout autre tonique que vous utilisez.

Maintenant que vous vous êtes débarrassé(e) de vos problèmes, attirez vers vous un peu d'énergie positive pour refaire le plein d'énergie. Faites preuve de créativité pour amplifier l'énergie à votre gré et souvenez-vous *d'extraire* l'énergie de la terre. Une fois que vous aurez senti l'énergie, prenez le calice et placez votre main dominante au-dessus de ce dernier. Déplacez votre main dans le sens des aiguilles d'une montre au-dessus du calice, tout en répétant votre souhait ou une incantation jusqu'à ce que vous sentiez que le liquide est rempli d'énergie. Déposez-le et faites le même exercice avec le pain et la chandelle verte. Remplissez-les d'énergie. Ensuite, asseyez-vous, mangez et buvez ; vous resterez en santé.

Allumez la chandelle blanche. Imaginez qu'elle crée une lumière blanche autour de vous, laquelle représente une barrière protectrice. Lorsque vous sentez la barrière de protection s'élever, humez l'odeur de la chandelle. Allumez la chandelle chaque fois que vous avez besoin de cette protection.

Éliminez votre cercle et vous voilà maintenant prêt(e). Enterrez le reste de la chandelle noire. Pour les prochains jours, c'est-à-dire aussi longtemps que la lune est en phase croissante, allumez les chandelles blanche et verte quelques minutes chaque jour, ce qui renforcera votre barrière protectrice. Continuez aussi à boire du jus de canneberges. Ce jus purifie votre système. Vous vous en rendrez compte immédiatement lorsque vous ressentirez le besoin d'uriner toutes les vingt minutes !

BAIN DE DÉTOXIFICATION

Pendant l'incantation, remplissez la baignoire d'énergie et glissez-y-vous par la suite. Versez ce mélange dans la baignoire pendant les trois jours suivant l'incantation de guérison, ou lorsque vous en ressentirez le besoin. Conservez-le dans un récipient au couvercle hermétique. La recette donne une quantité suffisante pour quatre bains.

1 tasse de sel de mer, de sel d'Epsom, ou d'un mélange égal de ces deux types de sel

2 gouttes d'essence d'oliban
3 gouttes d'huile de melaleuca
2 gouttes d'huile de bergamote

Ajoutez les huiles au(x) sel(s) et mélangez-les vigoureusement avec une fourchette. Conservez le mélange dans un récipient dont le couvercle se ferme hermétiquement et surtout ne l'exposez pas au soleil.

Ou

¼ de tasse de sel de mer ou de sel d'Epsom
5 cuillères à soupe de sauge séchée
5 cuillères à soupe de romarin séché

Enveloppez les herbes d'un morceau de tissu propre. Suspendez la botte sous le bec du robinet pendant que vous faites couler un bain chaud et remuez le sel dans la baignoire avant de vous y glisser. La quantité donnée est pour un bain seulement.

TONIQUE *SUEUR DE SINGE*

(*Recette de Joyce*)

J'ai donné ce nom à la présente recette, car elle dégage une odeur épouvantable. Toutefois, ce tonique est très efficace ! Je vous déconseille fortement d'embrasser quelqu'un après en avoir bu.

6 onces de jus de tomates ou de V8 (remplissez le verre jusqu'à
environ deux pouces du rebord)
½ cuillère à thé de poivre noir
3 gouttes de tabasco (ou plus, si le goût n'est pas trop épicé pour
vous)
jus d'un citron
1 gousse d'ail, écrasée ou pressée dans un presse-ail
1 cuillère à soupe de vinaigre de cidre de pomme ou de vinaigre
blanc

1 cuillère à thé de raifort
1 pincée de sel (sauf si vous utilisez du V8)

Cette recette produit huit onces, mais vous pouvez en faire pour une bouteille et conserver le liquide au réfrigérateur pendant quelques jours, ce qui est une bonne idée, puisque ce mélange vous aidera à combattre les infections, particulièrement un rhume. Calculez combien de verres contient la bouteille et ajustez les quantités en conséquence. À titre d'exemple, si vous voulez faire 32 onces, il vous suffit de multiplier toutes les quantités par 4.

Mélangez les ingrédients. Pendant que vous remuez le mélange (d'abord dans le sens inverse des aiguilles d'une montre ; ensuite, dans le sens des aiguilles d'une montre), récitez une petite incantation.

Lorsque vous préparez une huile magique, exercez une pression sur divers points du corps afin d'obtenir le plus d'énergie possible des ingrédients. Ce sont vos points de pulsion, soit les endroits où il est plus facile de sentir les battements du cœur, les chakras ainsi que d'autres points particuliers.

Pour les huiles servant à bannir l'énergie, commencez par le point le plus élevé (le premier de la liste) et descendez ; pour vous remplir d'énergie, faites le contraire.

- entre les sourcils
- à chacune des tempes
- derrière chaque oreille
- à la base de la gorge
- sur la nuque
- sur chacun de vos poignets
- à la saignée des coudes
- sur le sternum
- au bas de la colonne vertébrale
- sous le nombril
- de chaque côté de l'aine (où la cuisse rejoint la hanche)
- derrière chacun des genoux
- derrière chacune des chevilles
- sur la plante des pieds

ANTIDOTE CONTRE L'ACNÉ

Cette lotion peut faire disparaître une acné légère. Toutefois, les personnes aux prises avec une acné plus grave devront sans doute avoir recours aux antibiotiques.

1 tasse d'eau bouillante qui a un peu refroidi
5 gouttes de lavande, de melaleuca ou d'huile d'orange douce

Versez l'eau dans un petit bol non métallique (le chaudron que vous avez utilisé au cours de votre Mois de dévotion convient parfaitement). Ajoutez-y les huiles essentielles et remuez. Placez votre visage au-dessus du bol afin que les vapeurs pénètrent les pores. Lorsque l'eau aura tiédi, aspergez le liquide sur votre peau, tout en évitant les yeux, ou utilisez un tampon d'ouate pour l'étendre.

INGRÉDIENT DE REMPLACEMENT À L'ANTIDOTE CONTRE L'ACNÉ

Vous pouvez également laver votre visage avec de l'eau de rose ou faire une infusion de lavande ou de romarin (1 once d'herbes fraîches ou ½ once d'herbes séchées dans une tasse d'eau). Faites bouillir l'eau puis versez-la sur les herbes dans un récipient de verre. Si vous utilisez de l'eau distillée (que vous pouvez vous procurer dans un marché d'alimentation), vous pouvez doubler ou tripler la quantité, afin d'en avoir à votre disposition. Ne trempez pas vos doigts dans le mélange pour éviter de le contaminer. Appliquez l'infusion avec un tampon d'ouate ou versez-en un peu dans un bol.

TONIFIANT ÉLIMINANT LES IMPURETÉS

Essayez ce simple tonifiant après nettoyage du visage.

1 tasse d'eau bouillante
1 cuillère à thé de vinaigre de cidre de pomme ou de jus de citron
*   fraîchement pressé (n'utilisez pas de jus de citron si vous avez*
*   la peau sensible)*

Mélangez les ingrédients et laissez refroidir l'eau jusqu'à ce qu'elle devienne tiède. Appliquez le tonifiant avec un tampon d'ouate.

MÉDITATION VISANT À CHARGER LES CHAKRAS D'ÉNERGIE

Si vous avez des problèmes avec l'un de vos chakras ou que vous souhaitez charger d'énergie une certaine partie de votre corps, essayez cette méditation simple en utilisant une lumière pour charger votre corps d'énergie.

Prenez un cristal que vous n'utiliserez qu'à des fins de guérison ou de ressourcement. Il n'est pas nécessaire qu'il soit coûteux ou de grande taille. Pour cet exercice, les pointes de quartz sont à privilégier, car elles dirigent directement l'énergie et la lumière. De plus, vous pouvez vous en procurer pour quelques dollars. Privilégiez l'obsidienne, l'hématite et la citrine (quartz de couleur jaune ou orange). Assurez-vous de bien nettoyer la pierre avant de l'utiliser pour la première fois et servez-vous-en *seulement* à des fins de guérison ou de ressourcement. Laissez la pierre sur le rebord d'une fenêtre très ensoleillée.

Lorsque vous ne vous sentez pas bien (physiquement *ou* moralement), prenez la pierre que vous avez déposée sur le rebord de la fenêtre et tenez-la au-dessus de l'endroit qui vous fait mal. Si vous utilisez une pointe de quartz, sortez dehors pour capter les rayons du soleil à l'intérieur du cristal. Ensuite, dirigez la pointe de cristal sur votre corps. Si vous vous servez d'une obsédienne ou d'une hématite, *expulsez* l'énergie négative de votre corps au cours de la séance de méditation et laissez ensuite la pierre se purifier au soleil.

PURIFICATION SIMPLE

Pour effectuer une purification, prenez des herbes fraîches ou séchées, comme de la sauge ou de la cannelle, du poivre ou encore tout produit de remplacement que vous avez à votre disposition (voir les suggestions, en annexe). Versez quelques tasses d'eau dans un chaudron. Ajoutez une cuillère à soupe d'herbes séchées ou deux cuillères à soupe d'herbes fraîches par tasse d'eau. Amenez le mélange à ébullition sur feu moyen à élevé. Pendant que vous méditez, réfléchissez à ce dont vous voulez vous débarrasser (tristesse, maladie, colère, etc.). Placez les mains au-dessus du chaudron et sentez la vapeur pénétrer lcs pores de votre peau pour vous purifier. Ensuite, faites circuler l'énergie autour de votre corps, en imaginant qu'elle vous purifie également. Rassemblez au niveau du plexus solaire (sous le sternum) tout ce dont vous voulez vous débarrasser. Respirez profondément pour remplir votre corps des vapeurs. Au moment d'expirer, *tirez* les émotions négatives de votre plexus solaire, faites-les monter jusqu'au chakra de votre gorge et, une fois dans votre bouche, crachez-les dans le chaudron. C'est un peu dégoûtant, mais tout à fait efficace. Vous pouvez effectuer cet exercice plus d'une fois si vous en ressentez le besoin.

Laissez l'eau s'évaporer.

INCANTATION POUR ATTIRER LE SUCCÈS

Phase de la lune : de la lune en phase croissante à la pleine lune

La lune ou le soleil doit être en Sagittaire, en Lion ou en Bélier.

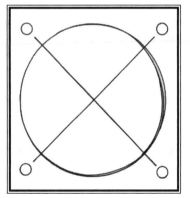

Sceau de Jupiter : *Selon Henry Cornelius Agrippa, il s'agit du sceau représentant Jupiter, soit un puissant talisman permettant de surmonter les difficultés.*

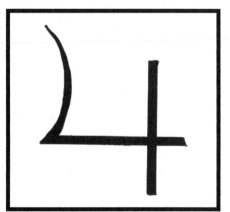

Symbole astrologique de Jupiter.

INCANTATION INCESSANTE

Avant d'effectuer ce type d'incantation, assurez-vous d'avoir vraiment besoin de ce que vous demandez. Ma grand-mère avait l'habitude de dire : « Fais attention au vœu que tu formules, car il pourrait être exaucé ! ». Avant d'effectuer cette incantation, consultez votre outil de divination et laissez-vous diriger par le Tao. Cette incantation fait appel aux divers types de magie. Elle nécessite aussi du temps et beaucoup d'énergie.

But visé

Obtenir ce que vous souhaitez

Accessoires

Chandelle mauve ou dorée. Gravez-y des runes pour favoriser le succès, l'invincibilité, etc. et oignez-la de l'huile *Clé du succès* (page 190). Ensuite, faites brûler la chandelle afin de laisser partir votre souhait.

Papier et stylo ou encre ou peinture (mauve, or ou noire). Inscrivez votre incantation sur une feuille de papier que vous porterez sur vous pendant neuf jours. Au bout de cette période, enterrez la feuille ou jetez-la dans un cours d'eau ou dans un lac afin de laisser partir votre souhait.

Assiette remplie de terre. Cette fois, vous utiliserez votre pentacle pour capter l'énergie positive et visualiser votre souhait.

Deux morceaux de toile à patron mesurant environ deux pouces carrés chacun. Fabriquez un petit sac dans lequel vous insérerez…

Un ou plusieurs morceaux de cristal ou de pierre. Chargez-les de votre souhait et déposez-les dans le sac que vous aurez confectionné.

Fil mauve et (ou) doré. Pour coudre le sac, bien sûr !

Aiguille. Je crois que vous n'avez pas besoin de plus d'explications, n'est-ce pas ?

Trois fils à broder ou cordons mauves. Tressez les fils ou les cordons pour fabriquer un bracelet. Faites-y un nœud pour lier votre souhait à vous-même et portez-le à votre poignet. Vous pouvez également utiliser cet accessoire pour en faire une ganse que vous vous mettrez autour du cou pour tenir votre sac.

Germes de soya ou graines de luzerne. Vous devez remercier les dieux, l'univers et les éléments de la Terre en faisant pousser une plante, qui est d'ailleurs une activité *très* agréable… De plus, vous pouvez charger les germes de soya ou les graines de luzerne d'énergie. Gardez trois germes ou graines que vous insérerez dans votre sac.

Récipient rempli de terre. Utilisez-le pour y semer vos graines si vous n'avez pas accès à un boisé ou si la terre est gelée.

Baguette, si vous en utilisez une.

Aménagement de l'autel

Placez l'autel au centre de votre chambre.

Mode d'emploi

Tracez un cercle en utilisant la méthode de votre choix. Cette fois, après avoir fait appel aux éléments de la Terre et aux divinités (le cas échéant), dirigez votre baguette vers chaque élément et récitez-lui une demande, comme celle qui suit :

« Terre, tu es comme les os dans mon corps. J'ai vraiment besoin de [et maintenant, nommez votre souhait]. Je te prie d'exaucer mon souhait rapidement. »

« Air, tu es le souffle de vie. J'ai vraiment besoin de [et maintenant, nommez votre souhait]. Je te prie de m'apporter un vent de changement afin d'exaucer mon souhait rapidement.

« Eau, tu es comme le sang qui coule dans mes veines. J'ai vraiment besoin de [et maintenant, nommez votre souhait]. Je te prie de m'apporter ce dont j'ai besoin comme une fine pluie qui nourrit la terre.

« Feu, tu es l'étincelle divine. J'ai vraiment besoin de [et maintenant, nommez votre souhait]. Je te prie de brûler intensément afin de guider mon souhait vers moi. »

Gravez sur la chandelle les runes de votre choix et oignez-la de l'huile *Clé du succès* (page 190) et de l'huile d'olive ordinaire ou encore de votre propre mélange. Oignez les tissus, les fils et le papier que vous avez utilisés ainsi que toute chose qui absorbera l'huile.

Tracez par trois fois un pentacle dans la terre avec votre baguette ou l'index de votre main dominante en prononçant la phrase suivante : « Le pouvoir ancien de l'étoile à cinq branches matérialisera ce que j'ai invoqué. Le pouvoir de la trinité le fera venir à moi. ».

Baguette en main, circulez lentement autour du cercle tout en psalmodiant ; commencez doucement.

Lorsque vous sentirez que l'énergie autour de vous a atteint une puissance suffisante, élevez votre baguette et imaginez qu'elle se charge d'énergie. Faites-la tourner autour de votre autel dans le sens des aiguilles d'une montre tout en continuant de psalmodier. Dirigez l'énergie vers chacun des objets.

Maintenant, il est temps de coudre votre petit sac. Imaginez que chaque point vous rapproche de votre but. Nul besoin d'être spécialiste de la couture, un faufilage fera l'affaire. Vous n'avez qu'à faire les points très rapprochés pour que le sac ne s'ouvre pas. Déposez les objets prévus dans votre sac et ce dernier à l'intérieur de l'une de vos poches ou bien tenez-le dans votre main réceptive.

Amplifiez l'énergie une nouvelle fois. Par la suite, enfouissez-la dans la terre. Enfoncez votre baguette ou votre index au centre de la terre pour semer les graines dans le sol ou dans le récipient.

Amplifiez l'énergie une autre fois. C'est la dernière fois, je vous le promets. Cette fois, tenez le stylo dans votre main dominante et utilisez-le comme s'il s'agissait d'un athamé et dirigez toute l'énergie sur les mots que vous mettrez par écrit sur la feuille de papier. Votre souhait doit être très clairement énoncé sur le papier. Ensuite, pliez la feuille en trois, comme s'il s'agissait d'une lettre.

Allumez la chandelle et, tout en pensant à ce que deviendra votre vie quand votre souhait sera exaucé, faites couler un peu de cire au verso de la feuille et prononcez la phrase suivante : « Mon souhait est maintenant scellé. ».

Méditez sur la flamme de la chandelle pendant quelques instants. Centrez votre énergie en la dirigeant dans la chandelle afin de libérer son pouvoir. Fermez ensuite votre cercle et reposez-vous un peu. Vous devez être épuisé(e)…

Encore une chose : faites brûler la chandelle quelques minutes au cours des neuf prochains soirs. Visualisez la concrétisation de votre souhait. Si vous perdez votre concentration ou que l'image se dissipe, mouchez la chandelle. Le neuvième soir, faites brûler la feuille de papier (si vous le pouvez ; sinon, vous n'avez qu'à la déchirer en petits morceaux et à les enfouir dans la terre). Enterrez le sac ainsi que le reste de la chandelle et laissez les graines de luzerne ou les germes de soya dehors en guise d'offrande. Si votre souhait n'a pas été exaucé avant la fin de la neuvième soirée, arrêtez l'incantation. Quelque chose vous empêche d'obtenir ce que vous demandez. Consultez alors votre outil de divination ou demandez conseil.

VICTOIRE RAPIDE

Procurez-vous une feuille de laurier ou de citron. Mélangez l'huile *Secret du succès* (recette ci-après) ou de l'huile d'olive ordinaire à un peu de terre. Pour assurer la réussite de votre projet, trempez l'index de votre main dominante dans l'huile et tracez une rune de victoire sur la feuille ou un autre symbole qui vous inspire. Portez la feuille sur vous jusqu'à ce que vous ressentiez suffisamment d'énergie. Ensuite, enfouissez-la dans la terre ou jetez-la dans un cours d'eau.

HUILE *CLÉ DU SUCCÈS*

Lorsque vous effectuez une incantation favorisant le succès, vous obtiendrez ce dont vous avez *besoin* et non pas toujours ce que vous *désirez*. Alors, avant de tenter l'expérience, assurez-vous de pouvoir accepter toutes les éventualités. Utilisez cette huile pour oindre vos chandelles, vos petits sacs ainsi que vous-même.

10 gouttes d'huile de bergamote
3 gouttes d'huile de patchouli
½ once d'huile d'olive
½ bâton de cannelle écrasé ou ½ cuillère à thé de cannelle en poudre

Versez les huiles essentielles dans une bouteille. Amenez de l'eau à ébullition dans la partie inférieure d'un bain-marie. Versez l'huile d'olive dans la partie supérieure et ajoutez la cannelle. Faites-les chauffer pendant une minute. Retirez le mélange d'huile d'olive et de cannelle du feu et laissez-le refroidir un peu avant de le verser dans la bouteille contenant les huiles essentielles.

VARIANTE DE L'HUILE *CLÉ DU SUCCÈS*

3 brins de romarin
½ tasse de feuilles de menthe
3 bâtons de cannelle ou 1½ cuillère à thé de cannelle en poudre
9 clous de girofle, légèrement écrasés
1 tasse d'huile d'olive

Faites sécher les herbes pendant un jour ou deux avant de les étendre sur une serviette propre placée dans un endroit sec et ensoleillé. Ensuite, mettez les herbes séchées, la cannelle et les clous de girofle dans un bocal, versez l'huile dessus et fermez le bocal hermétiquement. Faites infuser pendant au moins une ou deux semaines. Et voilà, c'est prêt.

HUILE FAVORISANT LA CONCENTRATION

Utilisez cette huile lorsque vous avez besoin de concentration : lorsque vous devez passer un examen, vous présenter à une entrevue pour un emploi, parler en public ou dans toute autre situation qui exige de la concentration.

5 à 15 gouttes d'huiles de bergamote, d'essence de lavande, d'essence de menthe poivrée ou une combinaison d'une once de graines de raisin, de jojoba ou d'huile d'olive.

Il est préférable de préparer cette recette au cours de la journée, de préférence le midi ou à l'aurore. Versez les huiles essentielles dans une bouteille avant d'ajouter un excipient. Sortez dehors, tenez la bouteille à bout de bras pour capter les rayons du soleil et attirez l'énergie à l'intérieur de la bouteille. Roulez la bouteille entre les paumes afin de mélanger tous les ingrédients, tout en vous concentrant à fond sur l'huile. Dirigez cette intense source de concentration dans le mélange et, chaque fois que vous le porterez, rappelez-vous combien il est facile de se concentrer.

Vous pouvez également essayer une infusion de romarin, de lavande ou de menthe dans l'huile.

INCANTATIONS FAVORISANT LA PROSPÉRITÉ

Phase de la lune : de la nouvelle lune à la pleine lune *ou* de la pleine lune à la nouvelle lune (vous comprendrez pourquoi bientôt).

Le soleil ou la lune doit être en Cancer, en Scorpion, en Poisson, en Vierge, en Capricorne ou en Taureau.

INCANTATION POUR ATTIRER LES BIENFAITS EN ABONDANCE

Effectuez cette incantation lorsque vous n'avez pas besoin d'avoir de l'argent immédiatement. La période à privilégier est la lune en phase croissante en Cancer, mais une lune en phase croissante en n'importe quel signe astrologique fera tout de même l'affaire.

But visé

Favoriser la prospérité

Accessoires

Graines de luzerne. Vous chargerez les graines de prospérité. Laissez l'incantation prendre racine et récoltez des bienfaits en abondance. (À la rigueur, vous pouvez utiliser n'importe quel type de graines que vous avez à votre disposition).

Une chandelle verte. Chargez la chandelle d'énergie et faites-la brûler pour qu'elle libère ses vertus.

Assiette remplie de terre. Les pentacles tracés dans la terre attirent et concentrent l'énergie et on en obtient de bons résultats dans le cadre d'incantations pour attirer l'argent.

Huile de prospérité (page 196) et (ou) l'encens de prospérité (page 197). Chargez-les d'énergie, faites-les brûler, appliquez-en sur votre corps et voyez vos souhaits se réaliser !

Trois pièces de monnaie. Vous les chargerez d'énergie, semez-en une, gardez-en une autre et tirez à pile ou face avec la dernière. Nous venons ici à l'encontre de la règle selon laquelle le métal ne doit être utilisé que pour l'athamé, mais ce n'est pas grave. Vous utiliserez les pièces de monnaie pour diriger l'énergie.

Une amulette. Fabriquez-la d'argile ou utilisez un petit sac pour attirer l'abondance vers vous.

Une baguette, si vous en utilisez une.

Placez l'ensemble des accessoires au centre de la pièce, soit sur le sol, soit sur votre autel. Dansez comme un(e) déchaîné(e) et sortez. Si vous le préférez, vous pouvez vous contenter d'*exécuter* la danse dehors.

Mode d'emploi

Tracez un cercle et invoquez en particulier la Terre. Tenez la chandelle dans votre main dominante et les pièces de monnaie dans votre main réceptive. Énoncez votre souhait clairement et précisez la *façon* dont vous souhaitez que la prospérité se manifeste. Expliquez le genre d'emploi que vous voulez occuper (soyez raisonnable, tout de même), et fournissez le plus de détails possible concernant cet emploi. De plus, vous pouvez décider de la date ou de la période de début de l'emploi. Gravez sur la chandelle des runes ou des mots qui décrivent bien l'emploi en question. Oignez la chandelle de l'huile de prospérité et placez l'encens au centre de votre pentacle et allumez-le. Placez la chandelle dans la fumée, demandez à l'univers ou aux divinités d'exaucer votre souhait et allumez la chandelle par la suite.

Amplifiez l'énergie par le mouvement ou par toute autre méthode. Lorsque vous sentez que l'énergie est à son paroxysme, tenez les graines dans votre main dominante, élevez-les au-dessus de votre tête en guise d'offrande et semez-les. Enterrez également une pièce de monnaie près des graines de luzerne. Lorsque vous attirez l'énergie, faites-le en la dirigeant vers la baguette ou vos mains, directement au-dessus des graines semées. Déplacez votre baguette ou vos mains en formant des cercles dans le sens des aiguilles d'une montre au-dessus des graines tout en y concentrant l'énergie.

Oignez l'amulette (ou fabriquez-la à l'intérieur du cercle et oignez-la ensuite de l'huile et portez-la sur vous, mais gardez-la hors de la vue des gens, jusqu'à ce que votre souhait soit exaucé). Vous pouvez utiliser un sac oint d'huile de prospérité (page 196) rempli d'encens de prospérité (page 197) et une pièce de monnaie, ou encore vous pouvez fabriquer une amulette en argile en forme de petit carré pour représenter l'énergie de la Terre et y insérer une pièce de monnaie, comme une pièce de dix sous puisqu'elle est mince. Couvrez la pièce avec un autre carré d'argile et pincez doucement les deux carrés ensemble. Utilisez de la peinture de couleur verte, or ou argent pour dessiner des symboles sur votre nouvelle amulette.

Fermez le cercle et jetez l'autre pièce de monnaie le plus loin possible. Laissez votre souhait s'envoler avec la pièce de monnaie et larguez votre besoin. Il vous reviendra ! Allumez la chandelle verte tous les soirs pendant que vous visualisez votre objectif et mouchez la chandelle dès que l'image commence à se dissiper. Remplacez la chandelle aussitôt qu'elle a complètement fondu, si vous ne voyez pas d'indices d'abondance se manifester. S'il vous est interdit d'allumer une chandelle, vous n'avez qu'à méditer en gardant l'image de la chandelle allumée à l'esprit. Récoltez un peu de luzerne lorsqu'elle sort de terre et laissez le reste en guise d'offrande. Passez à l'incantation *bannissement de la pauvreté* au cours de la lune en phase décroissante.

INCANTATION *BANNISSEMENT DE LA PAUVRETÉ*

Cette incantation est un peu dégueulasse, mais bon… Effectuez-la lorsque la lune est en phase décroissante. Il s'agit d'une incantation favorisant la prospérité par le bannissement de la pauvreté. Remarquez que j'ai changé l'objectif de l'incantation pour tenir compte de la phase dc la lune.

But visé

Bannir la pauvreté

Accessoires

Pomme. Tranchez la pomme au centre (horizontalement), de façon à voir l'étoile à l'intérieur.

Encens *Retour au vortex* (page 210) ou un autre mélange de bannissement.

Chandelle noire. Gravez la mention « bannissement », « diminution », « élimination », etc. sur la chandelle et oignez-la de l'huile de bannissement ou de l'essence d'oliban.

Pastilles de charbon

Assiette remplie de terre

Aménagement de l'autel

Si vous le pouvez, effectuez cette incantation dehors. Installez votre autel le plus loin possible des arbres. Vous ne voudriez tout de même pas leur imposer vos ondes négatives. Placez la pomme sur le sol et la chandelle noire devant celle-ci. Avec une huile de bannissement (l'huile de protection, page 211, peut également servir de mélange de bannissement, ou encore votre propre recette en vous inspirant de celles qui figurent dans les annexes), tracez un pentacle sur une pierre et placez les pastilles de charbon sur la pierre ou sur un pentacle dessiné dans une assiette remplie de terre.

Mode d'emploi

Tracez un cercle et invoquez en particulier la Terre. Allumez l'encens et la chandelle. Cette fois, au moment d'amplifier l'énergie, imaginez votre pauvreté s'amasser à l'intérieur du cercle. Formez une boule avec ce que vous avez amassé et enfouissez la boule dans la terre. Imaginez maintenant que l'encens et la flamme de la chandelle brûlent les éléments restants.

Laissez la pomme pourrir dehors. Votre pauvreté sera bannie en même temps que les vers, les insectes et la Terre grignotent la pomme.

INCANTATION DE PROSPÉRITÉ RAPIDE, MAIS UN PEU VACHE

Si vous avez vraiment besoin d'un peu d'argent, prenez un dollar, oignez-le d'huile de prospérité et portez-le sur vous pendant une journée en le frottant à l'occasion. Ne le dépensez surtout pas ! Chaque fois que vous frottez le dollar, demandez à l'univers de vous accorder un peu de prospérité. Jetez le dollar au vent à la fin de la journée, de préférence dans un endroit public où quelqu'un pourra le récupérer.

N'oubliez pas que toutes vos actions vous reviennent…

INCANTATION FAVORISANT L'APPARITION D'UN PEU D'ARGENT

Dans un bol, mettez un peu de cannelle ainsi que le plus de pièces de monnaie et de billets possible. Chaque fois que vous passez devant le bol, secouez-le ou frappez-le doucement avec votre baguette ou tout autre instrument qui produit un son et déposez un sou dans le bol.

Restez à l'affût de toute possibilité pouvant vous faire gagner un peu d'argent, comme garder l'enfant d'un voisin ou pelleter l'accès au garage. Vous n'en ferez pas une carrière, mais vous obtiendrez un peu d'argent pour vous procurer ce dont vous avez besoin.

HUILE DE PROSPÉRITÉ

1 once d'huile d'olive
½ bâton de cannelle
5 gouttes d'huile de bergamote
5 gouttes d'huile de patchouli

Mélangez tous les ingrédients dans une bouteille propre et retirez le bâton de cannelle après six semaines.

Variante de l'huile favorisant la prospérité

1 cuillère à thé de cannelle en poudre
1 cuillère à thé de gingembre en poudre
Quelques clous de girofle écrasés
½ once d'huile d'olive

Mélangez les épices ensemble et remuez le mélange tout en vous concentrant sur la prospérité. Déposez les herbes dans une bouteille propre, humectez-les d'huile et laissez tremper. Vous pouvez également utiliser du basilic comme produit de remplacement.

ENCENS FAVORISANT LA PROSPÉRITÉ

3 bâtons de cannelle en poudre ou environ 3 cuillères à thé de cannelle en poudre que vous pouvez vous procurer dans un marché d'alimentation
3 gouttes d'huile de patchouli
5 gouttes d'huile de bergamote

Réduisez en poudre les bâtons de cannelle. Ajoutez-y les huiles et mélangez bien le tout avec une fourchette. Conservez le mélange dans un bocal fermé hermétiquement et mélangez souvent.

Ou

Cannelle
Gingembre moulu
Clous de girofle
Réduisez en poudre une quantité égale de chacun des ingrédients ci-dessus.

INCANTATIONS FAVORISANT L'AMOUR

Phase de la lune : de la lune en phase croissante à la pleine lune

Le soleil ou la lune doit être en Taureau, en Scorpion, en Poisson ou en Cancer.

Vénus : *Il s'agit du symbole astrologique de la planète Vénus, laquelle influe sur l'amour. Tracez ce talisman lorsque Vénus est en Poisson, en Scorpion, en Cancer ou en Taureau.*

INCANTATION POUR ATTIRER L'AMOUR

La meilleure façon de jeter un sort d'amour est de le jeter à *vous-même*, ce qui porte également le nom d'*enchantement*. Le fait de vous charger

Signe ankh : *Il s'agit d'un symbole égyptien représentant la force de la vie et l'énergie sexuelle.*

d'amour vous permettra d'attirer l'amour vers vous. Par ailleurs, vous ne souhaitez tout de même pas manipuler d'autres personnes. En fait, si vous avez une personne en particulier en tête, attendez de ne plus avoir de sentiments amoureux envers cette personne avant de jeter un sort d'amour. Sinon, même si vous *affirmez* que vous ne voulez pas séduire cette personne, au plus profond de votre cœur, vous dirigerez inévitablement votre *souhait* vers celle-ci.

But visé

Attirer un être aimé (je veux vraiment dire un être qui vous aime. Il ne s'agit pas du tout de sexe).

Accessoires

Deux chandelles rouges ou roses. L'une des chandelles vous représentera ; l'autre, représentera l'être aimé.

Claddagh : *La Claddagh est un symbole irlandais qui représente l'amour, la fidélité et l'amitié.*

Le symbole Adinkra de Sankofa : *Il représente la réparation des erreurs commises. Ce symbole est utile dans la résolution de conflits ou lorsque vous avez commis une faute qui a nui à une relation.*

Une chandelle blanche. Elle représente la pureté de votre souhait.

Six pointes de quartz roses, de quartz clair, de pierre de lune ou d'un autre type de pierre. Chargez-les d'énergie.

Huile *Essence d'amour* ou autre mélange. Chargez-la d'énergie, appliquez-en sur votre corps et servez-vous en pour oindre vos chandelles.

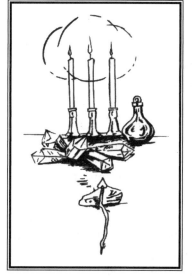

Baguette, si vous en utilisez une.

Aménagement de l'autel

Mode d'emploi

Tracez votre cercle. Vous pouvez faire appel à un élément particulier selon le type d'amour que vous recherchez. Pour ce faire, placez des objets associés à cet élément à l'intérieur de votre cercle principal (des chandelles rouges pour le Feu ; des verres remplis d'Eau, des plantes ou de la terre pour la Terre, des plumes pour l'Air). Après avoir invoqué les quatre Éléments, demandez à l'Élément avec lequel vous voulez travailler d'être votre guide et de vous venir en aide. Faites appel au Feu pour un amour passionné ; à l'Eau, pour un amour profondément tendre ; à la Terre, pour un(e) ami(e) et un compagnon (une compagne) ; à l'Air pour une relation stimulante sur le plan intellectuel. Si vous le voulez, vous pouvez faire appel aux quatre éléments simultanément. Sachez que vous obtiendrez de meilleurs résultats si vos demandes sont précises. Si vous constatez que vous pensez à une personne en particulier au cours de l'incantation, ARRÊTEZ IMMÉDIATEMENT. Cessez l'exercice, réduisez l'énergie, donnez-lui la forme d'une boule que vous enfouirez dans la terre. Attendez d'être en mesure de maîtriser vos pensées avant d'essayer de nouveau cette incantation.

Gravez les mentions « pure », « garçon ou fille » et « unité » sur la chandelle blanche ; gravez des mots comme « magie », « amour » sur la chandelle qui vous représente ; gravez les symboles représentant des garçons et des filles, l'amour, etc. sur les autres chandelles. Placez les deux autres chandelles au côté de la chandelle blanche.

Amplifiez l'énergie. Dirigez-la dans les chandelles, l'huile et les pierres en faisant passer votre baguette ou votre main dominante au-dessus de ces accessoires tout en récitant ce qui suit :

« Amour, tu dois venir à moi,
Si tu es véritable amour pour moi
Sans blesser personne, seulement pour faire le bien
Entends mon appel ; ressens mon besoin
Laisse ton cœur battre au rythme du mien
Alors, nos cœurs pourront se prendre par la main. »

Oignez-vous ainsi que toutes les chandelles. Allumez la chandelle blanche et laissez la lumière blanche vous rappeler la pureté de votre cœur. Avec la chandelle blanche, allumez la chandelle qui vous représente. Déplacez ces chandelles sur un côté de votre autel. Utilisez également la chandelle blanche pour allumer la chandelle représentant l'être aimé et placez-la au centre de votre autel.

Au moyen de cinq pierres placées autour de la chandelle représentant l'être aimé, formez un pentacle (tenez la pierre restante dans votre main réceptive). Tracez un pentacle en déplaçant les pierres une à une avec votre baguette ou votre index. Cet exercice vise à attirer à vous l'être aimé.

BEURRE D'AMOUR DE LOLLIE

Si vous avez l'intention de n'essayer qu'une recette, c'est celle-ci que je vous conseille. Elle est formidable ! Tout d'abord, elle ouvre votre cœur pour le rendre plus réceptif à l'amour. Les ingrédients qui la composent stimulent votre esprit et vous rendent euphorique. L'anis rend votre peau plus chaude parce qu'il stimule le flux sanguin, vous donnant ainsi un teint rosé et indiquant aux autres que vous recherchez l'amour. Ensuite, vous dégagerez une odeur exquise de chocolat (un puissant aphrodisiaque). Finalement, ce mélange est idéal pour votre peau. Appliquez-le sur n'importe quelle partie du corps, sauf le visage.

Avant de mélanger les ingrédients, assurez-vous que le bocal, le couvercle, le bain-marie et les mélangeurs sont propres et secs, car la moindre goutte d'eau séparera les ingrédients. Pour la même raison, lorsque vous retirez le bain-marie du feu, faites-le rapidement et éloignez le couvercle de la vapeur ! Entreposez le beurre dans un endroit chaud, sec et obscur. Si la pièce est trop froide, le beurre se transformera en cire. Toutefois, il conservera ses propriétés. Vous pouvez également éliminer la cire d'abeilles pour en faire une huile corporelle.

1 once de beurre de cacao
1 once d'huile de jojoba
morceaux émincés de résine ambrée
1½ cuillère à thé de cire d'abeilles
2 gouttes d'huile d'anis – SEULEMENT DEUX ! Si vous en utilisez
  davantage, vous vous brûlerez la peau.
5 à 10 gouttes d'huile d'orange douce

Déposez le beurre de cacao et l'huile de jojoba dans la partie supérieure du bain-marie. Faites mijoter l'eau. Émincez la résine en prenant bien soin de ne pas vous couper. Laissez-la se dissoudre complètement, tout en remuant constamment. Ajoutez la cire d'abeille, remuez et laissez-la se dissoudre.

Tournez le chaudron dans le sens des aiguilles d'une montre tout en l'imaginant entouré d'une lueur chaude et dorée. Vous verrez, ce sera un jeu d'enfant puisque l'huile présente déjà une belle couleur dorée. Retirez le mélange du feu et remuez-le dans le sens des aiguilles d'une montre avec un fouet ou votre baguette tout en récitant une incantation semblable à celle-ci :

« Il est au-dessous ; il est au-dessus
En brassant ce mélange, j'attire l'amour

De l'orange douce, de l'anis pour réchauffer
Personne ne sera blessé
Comme mon amour luit et jaillit
Le cœur de mon amoureux (se) se manifestera
Lorsqu'il (elle) me verra
Son tendre amour alors s'éveillera. »

Ajoutez les huiles, en prenant soin de respecter l'ordre dans lequel elles sont énumérées. Battez-les avec un batteur à main jusqu'à ce que le mélange refroidisse et que sa texture devienne épaisse. Versez le mélange dans un bocal muni d'une large ouverture, pour que vous puissiez vous servir facilement. Une fois le mélange refroidi, vous obtiendrez alors un fabuleux beurre corporel qui vous aidera à attirer un amour chaleureux, doux et heureux.

HUILE ESSENCE D'AMOUR

Cette huile, très facile à préparer, peut être utilisée autant par les garçons que les filles. De plus, elle possède d'incroyables vertus pour attirer un amour passionné et donne en prime un étrange effet visuel par son apparence de sang frais.

½ cuillère à thé de morceaux de résine de sang de dragon écrasés[2]
1 once d'huile de jojoba ou d'huile de pépins de raisin
5 gouttes d'huile de patchouli
10 gouttes d'essence d'oliban
½ gousse de vanille, coupée horizontalement au centre
3 grains de poivre noir écrasés (facultatif)

Déposez les morceaux de résine de sang de dragon dans le chaudron supérieur du bain-marie et faites-le chauffer à un pouce au-dessus de la source de chaleur. Toutefois, si vous entendez un grésillement ou si la résine commence à former des bulles, retirez le chaudron de la source de chaleur. La consistance rouge de la résine rappellera celle du sang. Une fois la substance suffisamment malléable, ajoutez l'huile de jojoba ou l'huile de pépins de raisin. Faites chauffer le mélange quelques secondes en remuant constamment. Faites bouillir de l'eau dans la partie inférieure du bain-marie, emboîtez la partie supérieure dans la partie inférieure et amenez à ébullition rapidement tout en remuant constamment. La résine de sang de dragon ne se dissoudra pas complètement (il restera quelques éléments solides au fond du chaudron).

Versez le mélange dans une bouteille propre et ajoutez l'huile de patchouli, l'essence d'oliban et la demi-gousse de vanille. Pour obtenir un goût plus *épicé*, ajoutez dans la bouteille trois grains de poivre noir légèrement écrasés.

VARIANTE DE L'HUILE ESSENCE D'AMOUR (PRÉPARATION TRÈS SIMPLE)

Dans une bouteille dans laquelle vous avez versé de l'huile végétale (et non de l'huile d'olive), ajoutez les ingrédients suivants : des pétales de rose, un bâton de cannelle ou ½ cuillère à thé de cannelle en poudre, deux gouttes d'extrait de vanille ou une gousse de vanille et quelques grains de poivre noir écrasés.

ÉLIXIR D'APHRODITE

Il s'agit d'un petit cocktail romantique à partager avec une personne que vous fréquentez déjà afin de renforcer votre union. Avant de faire boire cet élixir d'amour à votre amoureux(se), assurez-vous d'obtenir son consentement. Comme ce n'est pas un élixir qui favorise la passion, vous ne risquez pas de rompre vos vœux de chasteté. Il s'agit plutôt d'une boisson qui réchauffe le cœur et qui peut très bien être servie avec des biscuits maison le jour de la Saint-Valentin, même si, j'en conviens, la Saint-Valentin n'est pas une fête wiccane…

Si vous recherchez l'amour, mélangez les ingrédients au cours de la Pleine Lune, buvez le liquide et effectuez une incantation rituelle d'amour.

2 tasses de lait de riz au lait naturel ou à la vanille (Si vous n'aimez pas le lait de riz, utilisez le lait ordinaire mais faites attention de pas le brûler.)

2 cuillères à soupe de miel
½ cuillère à thé d'un bâton de cannelle fraîchement moulu. Vous
pouvez moudre le bâton dans un mouleur de café ou utiliser une
cuillère à thé de cannelle en poudre achetée dans un marché
d'alimentation ou encore utiliser un bâton entier (voir ci-
après)
1 gousse de vanille
2 cuillères à soupe d'eau de rose
1 pincée de muscade fraîchement râpée

Faites chauffer à feu doux le lait de riz ou le lait ordinaire. Ajoutez le miel et laissez-le se dissoudre. Si vous utilisez un bâton de cannelle entier, ajoutez-le maintenant (ça fonctionne un peu moins bien, à moins que vous ne laissiez le mélange au réfrigérateur quelques jours). Coupez la gousse de vanille au centre et retirez toute la substance visqueuse noire. Mélangez cette substance aux ingrédients déjà dans le chaudron et ajoutez ensuite la gousse. Ajoutez l'eau de rose et faites chauffer pendant un moment, tout en remuant constamment. Versez le mélange dans des verres et saupoudrez de muscade râpée – n'en mettez qu'une pincée, car une plus grande quantité vous donnera de violents maux de tête et des maux d'estomac. Et croyez-moi, j'ai essayé différentes variantes de cette recette.

L'élixir a meilleur goût lorsqu'il est consommé froid, mais, pour une raison que je ne m'explique pas, est plus efficace s'il est consommé chaud.

INCANTATION FAVORISANT LES RENDEZ-VOUS DU TONNERRE

Si vous êtes à la recherche d'un compagnon ou d'une compagne pour le bal des finissants, pour une soirée ou tout simplement pour égayer votre vie, vous devez tout d'abord être gentil(le) et flirter. C'est la meilleure façon d'obtenir un rendez-vous galant. Servez-vous aussi, de façon responsable, de la magie. Appliquez sur votre corps l'huile *essence d'amour* ou un autre mélange qui produit les mêmes résultats.

Mon amie Ronnie avait l'habitude de porter de l'extrait de vanille ordinaire et elle rencontrait *toujours* des gars du tonnerre. Si vous ne pouvez pas vous procurer les ingrédients nécessaires à la préparation de l'huile *essence d'amour,* essayez l'extrait de vanille. Portez des vêtements rouges ou roses (pour les garçons, portez des vêtements rouges ou noirs) que vous aurez transformés en charme. Créez un charme des boucles d'oreilles, d'un collier ou du maquillage. Le brillant à lèvres et le gel scintillant pour le corps fonctionnent particulièrement bien. N'employez pas trop de maquillage et de gel. Sachez que le naturel est très séduisant.

Pour vous, les gars, un collier ou un bracelet peut vous servir de charme. Vous pouvez également prendre trois fils rouges et noirs ou gris et noirs, en faire une tresse à laquelle vous aurez inclus un enchantement et la porter autour de votre cou ou de votre poignet. De plus, vous pouvez créer un charme avec une pommade que vous appliquerez sur les lèvres ou des bonbons à la menthe que vous sucerez. Une haleine fraîche est toujours de mise.

Pour jeter un enchantement, allumez de l'encens qui dégage un arôme discret si vous le pouvez (vanille, cannelle, Nag Champa, rose, oliban ou autre). Tracez dans les airs une spirale dans le sens des aiguilles d'une montre, baignez l'objet dans la fumée et récitez l'incantation suivante :

« La brillance [brillant à lèvres rouge, etc.] est séduisante et tel(le) je suis
Laissez cet enchantement charmer les yeux
Fille séduisante (garçon séduisant), appelle-moi rapidement
Assure-moi un rendez-vous intéressant. »

INCANTATION POUR DEVENIR IRRÉSISTIBLE

Utilisez le Feu plutôt que de l'encens pour vous charger d'énergie vous rendant irrésistible. Faites circuler une chandelle rouge ou rose autour de votre corps et dans le sens des aiguilles d'une montre, tout en imaginant une lueur chaude autour de vous, et ce, dans le but de produire une énergie luisante et positive autour de votre corps.

Faites de l'encens avec les herbes associées au Feu, particulièrement la cannelle et le poivre, et ajoutez-y un peu d'ambre pour atténuer leur senteur. Tenez un de vos vêtements préférés au-dessus de la fumée pendant que vous récitez l'incantation. Ensuite, enfilez ce vêtement. Avec l'encens, formez des spirales dans le sens des aiguilles d'une montre tout en dansant et en psalmodiant l'incantation pour attirer une énergie étincelante et fougueuse vers vous.

Vous pouvez également utiliser l'Eau pour vous charger d'une énergie douce et discrète. Coulez-vous un bain chaud et faites infuser l'eau avec des huiles essentielles ou des herbes, comme du patchouli, de la lavande ou de l'anis. Pendant que la baignoire se remplit, méditez un instant, tout en inhalant le parfum des huiles ou des herbes. Lorsque vous respirez, vous vous chargez d'énergie. Attirez l'énergie dans votre main dominante et plongez-la dans l'eau. Remuez l'eau en formant des spirales dans le sens des aiguilles d'une montre, tout en psalmodiant votre incantation. Glissez-vous dans la baignoire et nettoyez-vous à fond. Alors que l'eau glisse sur votre corps, imaginez qu'il s'agit d'une lumière éblouissante.

Dans l'un ou l'autre des cas, créez-vous un charme avec les herbes ou les huiles que vous avez utilisées. Versez-les dans une petite bouteille ou un petit sac que vous glisserez dans votre poche ou votre sac à main et appliquez-en sur votre corps au besoin.

INCANTATION *APPELLE-MOI*

Vous devez bien sûr donner votre numéro à quelqu'un pour que cette personne puisse vous appeler. Lorsque vous écrirez les chiffres composant votre numéro de téléphone, dessinez un petit symbole sur le papier, soit avec un stylo, soit en le traçant rapidement avec votre doigt. Vous pouvez ajouter un mot, comme « mystérieux », afin de piquer la curiosité de la personne qui retient votre attention.

Prenez trois pointes de quartz et attachez chacune d'elles à une corde jaune. Attachez les cordes ensemble et suspendez-les à une branche d'arbre ou à un clou que vous aurez planté dehors. Avec votre athamé ou votre baguette, faites-les s'entrechoquer pour produire un son semblable à un carillon éolien tout en énonçant ce qui suit : « Allô

[dites le nom de la personne], appelle-moi ! ».

Si la personne que vous avez en tête ne veut vraiment pas vous appeler, il (elle) ne le fera pas. C'est dommage, mais il s'agit d'une action qui doit être accomplie de plein gré.

INCANTATIONS DE PROTECTION

Phases de la lune : nouvelle lune ; pleine lune ; lune en phase décroissante
Le Soleil ou la Lune doit être en Bélier ou en Scorpion.

Musuyidee *(mou-sou-yi-dé) : Il s'agit d'un symbole Adinkra qui symbolise la force et l'équilibre spirituel.*

Marteau de Thor : *Il s'agit de l'arme du dieu norvégien Thor. Imaginez son immense pouvoir qui veille sur vous.*

INCANTATION DE PROTECTION À LA LUMIÈRE BLANCHE

Effectuez cette incantation pour charmer un bijou, un talisman ou une pierre que vous pouvez mettre dans votre poche. Vous devrez recharger l'objet d'énergie de temps à autre.

But visé

Transformer un objet en charme avec une lumière blanche pour assurer la protection d'une personne.

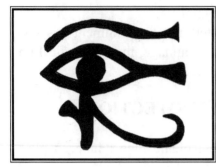

L'œil d'Horus : *Également appelé Utchat, il s'agit d'un symbole égyptien qui assure la protection. Dessinez-le à l'intérieur d'un triangle ascendant pour une protection encore plus grande.*

Accessoires

Un objet à transformer en charme. Les pentacles fonctionnent très bien, mais vous pouvez utiliser un autre objet de votre choix.

Une chandelle blanche. Gravez-y une rune, un symbole représentant la protection ou la lumière, ou encore ces deux éléments.

Un athamé ou votre index, auquel vous porterez une bague.

CONSEILS

- Débarrassez-vous de l'encens et des bouts de chandelles de façon cérémonieuse. Ne réutilisez jamais une chandelle consacrée pour une autre incantation.
- Souvenez-vous de toujours tirer l'énergie de la Terre ou des Éléments et de la faire circuler dans votre corps. Cette pratique vous évitera de disperser votre énergie ou de perdre votre concentration.
- Assurez-vous d'enfouir et de libérer toute source d'énergie excédentaire circulant autour de vous à la suite d'une incantation.
- Pour obtenir rapidement une barrière de protection psychique, il vous suffit de fermer les yeux, de sourire légèrement et de répéter le mot vide dans votre tête ou de dessiner des cercles autour de votre tête avec l'index de votre main dominante, afin d'équilibrer vos pensées et d'assurer votre protection.

Une assiette remplie de terre, des pastilles de charbon, l'encens de protection (page 211) et l'huile de protection (page 211) ou votre propre mélange. Utilisez ces accessoires pour charger votre charme d'énergie et l'oindre.

> « Réussir ses incantations est une habileté difficile à acquérir. Si vous n'êtes pas certain(e) de savoir par où commencer, essayez une incantation de protection. N'oubliez pas que c'est en forgeant qu'on devient forgeron. »
>
> – GWINEVERE, 16 ANS

Sel. Utilisez le sel pour consacrer votre charme à la Terre.

Un calice et de l'eau. Utilisez-les pour consacrer votre charme à… vous avez deviné, bien sûr !

Aménagement de l'autel

Mode d'emploi

Tracez un cercle. Oignez la chandelle de l'huile de protection et allumez-la. Il s'agit de la source de votre lumière blanche. Pendant que la chandelle brûle, visualisez la lumière blanche rayonner de la chandelle. Attirez la lumière blanche dans votre main réceptive, faites-la circuler dans votre corps, puis concentrez-la dans votre main dominante. Dessinez ensuite un pentacle dans la terre. Allumez une pastille de charbon avec la chandelle et déposez-la au centre de votre pentacle. Jetez un peu d'encens de protection sur le charbon et frottez la fumée sur vous.

Maintenant, passez votre charme dans chacun des Éléments pour le consacrer et le charger d'énergie. Commencez avec l'encens (Air) ; tenez-le ensuite au-dessus de la flamme (Feu) ; aspergez-le d'… (vous devinez bien de quel élément il s'agit…) ; aspergez-le de sel (Terre). Tenez votre charme dans les mains au niveau du cœur afin de le remplir de l'Esprit.

Déposez ensuite le charme devant la chandelle, visualisez les rayons de lumière blanche provenant de la chandelle et concentrez-vous sur la lumière. Avec votre athamé ou votre index, captez la lumière. Concentrez-vous sur celle-ci. Toujours en visualisant la lumière, portez votre athamé ou votre doigt au charme et voyez alors la lumière le baigner et s'y infiltrer.

Portez le charme sur vous. Si vous fabriquez un talisman, assurez-vous que la corde est suffisamment longue pour que vous puissiez le porter au niveau du sternum.

ENCENS RETOUR-AU-VORTEX

Si vous n'êtes pas pressé(e), je vous conseille de préparer cette recette au cours de la nouvelle lune, puisque c'est la période à privilégier pour les rituels de bannissement. La recette pourra servir à deux rituels. Attention ! Elle dégage une odeur désagréable, mais c'est le secret de son efficacité ! Lorsque vous voulez vous débarrasser de quelque chose, comme votre attitude négative, votre colère, votre peur par exemple, vous voulez chasser cette énergie, n'est-ce pas ? Eh bien, l'odeur nauséabonde du poivre qui brûle la chassera. Surtout n'inhalez pas les vapeurs et évitez tout contact avec les yeux.

6 clous de girofle
6 morceaux d'oliban ou 3 gouttes d'huile d'oliban (ou remplacez par de la sauge)
1 bâton de cannelle (cassez-le en morceaux que vous écraserez par la suite)
12 grains de poivre noirs

Réduisez les ingrédients en poudre et transmettez-leur votre énergie. Ce faisant, récitez une incantation. Si vous le pouvez, *criez*-la. Vous voulez insuffler aux ingrédients une puissante énergie, n'est-ce pas ? Une fois les ingrédients réduits (il restera quelques éléments solides), remuez-les dans le sens inverse des aiguilles d'une montre avec un pilon ou une cuillère, tout en imaginant une spirale représentant un vortex dans lequel vous expédierez les énergies malsaines à mesure que les ingrédients brûleront.

ENCENS DE PROTECTION

12 morceaux d'oliban ou 6 gouttes d'huile d'oliban
1 cuillère à soupe de sauge séchée
6 morceaux de résine de sang de dragon

Réduisez les ingrédients en poudre et mélangez-les. Utilisez une lumière blanche pour en faire un charme. Faites-les brûler lorsque vous voudrez profiter des vertus des herbes. Vous pouvez également utiliser ces ingrédients individuellement, puisque vous en obtiendrez les mêmes résultats.

HUILE DE PROTECTION

Préparez cette recette également au cours de la nouvelle lune. Ce mélange comprend des ingrédients qui peuvent être irritants. Je sais, par exemple, que la cannelle ne plaît pas à tout le monde et que l'anis peut brûler la peau. Alors, utilisez ces ingrédients avec modération. Si le mélange est irritant, il vous suffit de transférer les ingrédients dans une plus grande bouteille, d'ajouter un peu d'huile et de retirer les éléments solides. L'anis masque l'odeur humaine et est donc très utile pour les incantations d'invisibilité ou pour accroître votre conscience psychique. Vous pouvez également utiliser tous les ingrédients individuellement pour assurer votre protection.

6 morceaux d'oliban ou 12 gouttes d'huile d'oliban
2 cuillères à soupe d'huile de pépins de raisin
1 goutte d'huile d'anis ou 1 pincée d'essence de badiane
*   (facultatif)*
6 grains de poivre noir
6 clous de girofle
1 bâton de cannelle

Faites chauffer l'oliban (si vous utilisez de la résine) à feu doux directement sur la source de chaleur dans le chaudron supérieur d'un bain-marie jusqu'à ce que la résine dégage une odeur et que sa consistance devienne visqueuse. Ajoutez les huiles et emboîtez la partie supérieure du bain-marie dans la partie inférieure contenant de l'eau bouillante. Ajoutez le reste des éléments solides et faites chauffer pendant environ une minute. Lorsqu'une odeur commencera à se faire sentir, prenez la partie supérieure du bain-marie (soyez prudent(e) !) et remuez le contenu doucement. Faites refléter la lumière sur votre fouet ou votre athamé. Captez la lumière et dirigez-la vers le chaudron tout en remuant le mélange.

CASIER INVISIBLE

Lorsque vous pourrez être un moment seul(e) devant votre casier (assurez-vous d'être seul(e) dans le couloir), placez-vous debout devant celui-ci et prenez quelques respirations rapides. Évoquez de la lumière blanche que vous attirerez dans votre main dominante. Passez votre main sur le casier (comme si vous le polissiez) et couvrez-le de lumière blanche. Faites confondre votre casier avec ceux à sa droite et à sa gauche en frottant la lumière blanche, comme pour lier les côtés. Votre casier sera maintenant invisible et empêchera les curieux de regarder par-dessus votre épaule la prochaine fois que vous l'ouvrirez.

ENCHANTEMENT ENTRE LES MONDES

(Fondé sur une incantation de protection que m'a enseignée Joyce)

Effectuez cette incantation pour protéger vos accessoires ou toute autre chose du regard des curieux. Vous pouvez effectuer cette incantation à l'intérieur d'un cercle ou non.

Une chandelle, d'autres sources lumineuses, un cristal chargé de feu ou un peu d'encens de protection

Rassemblez tous les articles que vous voulez protéger. Dans la mesure du possible, faites-en une pile. Respirez et méditez pendant un moment, afin de vous concentrer et de puiser l'énergie de la chandelle ou de l'encens. Attirez la lumière en vous et faites-la circuler dans votre main dominante. Visualisez la lumière sortir de votre doigt ou du cristal. Si vous utilisez de l'encens, placez votre main au-dessus de celui-ci et, avec vos doigts, dirigez la fumée autour des objets dans le but d'y concentrer l'énergie.

Dessinez un cercle vertical autour des objets, tout en produisant un son comme « AHHH ». Lorsque vous sentirez le cercle devenir très éclatant, répétez le son. Cette fois, tracez un cercle horizontal autour des objets. Émettez un son quelque peu différent. Faites-le une troisième fois, en dessinant un cercle autour des côtés opposés de la pile d'objets et en produisant un autre son. Ensuite, récitez une incantation de ce genre :

« Entourés trois fois, trois fois plus protégés
Autour de mes accessoires une barrière de protection
Entre les mondes ces objets resteront
Toute la nuit et toute la journée cachés. ».

INCANTATIONS VISANT LA PROTECTION DE L'AURA (CRÉATION DE SOURCES DE PROTECTION)

Les sorcières doivent être en mesure de créer des *sources de protection*, soit des gardiens de l'énergie psychique, qui protègent leur espace personnel et leur personne. Il existe de nombreuses façons de créer des sources de protection efficaces. Vous pouvez utiliser des images comme des gargouilles, des dragons et des animaux que vous chargerez de protection et porterez sur vous. Vous pouvez également charger d'énergie des symboles, comme un pentacle ou un collier muni d'une petite dague en argent.

SOURCES DE PROTECTION DU PENTAGRAMME PSYCHIQUE

Captez la lumière (les lumières blanche, bleu clair ou rouge sont à privilégier) et dirigez-la à l'intérieur de votre main dominante. Utilisez votre index pour tracer un pentagramme dans toutes les fenêtres, sur tous les murs et sur la porte de votre chambre ou, encore, sur vos accessoires ou votre corps. Alors que vous tracez le symbole, imaginez qu'il s'agit d'un signe d'arrêt psychique empêchant toute énergie indésirable ou tout regard curieux de s'infiltrer dans votre chambre. Voyez la lumière pénétrer dans l'objet que vous voulez protéger et voyez l'objet luire pendant un moment. Sachez que vous devez charger les objets d'énergie régulièrement, environ une fois par semaine.

GRILLAGE DE CRISTAL

Utilisez quelques pointes de quartz pour former un grillage d'énergie psychique ne laissant pénétrer que l'énergie *désirée*. Vous pouvez installer une pointe de quartz à chaque coin de votre chambre et la placer de façon qu'elle soit dirigée vers une autre pointe. Ensuite, suspendez une pointe de quartz à la partie supérieure de votre casier.

Une bonne façon de charger d'énergie votre grillage de protection personnelle consiste à vous étendre sur le sol ou sur le plancher avec les pointes de quartz placées à votre tête, à vos mains, au niveau du sternum, entre les jambes et à vos pieds. Méditez pendant un moment en imaginant l'énergie provenant des pierres se transformer en une lumière qui envoie une vague de protection autour de votre corps.

CHARME DE ROSES ÉPINEUSES

Coupez trois roses que vous aurez trouvées dans un buisson (demandez la permission au propriétaire avant de les prendre et remerciez-le), tout en prenant soin de conserver le plus de pédicelles et d'épines possible. Attachez soigneusement les extrémités avec une corde blanche, tout en renforçant la protection à chaque tour. Suspendez les roses à l'envers dans votre casier, à une fenêtre, au-dessus de votre porte ou de votre lit, ou encore à l'endroit que vous préférez. C'est joli, discret et ça donne l'impression que vous vous intéressez aux fleurs séchées.

ACCESSOIRE DE DÉVIATION

Prenez un morceau de contreplaqué ou de carton très rigide, coupez-le en triangle et peignez-le en noir ou de couleur argent. Maintenant, écrasez quelques CD que vous n'écoutez plus ou cassez quelques bouteilles. Collez minutieusement les morceaux sur la base du triangle. Si vous vous servez de vieux CD, assurez-vous d'exposer le côté luisant (celui sans écritures). Suspendez le triangle (la pointe vers le bas) sur votre mur ou dans votre casier avec du ruban collant à double face afin de dévier et de supprimer toute énergie négative. Vous devez nettoyer cet accessoire à l'occasion avec de l'encens ou en le laissant sous la pleine lune.

Mercure : *Il s'agit du symbole astrologique de Mercure, lequel régit la communication. Reproduisez-le sur un talisman jaune, bleu clair ou doré afin d'accroître vos talents de communicateur(trice).*

INCANTATIONS DE COMMUNICATION

Phase de la lune : lune en phase croissante

La Lune ou le Soleil doit être en Balance ou en Sagittaire.

INCANTATION ENTENDS-MOI

Si vous éprouvez de la difficulté à convaincre les autres ou à vous exprimer en général, fabriquez l'un de ces talismans ou préparez l'une

Alphabet : *Vous pouvez employer le bon vieil alphabet comme un talisman favorisant les discours articulés. Écrivez les lettres de l'alphabet de A à Z sur un côté du talisman et ensuite de Z à A de l'autre côté. Portez le côté arrière contre votre gorge et, chaque fois que vous parlez, imaginez que les lettres circulent aisément par le chakra de votre gorge et qu'elles en ressortent dans le bon ordre.*

Notes de musique : *La musique est sans aucun doute un type de communication. Si vous vous intéressez à la musique, mais que vous ne semblez pas être en mesure de communiquer vos idées à l'aide de mots, gardez un talisman comprenant un petit bout de la partition de votre pièce préférée près de votre gorge. Mettez le côté sur lequel figurent les notes contre votre corps. Lorsque vous manquez de mots pour exprimer vos pensées, fredonnez l'air que vous avez choisi dans votre tête et relaxez-vous.*

de ces huiles ou, encore, optez pour ces deux possibilités et chargez-les d'énergie au moyen de cette incantation. Portez sur vous l'huile ou le talisman lorsque vous en avez besoin ou portez-le constamment à partir de la pleine lune jusqu'à la nouvelle pleine lune pour favoriser la communication.

But visé

Faire comprendre son point de vue aux autres.

Accessoires

L'image d'une oreille. Vous ne vous attendiez pas à ça, n'est-ce pas ?

De l'encens. Fragrance au choix. Vous pouvez également faire brûler quelques gouttes d'huile de communication (page 217) – sans excipient.

Un stylo et du papier. Si vous pouvez vous procurer de l'encre ou du papier de couleur jaune, c'est l'idéal. Toutefois, un stylo bleu ordinaire fera l'affaire.

Déposez l'image de l'oreille sur la table devant vous, l'encens devant l'image et le stylo ainsi que le papier près de vous, à un endroit accessible.

Mode d'emploi

Réfléchissez attentivement à ce que vous voulez exprimer. Écrivez-le minutieusement en soignant votre écriture. Relisez-vous. Si votre écriture est illisible ou si vous décelez une tache d'encre, réécrivez votre message jusqu'à ce qu'il soit parfait.

Concentrez-vous sur la personne avec laquelle vous devez communiquer. Imaginez qu'il s'agit de son oreille sur la table. Allumez l'encens et chuchotez votre message à travers la fumée. Votre message sera transmis à cette personne en même temps que la fumée se dirige vers l'image de l'oreille.

HUILE FAVORISANT LA COMMUNICATION

1 petite pointe de quartz
1 once d'huile de pépins de raisin, de jojoba ou d'amande douce
10 gouttes d'essence de menthe poivrée
5 gouttes d'essence de lavande
5 gouttes d'huile de bergamote

Préparez cette recette le midi. Nettoyez la pointe de quartz avec de l'eau courante (l'eau du robinet fera l'affaire) et tenez-la dans votre main dominante tout en récitant un poème parfaitement. Vous pouvez le réciter lentement mais exactement. Si vous commettez une erreur, lavez de nouveau la pointe de quartz et recommencez l'exercice. Déposez la pointe de quartz dans une petite bouteille, ajoutez les huiles, fermez la bouteille et roulez-la entre vos paumes. Allez à l'extérieur avec la bouteille et présentez-la au soleil de façon à en saisir les rayons. Si vous avez la permission d'allumer de l'encens, faites passer la bouteille à travers la fumée.

ENCENS FAVORISANT LA COMMUNICATION

1 cuillère à soupe de menthe séchée
1 cuillère à soupe de lavande séchée
Quelques gouttes d'huile de bergamote ou d'essence d'oliban

Réduisez les ingrédients en poudre et mélangez-les.

VARIANTE DE L'INCANTATION *ENTENDS-MOI*

Effectuez ce type d'incantation dehors pour communiquer avec une personne qui vous est chère et qui se trouve au loin. Asseyez-vous sur une grosse roche, sur la souche d'un arbre ou tout simplement sur le sol. Écartez les feuilles et branches à proximité afin d'éviter tout incendie.

But visé

Vous adresser à une personne chère qui est au loin.

Accessoires

Les accessoires à utiliser peuvent varier, en fonction de ce que vous ressentez. Pour communiquer avec la personne qui vous est chère, utilisez des accessoires qui rappellent l'amour.

Un stylo et du papier. Utilisez-les pour rédiger votre lettre, comme s'il s'agissait d'une incantation.

Un caillou ou un cristal. Vous chargerez le caillou ou le cristal de vos émotions et vous le lancerez dans un grand cours d'eau ou au loin, tout simplement.

De l'encens. Vous en aurez besoin d'une grande quantité. La fumée transportera vos pensées et votre message à la personne qui vous est chère.

La flamme provenant d'une chandelle. Vous l'utiliserez pour brûler la lettre, si, bien sûr, vous avez la permission d'allumer une chandelle. Soyez prudent(e) ! Ayez un pichet d'eau à proximité, ainsi que…

Un grand récipient. Aussitôt que le papier commencera à brûler, déposez-le dans le récipient afin de le laisser se consumer complètement.

Aménagement de l'autel

L'encens au centre de l'autel. Vous utiliserez l'encens plus que tout autre accessoire ou ingrédient et le centre est un endroit propice à la concentration.

La chandelle derrière l'encens. Vous ferez brûler la lettre et utiliserez la fumée de l'encens pour porter votre message vers la personne qui vous est chère.

Le caillou ou le cristal devant l'encens. Chargez-le de votre message et jetez-le.

Un récipient et un pichet d'eau, à proximité. Puisque vous jetterez la lettre dans le récipient lorsque cette dernière commencera à brûler, assurez-vous de placer le récipient et le pichet d'eau très près l'un de l'autre et près de vous, puisque vous voudrez avoir l'eau à proximité pour éteindre, au besoin, les flammes. Si les choses tournaient mal, vos parents me *détesteraient*, j'en suis certaine !

Mode d'emploi

Tracez un cercle. Assurez-vous que l'encens est allumé. S'il brûle toujours alors que vous travaillez, vous n'avez qu'à en jeter un peu sur le charbon. Rédigez votre lettre comme s'il s'agissait d'une incantation. Si vous avez à votre disposition un objet appartenant à la personne qui vous est chère, comme un bijou, un vêtement ou une photo, portez-le ou tenez-le en amplifiant l'énergie et en prononçant le nom de cette personne. Commencez lentement et doucement.

Lorsque vous sentez l'énergie s'accumuler, versez de l'encens sur le charbon tout en prononçant le nom de la personne qui vous est chère à haute voix. Lisez votre message à travers la fumée. À la fin, dites votre nom à haute voix. Mettez le coin de la lettre dans la flamme et jetez rapidement le papier qui brûle dans le récipient. Vos mots sont prêts à s'envoler.

Tenez le caillou ou le cristal dans votre main dominante et dirigez-le vers votre cœur. Chargez l'accessoire de vos sentiments. Amenez-le à vos lèvres et chuchotez-lui vos sentiments. Portez-le à votre front et visualisez la personne qui vous est chère. Jetez-le ensuite dans un lac, l'océan ou dans un cours d'eau et demandez à l'Eau de transporter votre message vers cette personne. S'il n'y a pas de source d'eau à proximité, lancez le caillou ou le cristal le plus loin possible.

RINCE-BOUCHE AGRÉABLE

1 tasse d'eau bouillante que vous laissez refroidir
2 gouttes d'huile de menthe poivrée
1 goutte d'huile de melaleuca

Mélangez les ingrédients. Avant d'entamer toute discussion

importante, rincez-vous la bouche et gargarisez-vous avec ce mélange. Ne l'avalez surtout pas ! Vous pouvez également mâcher quelques feuilles de menthe ou de sauge lorsque vos paroles doivent être claires.

Une gomme à mâcher à la cannelle est une bonne solution de rechange. Mâchez un morceau et récitez une petite incantation afin que votre message soit fidèle à votre pensée.

CHAPITRE TREIZE

LE LIVRE DES OMBRES

L'**expression** semble terrifiante, mais à l'origine le « Livre des ombres » renvoyait au livre dans lequel Gerald Gardner conservait ses rituels et sa liturgie pour les transmettre de Grande prêtresse en Grande prêtresse. Les initiés de l'assemblée transcrivaient le livre à la main et cela demeurait très mystérieux. C'est dans votre Livre des ombres que vous inscrirez vos incantations, vos recettes, vos formules divinatoires, vos pensées, vos rêves et vos visions. C'est votre grimoire personnel et en même temps un recueil de vos connaissances et expériences.

Sa rédaction peut, selon le domaine que vous choisirez d'exploiter, prendre de *nombreuses* formes. Vous vous découvrirez peut-être une passion pour les plantes médicinales. Dans ce cas, vous voudrez peut-être leur consacrer une section entière avec la description, le dessin des plantes que vous faites pousser et utilisez, et un tas de recettes. Les cristaux suscitent peut-être un vif intérêt chez vous et vous voudrez leur réserver une section. Quel que soit votre domaine de prédilection, assurez-vous d'avoir assez d'espace ! C'est fou ce que votre Livre des ombres grossira. Ma copine Ronnie m'a donné un petit truc : toujours laisser la première page de votre livre blanche tant que vous n'avez pas rempli les autres et jusqu'à la dernière. De cette façon, vous pouvez y revenir une fois que le livre est terminé et créer une belle page couverture représentant vraiment l'ensemble de l'œuvre.

LE PREMIER LIVRE

Les reliures à trois anneaux constituent vraiment un excellent choix pour votre premier Livre des ombres parce que vous pouvez changer les pages de place, ajouter des pages au besoin et y mettre des petits trucs, comme les cartes d'affaires de vos fournisseurs préférés, dans des chemises ou des pochettes. Vous pouvez aussi diviser ce type de classeur en sections.

L'alphabet thébain est attribué à Honorius, un ancien auteur de grimoire. Certaines sorcières s'en servent dans leur Livre des ombres. Il vous forcera à vous concentrer sur vos mots en leur donnant davantage d'énergie magique. Vous n'avez qu'à écrire les lettres de votre alphabet sous chaque caractère pour comprendre ce que chacun des symboles signifie. Le caractère thébain pour la lettre « i » est aussi utilisé pour la lettre « j » et celui pour le « u », aussi pour le « v » et le « w ». Le dernier caractère indique la fin de la phrase.

Voici à quoi pourrait ressembler la table des matières de votre Livre des ombres :

Votre consécration à la sorcellerie ou votre rituel initiatique, selon le cas.

Votre rituel préféré de projection de cercle.

Le travail avec les éléments : la méditation, les dessins, les poèmes, les rituels d'invocation ou les incantations.

Les rites de l'Esbat : notamment du folklore et de la mythologie ainsi que votre façon de célébrer chaque pleine lune pendant une année.

Les rites du Sabbat : notamment des mythes et des traditions, la façon dont vous célébrez chaque Sabbat pendant une année et des recettes (pour de plus amples informations sur le Sabbat, voir le chapitre 15).

Des recettes pour les lotions, les potions, l'encens et les huiles.

La divination : comprend des interprétations des runes, du Tarot, du I Ching, etc. et toute lecture particulièrement bizarre.

Les sorts : Conservez toutes les incantations que vous faites dans votre Livre en laissant beaucoup d'espace pour les notes, les réponses et le résultat obtenu. Assurez-vous de noter la phase de la lune, l'emplacement du Soleil et de la Lune et toute autre correspondance astrologique pour chacune des incantations que vous faites. Vous voudrez peut-être créer une section différente pour les incantations que vous utilisez toujours. Divisez-les en catégories.

LE DISQUE DES OMBRES

Nous sommes au vingt et unième siècle après tout. On trouve beaucoup de bons sites de sorcellerie sur Internet – et d'assez médiocres aussi. Lorsque vous naviguez dans Internet et tombez par hasard sur des sites intéressants, placez l'adresse du site dans le dossier « favoris » de votre navigateur et allez-y directement la prochaine fois. Vous pouvez sauvegarder le site entier en format PDF ou le copier et le coller dans un document *Word*. Vous devrez peut-être le reformater légèrement. Ne plagiez pas et souvenez-vous d'où vient l'information. Il est bon aussi de conserver l'adresse de catalogues en ligne d'articles païens : vous pourrez alors comparer les prix, examiner à tête reposée l'inventaire et faire la liste des choses que vous désirez. Créez différents dossiers de façon à pouvoir organiser votre disque en catégories, comme les incantations, les recettes, etc.

Les annexes fournissent une liste de recommandations, mais je suis certaine que vous voulez faire vos propres découvertes. Lorsque vous créerez votre disque, vous voudrez être certain(e) que les sites desquels vous puisez de l'information sont des sources fiables. Visitez le site au complet afin de vous faire une idée de ce qu'il contient. Si vous tombez sur des commentaires racistes, sexistes ou élitistes, retirez-le de votre liste. La personne qui écrit de pareilles insanités n'est probablement pas très intéressée par la spiritualité. Si elle se trompe sur ce plan, elle fait probablement aussi fausse route en ce qui concerne la sorcellerie.

CHAPITRE QUATORZE

RITUELS EN SOLITAIRE À LA PLEINE LUNE

L a pleine lune a toujours été associée à la sorcellerie. Certaines rumeurs à cet égard sont probablement vraies. Nombreux sont les sorcières et sorciers qui célèbrent la pleine lune, ou Esbat, avec leur assemblée ou seuls. J'adore me réunir avec des amis à la pleine lune, mais ce n'est pas toujours possible. Par ailleurs, la pleine lune est un moment privilégié pour la pratique en solitaire et je m'efforce de faire *quelque chose* de spécial. La pleine lune est sans aucun doute une période de puissance et si vous voulez vous habituer aux cycles de la nature et suivre la voie des sorcières, l'observation de la pleine lune est le point de départ idéal.

C'est le moment idéal pour vénérer la déesse, mettre en pratique ses capacités psychiques, fabriquer les huiles et l'encens que vous utiliserez durant le mois, pratiquer les rituels de guérison et vivre des rêves divinatoires.

INCANTATIONS FAVORISANT LES VISIONS

Phase de la lune : pleine lune ou jusqu'à trois jours avant la pleine lune

Soleil ou lune en : Scorpion, Cancer, Poissons

La pleine lune est une *excellente* période pour le pouvoir psychique. Confectionnez des huiles et de l'encens un soir de pleine lune et ils seront porteurs de grande énergie.

ENCENS FAVORISANT LES VISIONS

1/8 de cuillière à thé de muscade fraîchement râpée
3 gros morceaux de sang de dragon
3 gros morceaux d'oliban
½ bâton de cannelle ou ½ cuillière à thé de cannelle en poudre

À l'aide d'un mortier et d'un pilon, ou de tout autre outil de remplacement, réduisez tous les ingrédients en poudre. L'odeur qui s'en dégage est un peu désagréable (la muscade brûlée ne sent pas très bon), mais la dernière fois que j'ai préparé ce mélange à la pleine lune, j'ai rêvé aux Dieux norvégiens ! Si vous ne pouvez trouver d'oliban ni de sang de dragon (assurez-vous de vous en procurer rapidement), n'en mettez tout simplement pas et utilisez de la muscade et de la cannelle, ou prenez de l'anis et de l'origan.

ENCENS FAVORISANT LES DONS PSYCHIQUES

2 mesures de sang de dragon
1 mesure d'oliban
1 mesure de sauge
2 ou 3 gouttes d'huile de lavande ou 1 mesure de lavande séchée.

Broyez les ingrédients secs, ajoutez l'huile, si vous en utilisez, et préparez-vous ! C'est cet encens qui comme, je l'ai dit, m'a permis de voir l'aura des gens. En fait, le mélange que j'ai fait comprenait aussi de la molène (une autre plante), mais cela est facultatif. Vous pouvez utiliser un seul ingrédient.

HUILE FAVORISANT LES FACULTÉS EXTRASENSORIELLES

Préparez cette recette à la pleine lune et essayez de la faire lorsque la lune est en Scorpion, en Cancer ou en Poissons – les signes les plus propices, dans l'ordre, aux manifestations psychiques. Elle est géniale pour l'éveil de votre conscience psychique et pour la méditation. Appliquez-en un peu en frottant sur chaque chakra, à partir du bas de la colonne vertébrale en remontant jusqu'au troisième œil ; décrivez de petits cercles avec vos doigts sur le troisième œil tout en vous concentrant sur l'éveil de votre pouvoir d'intuition.

1 once d'huile de pépins de raisins
1 cuillère à thé de résine de sang de dragon dissoute
1 cuillère à thé d'oliban ou 10 gouttes d'essence d'oliban
½ bâton de cannelle ou ¼ de cuillère à thé de cannelle en poudre
1/8 de cuillère à thé de muscade râpée

Broyez le tout, faites infuser et dégustez !

MAGIE DE LA PLEINE LUNE

BOUQUET DE PRIÈRES (DE JOYCE)

La pleine lune est particulièrement propice aux incantations pour obtenir ce que vous voulez, mais il est bon aussi d'offrir des prières sans rien demander en retour. Ma bonne amie Joyce m'a suggéré le rituel de prières suivant, à effectuer à la pleine lune.

Asseyez-vous à l'extérieur, à un endroit où vous pouvez voir la lune et méditez sur les bienfaits qui vous ont été accordés dans la vie. Mettez chacun d'eux par écrit et remerciez comme suit : « Merci de nous avoir donné de la nourriture en abondance. Merci de nous avoir donné une famille qui s'aime… ».

Lorsque vous aurez terminé d'écrire tous les bienfaits que vous avez reçus, roulez le bout de papier et attachez-le avec un ruban ou une ficelle. Offrez-le à la Déesse et laissez-le quelque part à l'extérieur.

EAU DE LUNE

Faites bouillir de l'eau ou utilisez de l'eau distillée pour ce rituel. Remplissez votre calice et apportez-le avec vous dehors. Si vous vivez près de l'océan (chanceux/chanceuse que vous êtes), prenez de l'eau de mer (cette eau est impropre à la consommation !). Laissez la lumière de la lune s'y refléter tout en méditant. Versez l'eau dans un pot muni d'un couvercle hermétique que vous aurez bien lavé et protégez-la de la lumière du soleil. Utilisez cette eau pleine d'énergie pour vos incantations le reste du mois, surtout lorsque vous les faites aux Déesses de la lune.

RÉCOLTE SACRÉE

La pleine lune est idéale pour la cueillette des plantes de votre jardin de sorcière ou de sorcier. Faites-la avec cérémonie, en demandant aux plantes si vous pouvez leur détacher une partie et en les remerciant. Il est bon de procéder à la cueillette peu de temps après la pleine lune. À titre d'exemple, si la lune est pleine à 22 h 45, vous pouvez cueillir vos plantes n'importe quand après cette heure. Vérifiez l'heure exacte dans un *Almanach* ou votre journal local.

PURIFICATION ET CONSÉCRATION

Apportez vos outils – surtout votre boule de cristal et autres objets du genre – à l'extérieur et exposez-les aux rayons de la lune pour refaire leur plein d'énergie et les consacrer. L'oliban, la sauge et le sang de dragon fonctionnent très bien seuls, mais vous pouvez aussi les mélanger ensemble dans des proportions égales avec deux gouttes d'huile de lavande et en faire un mélange pour les consécrations. Lavez vos outils dans de l'eau bénite ou de l'eau de lune, passez-les à la flamme d'une bougie blanche, saupoudrez-les de sel ou enterrez-les pour une journée ou deux. Bien sûr, si vos outils sont en métal, vous ne les aspergerez que de sel et d'eau et assurez-vous de bien les essuyer. Le mélange sel et eau peut corroder le métal.

GUÉRIR UN AMI À DISTANCE

La pleine lune est propice à la transmission d'énergie psychique à une autre personne et elle est particulièrement indiquée pour transmettre de l'amour et des pensées propres à susciter la guérison à une personne qui vous est chère. Avant de pratiquer un rituel de guérison, il vous faut d'abord en demander la permission à cette personne. Même s'il s'agit d'un geste d'amour, c'est quand même de la magie et il faut que vous ayez le consentement de la personne pour laquelle vous travaillez. Je ne recommande pas les rituels de guérison qui visent à éliminer la maladie. La maladie est parfois nécessaire pour qu'une personne comprenne et grandisse. En outre, vous ne pouvez pas décider du karma d'une autre personne. Ensuite, les rituels de guérison de cette nature demandent beaucoup d'expérience et de pratique. Vous pouvez parfois tomber vous-même malade en vous y adonnant.

Essayez plutôt d'envoyer du réconfort à la personne en travaillant avec la lumière. Certaines couleurs vont de pair avec certaines choses, par conséquent, fiez-vous à votre intuition et laissez-la vous guider. Vous pouvez aussi transmettre de l'énergie propre à susciter la guérison en gardant des chandelles sur l'autel pour vous souvenir des personnes malades ou en difficulté. Attribuez simplement une chandelle à chaque personne et allumez-la tous les soirs ou à chaque pleine lune.

But visé

Transmission d'énergie en réconfort à une personne malade ou en difficulté.

Accessoires

Une chandelle. Elle peut être blanche, verte, bleu pâle, dorée ou toute autre couleur qui vous semble convenir. Je préfère les blanches, les bleu pâle ou les dorées. Gravez-y le nom de la personne.

Un objet qui appartient à la personne. Cela est facultatif et vous pouvez plutôt lui créer un charme ou un talisman. Il s'agit simplement d'un objet sur lequel concentrer votre énergie.

Un mélange d'huiles essentielles pour cette personne. Confectionner un mélange avec lequel se parfumer constitue un agréable cadeau pour cette personne et le simple fait que vous preniez le temps de faire quelque chose est réconfortant pour elle. Si l'occasion se présente, apportez vos huiles chez cette personne et faites-lui sentir les différentes essences. Mettez celles qu'il ou elle préfère de côté et incorporez-les au mélange. Même si ce ne sont pas des huiles pour la guérison, elles feront du bien à la personne juste parce qu'elles lui ont procuré du plaisir.

Des pointes de quartz ou d'autres cristaux. Procurez-vous suffisamment de morceaux pour former un cercle autour des autres articles, puis quatre de plus pour constituer un carré autour du cercle. Les cristaux sont tout à fait facultatifs, mais je les aime bien.

Aménagement de l'autel.

Mettez tous les outils au centre et faites un cercle autour avec les morceaux de quartz. S'ils n'ont qu'une seule pointe parfaite, dirigez-la vers vos autres outils. Ensuite, faites un carré avec les quatre autres cristaux, chacun pointant vers le suivant.

Mode d'emploi

Projetez votre cercle. Respirez et méditez. Entourez-vous d'un cercle de lumière blanche. Allumez les chandelles. Concentrez-vous sur la flamme, mais ne la fixez pas. Clignez normalement des yeux ; détendez les yeux. Placez la main dominante devant la flamme (pas trop proche) et voyez comme la lumière brille tout autour. Observez comme les rayons de lumière se prolongent au-delà de votre main. Envoyez cette lumière qui passe par votre main à la personne malade qui vous est chère.

Maintenant, concentrez-vous de nouveau sur la flamme. Fixez sa base et concentrez-vous. Imaginez qu'une petite sphère de lumière se forme à l'intérieur de la chandelle, peu importe sa couleur. Observez comme elle roule et virevolte et faites-la sortir de la bougie avec la main récessive. Mettez votre main près de la chandelle et extrayez-en l'énergie. Imaginez que votre main est un aimant qui attire l'énergie (elle l'est). Ensuite, imaginez la sphère vous faisant face. Dites-lui, à voix basse, quelles sont vos intentions ou envoyez-lui de l'énergie réconfortante avec votre main dominante. Faites-la descendre dans le charme ou l'huile et observez-la s'y dissoudre. Oignez le charme et donnez-le avec l'huile à la personne qui vous est chère la prochaine fois que vous la verrez.

Je l'ai fait une fois avec une chandelle jaune dans le but d'envoyer de la lumière jaune – pour l'intellect et la vue – et la sphère est sortie de la couleur que je désirais, mais est passée au vert intense – couleur favorisant la guérison et la croissance. Je suppose que la situation exigeait une lumière verte. Il faut s'adapter aux circonstances.

Assurez-vous de purifier toutes les pierres que vous utilisez pour ce rituel, et tant qu'à faire, purifiez-vous aussi !

INCANTATIONS ACCOMPAGNANT LA POMME D'AMOUR

Utilisez ce rituel lorsque vous désirez appeler un amoureux ou une amoureuse. Répétez l'incantation à chaque pleine lune au cours de votre célébration de l'Esbat.

But visé

Attirer l'amour

Accessoires

Une pomme. Tranchez-la en deux (horizontalement) pour voir l'étoile qui s'y trouve – un pentacle naturel.

Du miel. Couvrez les deux morceaux de miel pour attirer l'amour.

Une image bien claire du genre de personne que vous voulez attirer. Ne vous concentrez pas sur l'apparence. Pensez aux qualités que vous recherchez chez la personne aimée, comme le sens de l'humour, l'intérêt pour la spiritualité ou la bonté.

Aménagement de l'autel

Vous n'avez pas besoin d'un autel dans les règles pour ce rituel, mais si l'autel est aménagé pour célébrer l'Esbat, disposez simplement ces objets dessus.

Mode d'emploi

Coupez la pomme en deux en la tranchant au milieu de façon que vous voyiez l'étoile. Utilisez-la comme pentacle pour attirer l'amour à vous. Retirez-en les pépins et éparpillez-les dans le vent. Récitez les qualités que vous recherchez chez l'être aimé. Couvrez la pomme de miel. Mangez l'un des deux morceaux en méditant sur votre amour et laissez le reste dehors comme geste symbolique de partage avec la personne que vous appelez à vous.

INCANTATIONS POUR LA PAIX DANS LE MONDE

Vous pouvez répéter cette incantation à chaque pleine lune lorsque vous sentez que vous avez un surplus d'énergie à offrir.

But visé

Promouvoir la paix dans le monde

Accessoires

Un globe terrestre ou une carte du monde. Vous vous en servirez pour concentrer votre énergie.

Une chandelle, soit blanche, soit bleu pâle ou vert pâle. Vous l'allumerez souvent pour concentrer aussi votre énergie. Gravez les mots « magie », « paix » et « unité » sur la chandelle en utilisant l'alphabet runique. Enduisez-la d'huile pour la paix ou d'un autre mélange.

Encens pour la paix ou n'importe quel mélange que vous aimez

Aménagement de l'autel

Disposez votre autel comme bon vous semble. Un autel selon les règles de l'art comprenant tous les outils de travail serait de mise ici et vous pouvez ensuite déposer en son centre les objets susmentionnés.

Mode d'emploi

Projetez un cercle et invoquez la Déesse qui semble convenir. Allumez l'encens et consacrez tous les objets en les baignant dans la fumée. Soulevez l'énergie. Vous pouvez ensuite la réintroduire dans votre corps et la libérer par l'intermédiaire de vos mains que vous passerez au-dessus de chaque région du globe ou de la carte en concentrant votre pensée sur la paix et la joie. Déplacez les mains lentement sur toute la surface du globe.

Repassez les objets dans la fumée d'encens en récitant une prière cette fois ou en répétant les mots « paix et joie » à maintes reprises. Ou vous pouvez soulever un cône d'énergie et le diriger vers le ciel en imaginant qu'il explose tel un feu d'artifice et retombe sur la planète entière sous forme de paix. Allumez la chandelle ; la flamme symbolise votre engagement à travailler pour la paix. Remplacez-la tous les mois.

ENCENS POUR LA PAIX

Lavande séchée
Oliban
2 ou 3 gouttes d'essence d'oranges douces

Mélangez les ingrédients secs en quantités égales, ajoutez l'essence d'oranges et broyez le tout.

Ou

Lavande séchée
Sauge séchée
Anis étoilé

Mettez les ingrédients ensemble et broyez le tout.

HUILE POUR LA PAIX

1 once d'huile d'olive
5 gouttes d'huile de lavande

10 gouttes d'huile d'oliban
5 gouttes d'essence d'oranges douces

Ou

1 once d'huile d'olive
Lavande
Sauge
Écorce d'orange

Changez la quantité des ingrédients à votre goût. Laissez sécher les herbes pendant une journée ou deux. Pelez l'orange très superficiellement (l'épaisseur d'un zeste serait idéale) et coupez les écorces en lamelles. Versez l'huile sur les herbes et laissez infuser.

RITUEL DE CONSÉCRATION

Se consacrer soi-même à la sorcellerie constitue une forme tout à fait valable d'initiation, et même si vous décidez d'être initié(e) par une assemblée, je vous conseille de vous autoconsacrer avant de commencer à chercher une assemblée. Vous ne vivrez pas les mêmes expériences qu'une sorcière faisant partie d'une assemblée (nous nous étendrons davantage sur ce sujet au chapitre 19), mais l'auto-initiation est une expérience marquante. L'initiation signifie que vous ferez dorénavant partie d'une assemblée et que vous aurez probablement une sorte de professeur qualifié, mais l'auto-initiation signifie que vous acceptez que la Vie et la Nature soient vos principaux guides. C'est faire la promesse que vous vivrez en harmonie avec vous-même, les humains, les animaux, les déités et l'univers. Réfléchissez bien à ce que cela signifie pour vous avant de vous consacrer à la sorcellerie. En quoi la consécration changera-t-elle votre vie ? Vous serez le seul ou la seule à le savoir. Désirez-vous choisir un Dieu ou une Déesse comme patron ou patronne – ou y en a-t-il déjà un ou une qui vous a choisi ? L'auto-initiation peut être aussi simple que s'asseoir par terre à l'extérieur et déclarer que vous êtes une sorcière ou un sorcier. Il n'en faut pas vraiment davantage, mais les créatifs de notre espèce ont généralement besoin d'une sorte de rituel exotique pour affirmer la voie qu'ils choisissent. Je vous dis : Foncez ! Faites la fête !

Ce serait bien que vous vous fabriquiez quelque chose pour souligner l'occasion, comme un collier ou un bracelet que vous pourriez regarder et porter pour vous rappeler votre foi. Les grandes prêtresses wiccanes traditionnelles portent souvent un collier fait de perles d'ambre noir et les prêtres wiccans, un torque, un brassard qui se porte au-dessus du coude. Le pentacle est devenu le symbole traditionnel de la foi wiccane tout comme le symbole de la Triple Déesse.

Quelque chose d'aussi simple que le soleil ou la lune est aussi tout à fait approprié. Choisissez ce qui vous plaît, même si ce n'est pas un élément « wiccan. ». Écrivez vos vœux de consécration et expliquez leur signification pour vous, puis utilisez-les dans votre rituel.

Certaines sorcières choisissent un nouveau nom au moment de

Je n'ai aucun scrupule à aller à la synagogue et à lire à voix haute les prières que je connais depuis l'enfance. C'est parce que, au fond, je n'ai aucune animosité envers la religion ou la communauté juives. Pourquoi être païenne alors, direz-vous ? Hé bien, parce que je préfère nommer autrement l'esprit que ma famille appelle « Dieu », c'est-à-dire : Déesse et Dieu. Je me sens à l'aise au sein de la communauté païenne, de même qu'avec les rituels et méditations généralement associés au paganisme. Je fais également miennes certaines croyances païennes que le judaïsme ne renferme pas.

Je me demande parfois si, selon l'authentique croyance reconstructionniste, je suis Juive. Je crois en une présence divine, je me conforme à tous les idéaux reconstructionnistes qu'on m'a enseignés et je ne vois pas la cérémonie au cours de laquelle je suis devenue une Bat Mitzvah comme un mensonge quelconque. J'ai déclaré que j'étais assez vieille pour vivre selon ma propre morale et c'est exactement ce que j'ai fait. C'est en accord avec ma Bat Mitzvah plutôt que par volonté de la nier que je suis devenue païenne.

– MARJORIE, 13 ANS

l'initiation alors que d'autres en prennent plusieurs tout au long de leur vie, selon ce qui, à certaines périodes, semble exprimer leur nature magique ou l'énergie qu'elles désirent exploiter. Leur nom magique, ou de sorcière, n'est parfois utilisé qu'à l'intérieur du Cercle, seulement par les autres sorcières, ou est gardé totalement secret ou utilisé seulement par elles. Les Amérindiens et les Africains possèdent souvent plusieurs noms qu'ils utilisent au cours de leur vie et on leur en donne un nouveau ou ils s'en choisissent un à chaque rite de passage ou initiation. Les adeptes de sorcellerie utilisent aussi des noms de sorcière ou de sorcier pour établir une différence entre leur vie magique et leur vie terrestre. C'est un symbole et un outil – pour une bonne part semblable à nos autres outils – qui signale à l'esprit de la sorcière ou du sorcier de se mettre en mode magique. Personnellement, je n'ai jamais pris de nom de sorcière parce que je préfère ne pas faire de distinction entre mon moi de sorcière et mon bon vieux moi ordinaire. La décision vous appartient.

Si vous décidez d'adopter un nom de sorcière, vous devrez également décider à quel moment et comment vous en servir. En toute franchise, vous effraierez probablement votre famille si vous décidez de vous appeler *Petite plume de Mercure* et exigez qu'elle vous appelle ainsi à l'avenir. Vous aurez aussi à trouver votre nom bien sûr ! Vous pouvez faire une sorte de méditation à la recherche d'une vision et voir quels noms vous viennent à l'esprit ou simplement choisir quelque chose qui vous semble approprié. Vous pouvez trouver la valeur numérique du nom qu'on vous a donné et en choisir un nouveau qui possède la même valeur, choisir quelque chose qui décrive votre personnalité magique ou prendre le nom d'un Dieu ou d'une Déesse avec lesquels vous sentez qu'un lien s'est établi.

Un dernier point et je vous promets de revenir à nos moutons. Après que vous vous serez consacré à la sorcellerie, abstenez-vous s'il vous plaît de clamer à tous que vous êtes Grande Prêtresse ou Grand Prêtre. Ce n'est pas le cas. Dans la tradition wiccane, il faut trois initiations pour devenir Grande Prêtresse ou Grand Prêtre, c'est ce qu'on appelle le Troisième degré. La Grande Prêtresse ou le Grand Prêtre représentent la tête dirigeante d'une assemblée, qu'ils soient actifs ou à la retraite, et ils possèdent une longue expérience de la vie (du moins nous l'espérons) pour les aider dans cette énorme responsabilité qui est celle de chef spirituel. Cependant, vous avez *certainement* le droit de vous appeler sorcière ou sorcier et Prêtresse ou Prêtre si vous continuez d'agir de manière à soutenir vos prétentions. Nous en apprendrons davantage sur la profession de Prêtresse et de Prêtre, au chapitre 21.

But visé

Vous engager à suivre la voie de la sorcellerie.

Accessoires

Une chandelle. Elle représente la déité et l'esprit sur votre autel. Vous pouvez choisir la couleur que vous voulez. Je crois que le blanc, l'argenté, le doré, le violet ou le bleu pâle sont de bons choix, bien que le blanc soit supérieur. La lumière blanche renferme, à vrai dire, toutes les couleurs du spectre, par conséquent, il est logique de l'utiliser dans ce cas-ci.

Bâtons d'encens et pastilles de charbon. Ils représentent l'Air sur votre autel et ils servent aussi à consacrer vos outils. Si vous ne pouvez pas brûler d'encens, utilisez votre respiration pour consacrer vous outils. Le mélange pour le rituel suivant serait parfait, mais vous pouvez confectionner le vôtre bien sûr ! L'oliban, la sauge, le sang de dragon, le romarin et la lavande sont indiqués, seuls ou en association.

Une pierre plate et circulaire. Elle symbolisera la Terre sur votre autel et vous la transformerez en pentacle au cours de votre rituel de consécration.

Votre calice ou chaudron. Ils représentent, bien sûr, l'Eau sur votre autel.

Tout autre outil de travail à votre disposition. Vous les bénirez et les consacrerez aussi.

Une amulette ou un autre objet symbolique. Consacrez ces objets et chargez-les d'énergie au cours de votre consécration pour qu'ils vous rappellent gentiment votre foi.

Vos vœux de consécration. C'est assez évident.

Du sel. Pour faire de l'eau bénite.

De l'huile. Pour vous faire une onction sur une partie du corps ou pour enduire vos outils. Le rituel de la page 243 est un bon mélange, mais n'hésitez pas à créer votre propre mélange. Faites-en une bonne once pour pouvoir l'utiliser comme huile d'onction personnelle. Si vous n'avez pas d'huiles essentielles ni d'herbes, l'huile d'olive fera parfaitement l'affaire. Assurez-vous d'écrire la recette si vous préparez votre propre huile. Vous devez être capable de la refaire.

De la musique (facultatif). J'aime que la musique accompagne mes rituels, mais c'est à vous de décider.

Aménagement de l'autel

L'idéal est de pratiquer votre rituel à l'extérieur, à un endroit où vous pouvez apercevoir la lune. Dressez votre autel de façon traditionnelle, les outils dirigés vers les objets qui leur correspondent. Placez l'autel face à l'est d'où vient le bon vieux soleil chaque jour et mettez-y tous les outils que vous possédez.

Avant de prononcer vos vœux, prenez un bain symbolique. Employez n'importe quelle recette purificatrice, celle du rituel ou votre propre recette. Je fais cette remarque dans la partie consacrée à la disposition des objets sur l'autel parce que votre corps en est un bien sûr. Portez une tenue qui soit à la fois jolie et confortable.

Bénédiction

Projetez un cercle. Respirez, méditez et passez en mode magique. Bénissez et chargez d'énergie le sel et l'eau dans votre calice. Si vous invoquez des déités particulières, faites-le maintenant. Expliquez ce que vous faites et pourquoi. Allumez la chandelle de la déité.

Trempez vos doigts dans le calice et dites quelque chose du genre :

« Bénies soient mes mains, qu'elles puissent toujours travailler dans l'amour. »

Prenez de l'eau bénite et mettez-en sur vos paupières en disant :

« Bénis soient mes yeux, qu'ils puissent toujours chercher la Vérité. »

Maintenant, mettez de l'eau sur votre front et dites :

« Béni soit mon esprit, qu'il demeure fort et clair. »

Touchez vos lèvres avec l'Eau et dites :

« Bénies soient mes lèvres, qu'elles prononcent les mots sacrés de la Vérité. »

Touchez votre cœur avec l'Eau et dites :

« Béni soit mon cœur, qu'il donne et reçoive toujours de l'amour. »

Les filles, touchez votre abdomen (juste en dessous du nombril) avec l'Eau et dites :

« Béni soit mon utérus, là où toute vie est nourrie. »

Prenez une plus grande quantité d'eau et touchez l'endroit où la cuisse et la hanche se rencontrent (l'aine) et dites :

« Bénis soient mes reins, berceau de toute vie. »

Oignez vos pieds et dites :

« Bénis soient mes pieds, qu'ils me permettent de parcourir ma voie dans la joie. »

Répétez ce rituel avec chacun des Éléments, en utilisant l'encens, la chandelle et l'huile (vous avez déjà mis du sel dans l'Eau, bien qu'il ne serait pas mauvais d'en répandre quelques grains autour du Cercle).

Prenez les outils, un par un, et bénissez-les avec chacun des Éléments en disant quelque chose du genre : « Je consacre cet outil en prenant [l'Élément] à témoin au nom de [les déités avec lesquelles vous travaillez ou simplement la Déesse et le Dieu, peu importe] et par l'expression de ma volonté. Qu'il soit sans relâche au service du bien le plus élevé et ne se retourne jamais contre moi. ».

Versez un peu d'Eau sur le charbon (si vous en utilisez) et mélangez le tout jusqu'à ce qu'une pâte se forme. Ajoutez-y quelques gouttes d'huile. Trempez vos doigts dedans et dessinez un pentacle sur la pierre. C'est le pentacle que vous utiliserez dorénavant dans vos rituels. Tournez-le vers chacun des points cardinaux.

Lorsque vous aurez consacré tous vos outils, refaites le tour du Cercle. À chacun des points cardinaux, dites quelque chose du genre : « Par la présente, je me consacre à la voie de la sorcellerie [ou à la voie wiccane, ou à la voie païenne, etc.] et je fais le vœu de suivre dorénavant la Vérité et l'Amour… [lisez vos vœux de consécration maintenant]. Je, [votre nom – si vous utilisez un nom de sorcière (ou de sorcier), dites-le maintenant], me présente à vous en tant que sorcière (ou sorcier) et prêtresse (ou prêtre). ».

Prenez votre charme et levez-le au-dessus de votre tête. Dites quelque chose comme : Oh ! Déesse, oh ! Dieu, Oh ! Éléments, bénissez je vous prie cette amulette, qu'elle me rappelle toujours les vœux que j'ai prononcés ce soir et votre Divine Bénédiction. ».

Soulevez l'énergie de la façon qui vous plaira et envoyez-la dans l'amulette. Détendez-vous, faites le lien avec la terre et méditez un moment. Lorsque vous fermerez le Cercle, dites à chacun des Éléments et chacune des déités quelque chose du genre : « Merci de votre bénédiction de ce soir et de tous les soirs ; ce Cercle est ouvert, mais jamais brisé. ».

ENCENS POUR LES RITUELS

Oliban
Romarin
Lavande
Sauge
Sang de dragon
Pétales de rose séchés
Vanille, grattée à partir de la gousse

Vous pouvez faire un mélange universel pour rituel en vous servant de l'une quelconque des herbes ci-dessus ou de toutes. Broyez le tout.

Huile pour les rituels

Sang de dragon broyé
1 once d'huile végétale ou de jojoba
Huile d'oliban
Huile de lavande
Gousse de vanille

Chauffez le sang de dragon dans le récipient du haut de votre bain-marie. Ajoutez l'huile de jojoba, puis les huiles essentielles (en quantités égales). Coupez la gousse de vanille en deux au centre et ajoutez-la.

BAIN SYMBOLIQUE

1 tasse de sel d'Epsom ou de sel de mer
1 tasse de pétales de rose, frais ou séchés
5 gouttes d'huile d'oliban
5 gouttes d'huile de lavande

Mélangez les ingrédients ensemble. Remuez avant chaque usage. Vous en aurez assez pour 8 bains.

CHAPITRE QUINZE

FÊTES ET CÉLÉBRATIONS

L es fêtes wiccanes sont appelées Sabbats et elles sont au nombre de huit : quatre Grandes fêtes et quatre fêtes de moindre importance. Les quatre Grandes Fêtes sont Samhain, Beltane, Imbolc et Lughnasadh. Elles sont issues de la tradition païenne celtique et portent le nom de fêtes du feu parce que le feu était – et est toujours – une représentation de la présence divine, de la puissance et de la magie chez les païens. Les fêtes de moindre importance sont les équinoxes et les solstices et la date de ces événements change chaque année selon les calculs astronomiques. Vous pouvez facilement en connaître la date en consultant un almanach, une éphéméride ou votre site Web païen favori. Les Sabbats sont fondés sur des événements liés à l'agriculture et aux cycles du Soleil ; le changement des saisons et le rythme de la terre forment la Roue de l'année chez les sorcières.

La Roue de l'année résume parfaitement la spiritualité païenne, à savoir que la Vie et la Mort constituent un grand cycle sans fin. Lorsque vous célébrerez les Sabbats, vous découvrirez que votre lien aux cycles de la vie devient incroyablement fort. Vivre en lien étroit avec la Terre et la Nature peut être une puissante source d'inspiration et est essentiel à votre pratique de la magie blanche.

Les Sabbats se célèbrent de différentes façons, il est souvent possible d'incorporer les idées et le symbolisme wiccans aux fêtes que vous célébrez en famille. D'ailleurs, c'est exactement ce que les Chrétiens ont fait. Avez-vous jamais remarqué les étranges petits

symboles qui accompagnent certaines fêtes chrétiennes ? Quel rapport y a-t-il entre la résurrection du Christ et les œufs de Pâques ou les lapins en chocolat ? Aucun. Ils ont cependant beaucoup à voir avec la fête païenne connue sous le nom d'Ostara, qui avait l'habitude d'être célébrée à peu près à la même période que la Pâque.

Remarquez comme les noms sont semblables. Est-ce une étonnante coïncidence ? Je ne crois pas. Lorsque l'Église médiévale a converti l'Europe au christianisme, elle s'est aperçue que les populations rurales (païennes et barbares) célébraient toujours leurs anciennes fêtes. Pas de problèmes se sont dit les Chrétiens, nous harmoniserons simplement nos fêtes avec les leurs, utiliserons certains symboles communs et donnerons un nom à l'événement. Au premier chapitre, j'ai expliqué, si vous vous en souvenez, comment, lorsqu'une culture en domine une autre, la nouvelle culture mêle ses dieux aux anciens. C'est ce qui s'est produit. Examinons la fête de Yule. Les païens décoraient les arbres à feuillage persistant, donnaient des cadeaux et allumaient des feux pour inciter le soleil à revenir – ce que font les Chrétiens aujourd'hui à Noël, à cette exception près qu'un

Vous savez ce qui est bizarre ? Je pensais à deux fêtes juives, la célébration de Tu B'Shevat et de Soukkoth, soit l'arrivée du printemps et la Fête des Récoltes. Pendant Tu B'Shevat, nous louons la nature et l'ensemble des fruits et plantes et cela est relié d'une quelconque façon à nos valeurs morales. Pendant Soukkoth, on nous a enseigné qu'il fallait dormir à l'extérieur sous une tente à ciel ouvert faite uniquement de branches, de façon que la lumière des étoiles puisse passer à travers pendant que nous dormons. Il s'agit de la présence divine dans la nature. Ce n'est guère si différent du paganisme. N'est-ce pas fascinant ! Je peux facilement me représenter des Païens et des Juifs dormir sous la tente, allumer des chandelles et méditer. Ça arrivera peut-être un jour.

– MARJORIE, 13 ANS

païen n'aurait sans doute pas abattu, puis « kidnappé » un arbre pour l'amener dans son salon.

Certaines fêtes païennes sont propres à notre tradition et n'ont pas d'équivalent direct dans la foi judéo-chrétienne ou musulmane. Ceux qui pratiquent en solitaire peuvent se sentir isolés au cours de ces périodes, mais soyez assuré(e) que d'autres païens, quelque part, célèbrent eux aussi. Le simple fait de prendre acte de ces journées naturelles de pouvoir vous lie à la nature et, par conséquent, à votre propre énergie de sorcière ou de sorcier. Accordez-leur de l'importance et consacrez un moment à une activité spéciale. Si votre famille insiste pour que vous alliez quand même à l'église ou à la synagogue, ne vous sentez pas moins païen ou païenne pour autant.

Allez au service, rappelez-vous que les représentations de la divinité sont multiples. Considérez le service comme un exercice de religions comparées.

Il y a deux raisons simples qui justifient la préparation d'aliments de saison pour célébrer le Sabbat. Tout d'abord, la préparation d'aliments symboliques les jours de fête crée un lien avec les amis et la famille. Ensuite, la consommation d'aliments de saison crée un lien avec l'énergie terrestre et l'acceptation concomitante de son abondance. Surprenez votre famille avec un délicieux gâteau et souhaitez-lui un joyeux équinoxe de printemps. Les membres de votre famille ne sauront peut-être pas de quoi vous parlez, mais ils apprécieront le gâteau ! Si vos croyances sont suffisamment affermies, vous pouvez célébrer n'importe quelle coutume religieuse qu'observe votre famille à ses côtés, en ajoutant votre propre façon de faire à leurs traditions. Ce n'est qu'une occasion de plus de faire la fête. Si vous avez des amis que la chose intéresse aussi, vous aurez beaucoup de plaisir à organiser les fêtes.

SAMHAIN : 31 OCTOBRE ET 1ER NOVEMBRE (PRONONCÉ « SO-EN »)

Les sorciers et sorcières considèrent Samhain, mieux connue sous le nom de Halloween, comme leur principal sabbat. En dépit de ce que pourrait laisser croire la couverture du présent livre, nous ne volons pas sur des manches à balai, bien qu'un rituel comportant l'utilisation d'un manche à balai ait déjà fait partie d'une coutume folklorique européenne, pendant Beltane cependant. Laissez aux médias de grande diffusion le soin de rétablir la vérité ! Toujours est-il qu'on associe souvent Samhain à la nouvelle année chez les sorcières et sorciers parce que la fête constitue la fin officielle de la moitié claire de l'année (et le début de la moitié sombre) lorsque nous récoltons les derniers produits de la terre et nous préparons pour l'hiver. Puisque Samhain marque la fin de la saison fertile, la fête représente aussi le début de l'année qui vient.

Certains Wiccans se servent d'une métaphore pour souligner cette période de l'année : ainsi, nous assistons à la victoire du Roi-Houx (Seigneur des ténèbres et de l'hiver) sur le Roi chêne (jeune et viril Seigneur de l'été). Le Roi chêne perd la bataille et quitte temporairement le monde tandis que le Roi-Houx règne le temps que le Roi chêne renaisse à l'arrivée de Yule.

Pendant que les autres se baladent en costume de superhéros, en se fichant mutuellement la frousse et en quémandant des bonbons auprès de leurs voisins, les sorcières cuisinent généralement de délicieux repas en l'honneur de la générosité de la terre et se préparent à la nuit la plus magique de l'année. (Oui, je sais, nous nous promenons nous aussi en costumes. Au fond, nous aimons bien nous amuser et Samhain est la journée de l'année où nous pouvons étaler au grand jour nos talents de sorcières et de sorciers et nous sentir tout à fait dans le coup.) La fête de Samhain est traditionnellement associée au mystère, à la magie et aux êtres de l'autre Monde. Le voile qui sépare les deux mondes est mince cette nuit là. Les Mexicains célèbrent le Jour des Morts le 31 octobre et la tradition sur laquelle repose leur fête est étroitement liée à la vision du monde wiccan. Au Mexique, des festins spéciaux sont organisés en l'honneur d'amis ou de membres de la famille décédés en sorte qu'ils puissent visiter leurs hôtes, reprendre des forces et se rappeler au souvenir des vivants. Nourriture et cadeaux sont déposés sur la tombe des ancêtres et offerts dans les maisons de leur famille. C'est une belle fête très joyeuse qui célèbre la mort en tant qu'étape naturelle de la vie. Comme de nombreux Wiccans croient à la réincarnation, le concept wiccan embrasse l'idée selon laquelle la mort n'est qu'une partie du cycle de la vie et non une chose à craindre. C'est un autre rite de passage.

Le mythe et la métaphore wiccans contiennent l'idée selon laquelle la Déesse, qui règne sur la moitié claire de l'année, quitte le Monde pour être remplacée par le Dieu, qui règne sur la moitié sombre. Le mythe de Déméter et Perséphone (ou les descendants d'Inanna – même symbolisme, culture différente – voir le chapitre 2) est souvent repris dans les rituels de la fête de Samhain. C'est une période idéale pour la divination, le travail de l'esprit, l'élimination de certaines choses de sa vie et la préparation du terrain pour les efforts à venir. C'est aussi une excellente période pour jouer dans l'ombre, faire face à vos peurs et jacasser allègrement.

Fusion de la foi

Ce Sabbat est l'un des plus faciles à incorporer aux coutumes américaines. Ainsi que je l'ai dit, vous pouvez faire étalage de vos talents de sorcière ou de sorcier à votre guise ce soir là et personne ne vous regardera de travers. Organisez une soirée avec obligation de se déguiser ! Utilisez pour ce faire un décor traditionnel américain, avec par exemple, des citrouilles illuminées, des toiles d'araignées et des araignées – tous ces trucs amusants. Ça ne peut mieux convenir pour la fête de Samhain. Déguisez-vous bien sûr en sorcière (ou sorcier). Tirez les tarots, allez à la chasse aux fantômes, louez le *Dracula* réalisé par Francis Ford Coppola et jouez au vampire.

Rituel

- Dressez un autel en l'honneur de vos ancêtres. Laissez-leur de l'eau et de la nourriture fraîches en offrande, et, si vous avez la permission de le faire, allumez une chandelle en leur honneur.
- Faites une divination pour l'année suivante. Tirez une carte, une rune ou construisez un hexagramme, peu importe, pour chacun des mois de l'année, et assurez-vous de mettre le tout par écrit. Conservez-le et consultez-le au cours des mois suivants.
- Regardez dans votre boule de cristal pour communiquer avec le monde des esprits.

YULE : DU 20 AU 23 DÉCEMBRE (AUSSI CONNUE SOUS LE NOM DE SOLSTICE D'HIVER)

Pendant la période de Noël et de Hanoukka, les sorcières ont leur propre fête où il est question de faire bonne chère et d'éclairer l'obscurité. L'arbre de Noël a ses racines (pardonnez le jeu de mots) dans la tradition païenne, ainsi que je l'ai mentionné plus tôt. Les arbres à feuillage persistant étaient décorés parce qu'ils se maintenaient en vie dans le froid de l'hiver et symbolisaient « la lumière au bout du tunnel » ; les coutumes rattachées à Yule, comme de faire brûler une bûche de Noël ou faire un feu de joie, honorent le Dieu ou la Déesse du Soleil. On célèbre Yule à l'arrivée du solstice d'hiver, le jour le plus court de l'année. Durant cette période d'obscurité maximale, des feux sont allumés pour donner de la force au soleil et l'on demande aux déités du soleil et du feu de ramener la lumière sur la terre.

Dans la mythologie wiccane, le Soleil renaît cette journée là ; puisque le solstice d'hiver est la nuit la plus longue de l'année, c'est aussi le moment où la puissance du Soleil commence à augmenter.

Fusion de la foi

Donnez des cadeaux faits à la main pour Hanoukka ou Noël. Du pain, des gâteaux ou des biscuits qui sortent du four ou des chocolats maison sont tous des produits faciles à préparer et donner de la nourriture en cadeau est un présent très traditionnel pour Yule. Vous pourriez faire des sels de bain, leur ajouter quelques gouttes de colorant alimentaire et les mettre dans un joli pot, ou vous pourriez fabriquer des huiles pour le corps et en donner à tout le monde. Faites ou achetez des chandelles parfumées, trouvez un joli papier d'emballage et écrivez une belle prière. Enveloppez la chandelle avec le papier d'emballage et attachez-le avec un ruban de soie. Quel que soit ce que vous faites, appréciez le fait de pouvoir donner du fond du cœur.

Si, à Noël, vos parents achètent un véritable arbre à feuillage persistant pour la maison, demandez-leur d'en prendre un avec ses racines pour que vous puissiez le replanter une fois ses devoirs de Noël faits. Cela demande une certaine planification. Tout d'abord, et à condition que l'endroit où vous habitiez vous le permette, vous devrez creuser un trou pour votre arbre au mois d'octobre, avant que le sol ne gèle. Prenez grand soin de votre arbre de Noël pendant qu'il est dans la maison. Arrosez-le régulièrement. Noël passé, mettez-le dans le garage ou sur la véranda quelques jours afin qu'il s'habitue au froid. Puis, plantez-le dans le trou que vous avez creusé, couvrez-le de foin ou de sphaigne pour le garder au chaud, et puis voilà ! Vous avez sauvé un arbre, respecté votre idéal wiccan et néanmoins célébré avec votre famille.

Rituel

- Faites un pot-pourri comprenant des aiguilles de pin, des pelures d'orange, une gousse de vanille, des bâtons de cannelle et des clous de girofle. Mettez le tout dans un pot avec un peu d'eau, puis laissez mijoter à feu doux et faites le plein de joie dans la maison pour Yule.
- Décorez un arbre à feuillage persistant à l'extérieur avec des canneberges, des tranches d'orange et du pain rassis auxquels vous donnez différentes formes à l'aide d'un emporte-pièce. Mettez du beurre d'arachides sur les décorations faites de pain, puis couvrez-les de graines pour les oiseaux. Attachez les décorations ensemble et suspendez-les à l'arbre. Les oiseaux vont vraiment apprécier le cadeau et vous allez sauver un pauvre arbre de la mort. (C'est une idée qui me vient, tenez-vous bien, de l'émission télévisée de Martha Stewart)
- Pratiquez un rituel pour faire bon accueil au retour dans votre vie du Dieu ou de la Déesse du Soleil. Fabriquez un talisman solaire et chargez-le d'énergie à midi le jour de la fête de Yule. Suspendez le talisman au-dessus de la fenêtre de votre chambre à coucher pour accueillir le Soleil et encourager son retour.

IMBOLC : 2 FÉVRIER (PRONONCÉ I-MELC, AUSSI CONNUE SOUS LES NOMS DE OIMELC, CHANDELEUR, JOUR DE BRIGID)

Imbolc est la fête de la Lumière chez les sorcières. Elle marque le début du printemps dans notre Roue de l'année. Bien qu'on soit encore à quelques mois du véritable printemps, Imbolc représente le début de la fin de l'hiver, si vous voyez ce que je veux dire. Brigid est la Déesse traditionnellement associée à Imbolc, la Déesse de la guérison, de l'inspiration et du feu. Certains Wiccans soulignent ce Sabbat en allumant simplement une chandelle dans chacune des fenêtres de la maison pour honorer Brigid et faciliter la croissance de la lumière du Soleil.

On dit alors du Dieu qu'il est un jeune enfant et que la Déesse se rétablit de l'accouchement. Le Soleil gagne en force et la nature se réveille. Plantez les graines psychiques du succès de vos entreprises futures.

Rituel

- Si vous pouvez allumer des chandelles, mettez un cierge blanc dans votre fenêtre ou sur votre autel. Méditez et pratiquez la divination en fixant la flamme. Écrivez un poème ou peignez un tableau en l'honneur de l'inspiration de Brigid.
- Nettoyez à fond votre chambre et vos outils de rituel et purifiez-les en l'honneur de la nouvelle saison. Faites le ménage dans votre tête en vous adonnant à une journée de méditation profonde : faites une infusion de gingembre et buvez-en tout au long de la journée pour éveiller votre esprit printanier. Purifiez vos chakras.
- Faites une incantation générale favorisant la guérison en mettant votre énergie à la disposition de quiconque en a besoin.

OSTARA : DU 20 AU 23 MARS (AUSSI CONNU SOUS LE NOM D'ÉQUINOXE DE PRINTEMPS OU VERNAL)

Dans la roue de l'année païenne, c'est officiellement le premier jour du printemps, la période où commence pour les animaux la saison des amours – surtout les moutons, lesquels étaient très importants chez les anciens Celtes. La Déesse traditionnelle pour ce Sabbat est Eostre (le mot anglais « Easter », qui signifie Pâques, vient du nom de cette Déesse…plutôt amusant !) Eostre est la Déesse anglaise de l'aurore, de la renaissance, de la fertilité et des nouveaux commencements – de tout ce qui est bénéfique dans le printemps. Cette fête tombe à peu près en même temps que Pâques, vous vous souvenez ? De nombreux peuples mangent encore de l'agneau à Pâques et le calcul de la date de Pâques est basé sur la première pleine lune suivant l'équinoxe de printemps… hum, je me demande bien pourquoi ?

Les rituels wiccans peuvent comprendre la bénédiction des graines à semer plus tard. L'équinoxe de printemps symbolise le moment où le jour et la nuit sont en parfait équilibre. La Déesse et le Dieu s'accordent parfaitement et tombent amoureux l'un de l'autre, assurant ainsi la régénération du monde durant la période printanière.

Fusion de la foi

Il est très facile d'incorporer Ostara aux célébrations pascales. Colorez des œufs – je sais, vous êtes trop vieux (ou trop vieille) pour ça, j'ai raison ? Et alors, je continue d'en colorer. C'est amusant ! Déposez les œufs sur votre table de cuisine et entourez-les de fleurs fraîches pour favoriser la fertilité dans votre demeure. Les lapins en chocolat sont délicieux et conviennent certainement à Ostara. Faites provision de délicieux petits lapins et donnez-en un à tous ceux qui en veulent avec une petite carte peinte à la main aux couleurs du printemps et un poème consacré aux joies de la renaissance. Les œufs et les lapins sont des symboles parfaitement païens qui ont été empruntés. Le partage ne nous dérange pas, mais il faudrait au moins que l'on reconnaisse qu'il s'agissait de nos symboles.

Rituel

- Déterminez l'heure exacte de l'équinoxe de printemps en consultant un almanach ou une éphéméride. Préparez votre journée entière en fonction de ce moment ; pour sentir le stupéfiant effet de l'équilibre parfait, assurez-vous d'être seule dans un endroit paisible au moment où il se produira.
  Imprégnez-vous de cette force pour vivre en équilibre avec le Tout et connaître la joie cosmique.
- Levez-vous avant l'aube le jour de la fête d'Ostara et sortez dehors pour regarder le Soleil se lever. Comme il apparaîtra au-dessus de la ligne d'horizon, contemplez chacune des couleurs

de l'aube. Imprégnez-vous de ces couleurs. Observez comment chaque arbre tend ses branches vers le soleil. C'est une expérience qui vous secouera.

- Méditez sur le symbole du Yin et du Yang. Essayez de mettre un œuf en équilibre sur une de ses extrémités au moment exact où l'Équinoxe se réalise. Il se tiendra debout tout seul ! Invitez vos parents à votre numéro de l'œuf en équilibre pour qu'ils puissent voir en quoi consiste la sorcellerie.

BELTANE : DU 30 AVRIL AU 1ER MAI (CETTE FÊTE EST AUSSI CONNUE SOUS LES NOMS DE FÊTE DU PREMIER MAI, JOUR DE LA SAINTE CROIX ET NUIT DE WALPURGIS)

Beltane est le Sabbat des sorcières le plus célèbre après Samhain. C'est la fête de la fertilité sous le signe de la joie. Cette fête célèbre la virilité et la régénération explosive de la Nature. Les *Handfastings* (mariages entre païens, aussi appelés « Union des Mains ») sont souvent célébrés à Beltane et l'infâme manche à balai faisait jadis partie des coutumes du vieux pays. Les balais sont des symboles phalliques (une affaire de rien, tout bien réfléchi) et se balader sur un manche à balai à connotation phallique pour « fertiliser » les entrailles de la terre était une façon d'ensorceler les gens. À la campagne, les gens sautillaient sur leur balai et exécutaient de hauts bonds pour encourager les produits de la terre à pousser bien haut.

La danse du mât enrubanné fait souvent partie de la fête de Beltane. Il s'agit d'un poteau qu'on plante en terre, au sommet duquel sont attachés des bouts de rubans de différentes couleurs. Des personnes forment un cercle et dansent autour du poteau dans le sens des aiguilles d'une montre, chacune tenant un bout de ruban de couleur, tandis qu'un autre cercle extérieur au premier se forme à son tour et que ses participants dansent dans le sens contraire en tenant, eux aussi, un bout de ruban. Les danseurs de chacun des groupes vont et viennent en créant un effet d'ondulation avec les rubans tout en tournant autour du poteau. Cette cérémonie est organisée pour charger l'année qui vient de bénédictions et de bonheur, et pour unir le Dieu (le poteau) et la

Déesse (le sol) par les liens du mariage.

Rituel

- Trouvez un ruisseau ou une chute d'eau près de l'endroit où vous habitez. Prenez-y un peu d'eau dans une bouteille ou un pot. Cette journée est idéale pour faire des toniques et c'est un merveilleux rituel pour Beltane. Si la qualité de l'eau vous inquiète, n'en faites qu'un usage symbolique. Portez-la autour du coup, dans une petite fiole, ou gardez-la dans vos poches pour vous pénétrer de la joyeuse énergie de Beltane.
- Bénissez les graines de fleurs des champs et semez-en à la volée à l'extérieur, éparpillez-en sur toute la surface du sol. À chaque poignée que vous prenez, faites un vœu à haute voix. Ou faites un jardin de fleurs avec vos parents.
- Invitez des amis chez-vous – faisant en sorte qu'il y ait autant de gars que de filles. Demandez aux invités d'avoir une tenue habillée. Servez un goûter romantique comme des fraises trempées dans le chocolat. Vous aiderez peut-être certains couples à se former.

FÊTE DE LA SAINT-JEAN : DU 20 AU 23 JUIN (AUSSI CONNUE SOUS LE NOM DE SOLSTICE D'ÉTÉ)

Le Soleil est au zénith cette journée-là, alors rappelez-vous de passer un peu de temps avec les déités du Soleil et du Feu. Tout est en pleine floraison et les fruits estivaux sont mûrs et succulents. En fait, au moment du solstice d'été, la fertilité est à son apogée absolue. Tout est plein de vie. C'est une excellente période pour travailler n'importe quel type de magie, mais *surtout* pour jouer avec les fées et les esprits de la nature, de même que pour faire des incantations favorisant l'amour.

La Déesse et le Dieu sont radieux et puissants cette journée-là. Ils ont plein d'énergie à vous transmettre pour la pratique de la magie blanche. Jouez et soyez espiègle ! C'est une des fêtes les moins importantes, mais j'adore le solstice d'été.

Essayez de faire le gâteau du solstice d'été suivant pour votre famille :

Mettez deux tasses de fraises tranchées dans un bol avec 2 cuillères à table de sucre. Mettez-les au frais dans le réfrigérateur pendant que vous préparez un gâteau à la vanille à deux étages (d'un mélange à gâteau) que vous mettrez ensuite au four. Laissez refroidir les deux étages de gâteau et recouvrez-les d'une fine couche de glaçage à la vanille (achetée à l'épicerie). Mettez les deux étages de gâteau au réfrigérateur jusqu'à ce que le glaçage prenne, environ 20 minutes. Déposez les fraises au centre d'un des gâteaux, râpez du chocolat par-dessus (facultatif) et mettez le deuxième étage sur le premier. Ensuite, finissez de glacer généreusement les deux étages du gâteau. Ajoutez quelques fraises entières sur le dessus et vous avez là un délicieux présent pour le solstice d'été que toute votre famille appréciera.

Rituel

- Faites un rituel extatique tôt le matin et passez au mode magique. Mettez-vous dans un état de fascination tout à fait enchanteur et passez la journée entière à vous promener entre les deux mondes. Encouragez la folie pour le féerique dans le reste du monde. Laissez des messages secrets dans des endroits choisis au hasard, comme des bouts de poèmes ou des symboles mystiques à l'encre dorée ou argentée sur des petites pierres. Éparpillez-en partout où vous allez. Allez dans des endroits publics comme les parcs. Apportez des paillettes d'or et jetez-en çà et là à intervalles, juste pour le plaisir. On vous regardera étrangement, mais vous êtes sans doute habitué(e) à cela maintenant.

- Plus que toute autre nuit de l'année, celle-là est idéale pour attirer l'être aimé. Sortez tout votre savoir magique et foncez ! Mettez-vous dans un état de frénésie extatique pour appeler à vous l'être aimé. Plus vous serez exalté(e), plus vite se manifestera l'être aimé. Faites attention au souhait que vous formulez parce qu'il se pourrait bien qu'il se réalise.

- Organisez une petite fête. Tout le monde adore les fêtes improvisées... faites-en un bal costumé avec pour thème le monde fantastique des fées (les garçons peuvent venir en elfes ou en magiciens). Assurez-vous qu'il y ait plein de paillettes d'or à éparpiller et produisez-vous, telle une troupe, dans le supermarché local, le parc, à la bibliothèque, un peu partout.

LUGHNASADH : 1ER AOÛT (PRONONCÉ : LOU-NA-SAH ; AUSSI CONNUE SOUS LES NOMS DE LUNASA, LAMMAS ET FÊTE DES PREMIÈRES RÉCOLTES)

Lughnasadh est le début de la fin de l'été. C'est le premier festival des récoltes et les jours raccourcissent déjà. Lugh est un Dieu solaire dans le panthéon celtique (et ce Sabbat lui doit son nom, mais vous pouvez travailler avec n'importe quel Dieu solaire – ou Déesse – avec lequel ou laquelle vous sentez qu'un lien s'est établi. Ai-je dit : « Déesse du soleil ? Hé oui ! » En fait, Patricia Monaghan, auteure de *The book of Goddesses and Heroines*, nous rappelle qu'il y a eu de nombreuses Déesses du Soleil dans d'autres cultures).

On célèbre traditionnellement ce Sabbat par la cuisson de pain, comme c'est généralement à cette période de l'année qu'on récolte le blé. La Déesse en a préparé en abondance et le Dieu (le blé) est sacrifié pour assurer la croissance des humains.

Rituel

- C'est la saison des pommes et elles conviennent tout à fait aux rituels de la fête de Lughnasadh. Si vous avez la chance d'avoir un verger près de chez vous, cueillez des pommes et préparez un plat délicieux à savourer au cours d'un rituel culinaire propre aux sorcières. Enlevez les pépins et mettez-les de côté. Fabriquez-vous une petite poche et mettez-les dedans avec de la cannelle, du clou et de la muscade – pour vous rappeler l'abondance divine. Portez-la lorsque vous vous sentez seul(e) ou épuisé(e) pour avoir accès au flux d'énergie disponible qui ne demande qu'à être utilisé.
- C'est une excellente période pour trouver votre baguette magique. Le bois de pommier serait idéal, mais n'importe quel bois fera l'affaire. Allez faire une longue marche à l'extérieur et savourez les parfums et paysages propres à la période des récoltes. Trouvez-vous un bel arbre et parlez-lui. Je ne plaisante pas. Par télépathie ou autrement, efforcez-vous vraiment d'avoir

une petite conversation avec lui. Demandez-lui si vous pouvez lui prendre une petite branche et regardez autour du pied si des brindilles n'en sont pas tombées. Remerciez-le pour la baguette et pour cette abondance.

- Les anciens Celtes Irlandais avaient l'habitude de tenir les jeux « Tailltean » en l'honneur de Tailte, la mère nourricière de Lugh. Organisez une fête comportant des épreuves, comme un concours de poésie ou une course.

MABON : DU 20 AU 23 SEPTEMBRE (AUSSI CONNUE SOUS LE NOM D'ÉQUINOXE D'AUTOMNE OU AUTOMNAL)

C'est la seconde fête des récoltes, une Action de grâce païenne. Le Dieu ou la Déesse de la chasse et de l'abondance (comme la Déesse Ashanti ou Akuba) sont invités dans le Cercle des sorcières et remerciés pour leurs grâces.

Le Soleil perd rapidement de sa force et le Dieu continue de donner sa vie pour que nous puissions manger ; la mort du Dieu attriste la Déesse, malgré le fait qu'il renaîtra une fois l'hiver terminé. L'Équinoxe d'automne équilibre aussi le jour et la nuit, mais cette fois c'est l'obscurité qui régnera. C'est une période d'introspection où il faut rassembler son énergie et la conserver pour l'hiver qui vient. Ralentissez et préparez-vous à hiberner. Cueillez et faites sécher dès maintenant les herbes magiques que vous utiliserez plus tard.

Rituel

- Trouvez une feuille morte à l'extérieur. Remerciez l'arbre duquel elle est tombée. Écrivez-y le nom d'une chose que vous êtes reconnaissant(e) d'avoir obtenu et voudriez garder l'année prochaine. Déposez la feuille sur l'eau d'une rivière, d'un lac ou d'un ruisseau, ou laissez-la dehors pour que le vent l'emporte.
- Trouvez une grosse pierre à l'extérieur. Construisez un autel composé de noix, de baies et de feuilles en guise d'offrandes pour toutes les bonnes choses que vous avez eues dans la vie. Sortez une fois de plus le symbole du Yin et du Yang, mais lorsque vous méditerez sur l'équilibre, concentrez-vous cette

fois sur les aspects intérieurs que vous voulez renforcer chez vous. Laissez un petit cristal ou un autre gage en signe de bonne volonté pour redonner à l'Univers.

Allez à l'épicerie avec vos parents et achetez une poitrine de dinde avec l'os. Enduisez-la de deux cuillères à table de beurre. Mettez-la dans une rôtissoire, couvrez-la lâchement de papier d'aluminium et cuisez l'un des plus délicieux repas que vous ayez mangé : un festin d'Action de grâce païen. Cuisez aussi une courge, des patates douces, des canneberges, des pommes et d'autres aliments de saison. Dressez joliment la table familiale en y déposant de grands plats de noix et de fruits automnaux frais, des fleurs fraîches et célébrez la générosité de la Nature avec votre famille.

LA VIE DES WICCANS

PARTIE V

CHAPITRE SEIZE
RÉVÉLATION DE SON APPARTENANCE À LA WICCA

Voulez-vous courir dans les corridors de l'école en criant : « Je suis une sorcière/un sorcier ? ». Ou préférez-vous lire votre tarot dans l'obscurité, sous les couvertures, la porte fermée à double tour et les rideaux tirés ? Vous vous situez probablement entre ces deux extrêmes : vous avez envie de clamer votre fierté païenne devant vos amis et votre famille, mais vous ne voulez pas que tous et chacun à l'école vous embêtent avec des questions vaseuses (« Es-tu venue à l'école sur ton balai aujourd'hui ? »)

C'est à vous de décider jusqu'à quel point vous voulez faire connaître votre appartenance à la Wicca, mais avant de prendre votre décision, prenez compte des éléments suivants. D'abord, sachez que de ne pas « sortir du placard » ne fait pas de vous une moins bonne sorcière (ou un moins bon sorcier). En fait, la pratique de la magie en secret cache un pouvoir particulier et de nombreuses sorcières ou sorciers choisissent de pratiquer à l'ombre des regards parce qu'ils se rendent compte que c'est un moyen extrêmement efficace de concentrer leur énergie.

Beaucoup de sorciers (sorcières) ne montrent pas leur pentacle par crainte de persécution ; si les États-Unis sont un pays de liberté, le christianisme y prédomine – du moins aux yeux de la majorité dominante. Je ne m'en prends pas au christianisme, mais un verset de la Bible (Exode 22 : 18) affirme : « Tu ne laisseras pas en vie la magicienne ». Certains prétendent que, dans ce cas, le substantif « magicienne » aurait dû être traduit par « empoisonneuse », mais l'idée

> « Je n'ai aucun regret. Je suis fière de ma religion. Je refuse de céder à l'ignorance et à l'oppression des croyances des autres. Ce n'est pas facile, mais pourquoi ce devrait l'être ? – la vie est ainsi ! »
>
> — ATHENA, 17 ANS

de tuer quelqu'un a quand même fait une forte impression sur notre culture. Nombreuses sont les personnes élevées selon les préceptes de la religion chrétienne qui éprouvent une peur intense de la sorcellerie et de l'immortalité de l'âme des sorcières. Si vous vous retrouvez au beau milieu d'une réunion de jeunes chrétiens et que vous sentez le besoin de vous exprimer, il vaudrait peut-être mieux utiliser une autre expression que « sorcière » ou « sorcier » pour décrire vos croyances, « adoratrice de la Nature » par exemple.

Même alors, vous pouvez vous attendre à de l'opposition de la part de personnes qui voudront vous sauver du feu de l'enfer et de la damnation. Prenez une bonne respiration, faites un signe de tête aux bons endroits et continuez d'être vous-même – en silence. Vous ne serez probablement pas bien accueilli(e) si vous vous levez pendant la messe de minuit la veille de Noël et déclarez que la fête de Yule a été volée aux païens et que vous voulez la reprendre. Si quelqu'un s'approche de vous avec une pile de brindilles et un briquet, prenez vos jambes à votre cou ! Courez vite et loin !

Je plaisantais bien sûr, mais il y a un fond de vérité quand même. Si les sorcières ne sont plus brûlées sur le bûcher (ou mutilées, torturées, noyées et ainsi de suite), la peur de la persécution est, à juste titre, encore bien présente. Notre glorieuse république a donné à chacun le droit inaliénable de pratiquer sa religion, mais d'autres formes de persécutions plus insidieuses se sont installées. Demandez aux homosexuels, aux Juifs, aux Afro-Américains, aux Latino-Américains ou aux femmes (vous en apprendrez davantage sur la protection et la défense de vos droits au chapitre 21). Cela peut aller de la condescendance (« Elle est mignonne avec sa mentalité tribale, mi-hippie, amoureuse des arbres, mi-féministe égarée ») à la peur pure et simple en passant par l'isolement (Ne la mets pas en colère, elle va te jeter un sort !).

Rendez-vous service : modérez vos élans lorsque vous affrontez l'ignorance. Vous n'avez pas grand chose à gagner à monter sur un pupitre dans votre cours de français pour dénoncer sur un ton sinistre et avec une performance théâtrale digne d'une artiste, le régime patriarcal impérialiste. Sans compter que personne ou presque ne comprendra !

Si vous avez l'impression que votre milieu se montrera franchement hostile à vos croyances, alors il est préférable de garder le silence sur vos pratiques païennes. Si vous ne vous intéressez à la Wicca que pour faire occasionnellement des incantations, il n'est pas très logique que vous portiez un grand pentacle brillant à l'école. Si vous le faites, vous serez sûrement la mire des regards, mais vous trouverez peut-être moins intéressant d'avoir à faire face aux préjugés implicites – et plus insidieux – qui entourent ce symbole.

Le débat est vaste sur le plan philosophique et je vous encourage à demander aux gens, chaque fois que c'est possible, de se prononcer sur le sujet. Partager des idées et des opinions est une façon de se rapprocher des gens. La ligne de démarcation est cependant très mince entre le discours et l'argumentation. Lorsque vous discutez de questions qui prêtent à controverse comme la religion et la politique, le mieux est de savoir dès le début de la discussion que votre interlocuteur ne sera probablement pas d'accord avec vous sur l'ensemble des points. Conservez un ton agréable et mettez fin à l'échange si vous sentez qu'il devient trop tendu.

GESTES ANONYMES DE CONTESTATION PAÏENNE POUR LES SORCIÈRES QUI NE S'AFFICHENT PAS COMME TELLES

- Le jour de l'Ostara, écrivez « Joyeux équinoxe de printemps » sur un bout de papier et punaisez-le sur le panneau d'affichage de votre marché d'alimentation local. (Vous pouvez le faire pour n'importe quelle fête !)
- Écrivez « Soyez béni ! » à la craie sur un trottoir.
- Peignez une croix égyptienne, un croissant de lune ou des signes du zodiaque sur une grosse pierre et déposez-la quelque part dans un endroit public.
- Achetez une petite poupée représentant une fée, attachez-la avec

« Il vaut généralement mieux garder le silence. Je sais combien c'est difficile. Mais il ne faut pas que vous soyez victime de discrimination dans votre milieu habituel, surtout à l'école. Faire constamment l'objet de remarques désobligeantes risque d'influer négativement sur votre humeur. Beaucoup d'adolescentes dépriment parce qu'elles n'arrivent pas à s'intégrer. Il ne faut pas que vous vous isoliez, que les gens vous dévisagent ou vous pointent du doigt et que vous ayez peur. »

– KRYSTLE, 14 ANS

un bout de ficelle et suspendez-la à une branche. Enlevez-la lorsqu'elle commence à avoir l'air abîmée.

INFORMATION DES PARENTS

Pour de nombreuses personnes qui veulent sortir du placard, ce qui est le plus difficile c'est d'en parler aux parents et aux autres membres de la famille, surtout si ces derniers pratiquent leur propre religion avec ferveur.

Mesurez la réponse de votre famille avant de leur annoncer que votre âme est païenne. Sont-ils sévères ou tolérants ? Exigent-ils que vous fréquentiez leur Église ou vous accordent-ils une certaine liberté ? Pratiquent-ils leur religion avec ferveur tout en étant ouverts aux autres façons de vivre ?

Décidez ce que vous voulez leur apprendre de vos convictions spirituelles et jusqu'où vous êtes prêt(e) à aller. Vous pourriez être agréablement surpris(e) de constater combien les relations familiales gagnent en profondeur lorsque vous prenez des risques et révélez votre véritable moi, ou vous vous rendrez peut-être compte que vous devrez travailler à créer un lien étroit avec votre famille. D'une façon ou d'une autre, on se sent formidablement bien quand on est honnête.

Si vos relations avec vos parents ne sont pas harmonieuses, trouvez quelle en est la cause. Est-ce que vos résultats scolaires sont médiocres ? Si oui, essayez de les améliorer avant de leur révéler votre appartenance à la Wicca. Vous vous mériterez leur confiance pour ce qui est de votre capacité à prendre les bonnes décisions en ce qui vous concerne. Les laissez-vous en plan tous les soirs au souper pour rejoindre vos copains ou copines à l'extérieur de la maison ? Essayez

« La Wicca est une religion cachée, peu connue du public. Lentement et avec prudence, les Wiccans émergent de l'ombre, augmentent en nombre et renseignent les autres sur leur religion. Par conséquent, si vous décidez de révéler votre appartenance à la Wicca, vous devrez commencer par expliquer ce que font les Wiccans et pourquoi. Les autres adolescents connaissent peut-être la voie magique à cause des films ou des émissions de télé, mais la plupart des parents n'ont pas la moindre idée de ce que c'est. Lorsque vous parlerez de la Wicca, le portrait que vous en ferez et l'information que vous fournirez auront un important effet sur la réaction qui s'ensuivra. Voilà surtout pourquoi il faut que vous fassiez des recherches et soyez parfaitement préparée.

— GWINEVERE, 16 ANS

de passer plus de temps avec eux et faites-leur une petite place ; facilitez-leur la tâche en vue de la grande discussion en leur permettant, dans la mesure du possible, de vous connaître davantage. Est-ce que ce sont eux qui n'ont pas de temps à vous accorder ? Réclamez une journée ou une soirée précises où vous pourriez vous rencontrer et faire ensemble quelque chose d'agréable, comme du magasinage ou le souper.

Il est vraiment formidable d'avoir une relation familiale qui permette à chacun des membres d'être respecté, apprécié et applaudi pour sa personnalité unique, mais parfois, ce n'est tout simplement pas le cas. Si les membres de votre famille ne sont pas proches, il n'est pas nécessaire de révéler vos pensées les plus secrètes. C'est malheureux, mais la vie est parfois ainsi. Si vous jugez cette situation inacceptable, c'est l'occasion de tisser des liens étroits. Il est bien de vouer un grand respect aux Dieux qui vous ont créé(e), mais vos parents vous ont nourri(e), vêtu(e) et réconforté(e) au quotidien. Donnez-leur l'occasion de vous montrer combien ils peuvent être bons et la possibilité de constater combien vous êtes formidable.

Il existe diverses stratégies pour amorcer la conversation :

LA MÉTHODE INSPIRÉE DE LA GUÉRILLA

Un bon soir, au souper ou pendant que tout le monde est en train de regarder une insipide comédie de situation à la télévision, demandez-leur, à brûle pourpoint, à quoi Dieu peut bien ressembler selon eux et ce qu'ils pensent qu'il nous arrive quand nous mourrons. Surveillez le pop-corn parce qu'il risque de s'éparpiller partout ! Ne faites pas connaître votre point de vue tout de suite ; écoutez-les d'abord et voyez leur réaction. S'il vous demande pourquoi vous posez de pareilles questions, sautez sur l'occasion et dites ce que vous avez à dire. Préparez-vous à être forcément bombardé(e) de questions et assurez-vous que vous connaissez à fond votre sujet. Répondez du mieux que vous pouvez, exprimez votre opinion sur un ton gentil et offrez à vos parents une explication adulte, rationnelle, passionnée bien que calme et manifestement bien réfléchie de l'essentiel de vos croyances. Proposez-leur de lire vos livres. Attendez-vous à d'autres conversations du genre à mesure qu'ils chercheront à vous comprendre.

> « Mes parents ne voulaient rien entendre au sujet de mes croyances. Mon père et ma belle-mère ne s'intéressaient pas vraiment à ce que je faisais ni à ma spiritualité. Ils ont crié : « Sataniste ! » et, dans un geste théâtral, se sont élevés en défenseurs de la communauté chrétienne – malgré le fait que mon père n'avait pas mis les pieds dans une église depuis des années et que ma belle-mère n'était pas plus « fervente ». »
>
> – ATHENA, 17 ANS

L'astuce pour tactique

Laissez traîner un livre sur la Wicca (celui-ci ferait l'affaire), un paquet de cartes de tarot, un cristal ou d'autres objets de sorcellerie sur la table de cuisine, la table de salon ou dans un endroit bien en vue. Attendez leur réaction. Si vos parents vous demandent ce que c'est, donnez-en une définition qui se limite aux faits, qui soit concise et littérale. Attendez encore un peu. S'ils ne cherchent pas à en savoir davantage et si vous sentez qu'il vous faut insister, revenez à la première tactique. Préparez-vous à être pressé(e) de questions. Encore une fois, maîtrisez votre sujet et attendez-vous à en reparler souvent.

Expliquez ce qui vous attire dans la Wicca ou le paganisme. Est-ce la Déesse ? Est-ce le lien avec la Nature ? Expliquez le lien qui vous unit à la magnifique Déesse comme Divinité, ou à l'amour de la Terre comme créature vivante. Dites combien la méditation vous aide à vous détendre et à demeurer en santé ou combien les cristaux et les roches vous passionnent et vous émerveillent. Quel que soit l'élément divin qui vous attire dans la Wicca, partagez-le passionnément avec votre famille. Vous voudrez peut-être passer sous silence le côté incantations pour l'instant ou l'expliquer en long et en large tandis que l'occasion se présente.

> « Une fois que vous vous confiez à quelqu'un, il n'est plus possible de faire marche arrière. Par conséquent, ce premier pas ne met en cause que vous. C'est une sorte de conversation avec vous-même. Posez-vous les questions suivantes : Ai-je vraiment l'intention de suivre cette Voie ou est-ce seulement pour m'amuser ? Qu'est-ce qui me motive à sortir du placard ? Qu'est-ce que j'espère ainsi accomplir ? Suis-je victime des pressions d'un autre membre de la communauté wiccane ? Suis-je absolument certaine ou certain que ce soit le bon moment ? »
>
> – GWINEVERE, 16 ANS

ÉVITER UN DÉSASTRE SUR LE PLAN SOCIAL ET LA TORTURE DES ADOS

Vous pouvez aussi révéler votre appartenance à la Wicca à l'école, cet amphithéâtre grouillant d'hormones, de cliques et de cruauté. Je ne sais trop pourquoi, mais les adolescents sont souvent extrêmement méchants les uns envers les autres et toute personne jugée différente fait l'objet d'intimidations, de taquineries et de torture psychologique. Par contre, les ados sont généralement d'accord pour adopter tout ce qui est rebelle et provocateur. Voilà un étrange paradoxe. Vous avez trois possibilités : vous confier à vos amis proches et leur faire jurer de ne rien dire (tôt ou tard la chose se saura probablement), ne le dire à personne et vivre secrètement votre foi wiccane ou le révéler à tout le monde et en affronter les conséquences.

Tenez-vous en à la simplicité lorsque vous en parlez à des amis qui ne connaissent rien de la Wicca. Selon votre interlocuteur, vous pourriez souhaiter vous concentrer uniquement sur ce qui touche la Terre comme créature vivante, plutôt que sur la partie concernant les chants, les incantations et les voyages astraux. S'il se montre hostile à votre spiritualité, alors n'en parlez plus. S'il se montre indifférent, vous n'aurez rien perdu et ressentirez un sentiment d'intégrité. S'il est intrigué, alors vous avez peut-être trouvé un partenaire d'étude !

Lorsque vous révélez votre appartenance à la Wicca, soyez conscient(e) que vous représentez la Wicca et le paganisme, surveillez vos gestes et vos paroles. Si nous savons, vous et moi, qu'il existe de nombreuses traditions wiccanes ou païennes, la plupart des gens ont tendance à nous mettre tous dans le même panier – généralement sous la désignation de « satanistes ». Si vous courez partout en disant aux gens que vous allez proférer une malédiction contre eux parce qu'ils ont raconté des mensonges à votre sujet, non seulement vous perdrez des amis, mais vous ferez aussi du tort à la cause païenne (et vous recevrez aussi un dur châtiment karmique). En outre, si vous cherchez des gens qui pensent comme vous avec lesquels pratiquer, ou des guides, ou si vous voulez être initiée par une assemblée, vous vous retrouverez devant des portes closes si vous avez mauvaise presse.

Décidez jusqu'à quel point il est important pour vous de révéler votre appartenance à la communauté païenne à l'école. La chasse aux sorcières qui a eu lieu dans la ville de Salem, vous donne peut-être la chair de poule et vous sentez le besoin de dire ce que vous pensez durant le cours de sciences humaines. Dire ce qui vous trotte dans la tête sans vous étiqueter wiccane, c'est défendre vos croyances. Si vous vous sentez assez solide pour ne pas craindre qu'on vous attaque, foncez et revendiquez votre héritage. Encore une fois, la décision vous appartient et vous feriez bien de connaître votre sujet à fond avant de vous lancer dans l'arène. Il n'y a rien de pire que d'être questionné(e) par ses pairs sans pouvoir leur répondre de façon intelligente.

Il n'est pas nécessaire que vous imposiez vos points de vue religieux et souvenez-vous qu'il n'est jamais agréable de se retrouver devant quelqu'un qui essaie de « sauver votre âme ». Il est très pénible de se faire dire que sa vision du monde est erronée, alors ne poussez pas le zèle jusqu'à condamner les autres philosophies religieuses. La tolérance est à l'ordre du jour et si vous avez grand besoin du respect et de l'ouverture d'esprit des autres, vous les favoriserez en montrant le même respect et la même ouverture d'esprit.

Si l'on parle de religion en classe et que vous sentez vraiment le besoin d'affirmer votre amour éternel pour la Mère divine, allez-y, dites-le. (Je suis certaine que, de nos jours, Elle appréciera que vous la défendiez). Si l'un des ces tarés à l'esprit étroit vous traite d'idiote parce que vous vous représentez Dieu sous une forme féminine, demandez-lui : « Combien as-tu connu d'hommes qui pouvaient donner naissance à un bébé de 7 livres ? Imagine quand il s'agit de l'Univers maintenant ! ».

Vous pouvez aussi rappeler à votre interlocuteur que beaucoup d'anciennes cultures vénéraient à la fois des Déesses et des Dieux et que l'expression « Mère nature » n'a pas été inventée pour rien.

Sachez simplement que votre appartenance à la Wicca peut vous rendre l'objet de harcèlement et si vous sentez que vos camarades de classe se montrent franchement hostiles, je suggère que vous restiez vague sur le sujet et que vos échanges ne dépassent pas le niveau des banalités. Vous n'avez certainement pas besoin de

> « Fréquenter une école de filles catholique n'est pas facile pour une sorcière. En fait, c'est purement et simplement pénible. J'ai appris à mes dépens qu'on ne peut pas dire la vérité à tout le monde. Un jour, à l'école secondaire, j'ai apporté un livre sur la Wicca à l'école pour le prêter à une amie que le sujet intéressait. Au moment de le lui donner, une de mes « amies » l'a vu. « Tu ne sais pas que les sorcières vont en enfer, m'a-t-elle lancé. » Alors, nous nous sommes violemment disputées. Je lui ai dit la vérité, que les sorcières n'étaient pas ces vieilles femmes laides qu'elle imaginait. Mais finalement, elle ne m'a pas cru et a dit que les sorcières étaient toutes malfaisantes. Je n'ai jamais plus adressé la parole à cette fille. À cause de cette dispute, j'ai appris à me montrer plus prudente dans le choix des personnes avec lesquelles je désirais partager ma foi. »
>
> — KRYSTLE, 14 ANS

> « Je suis surtout sortie du placard pour ceux et celles qui ne peuvent le faire et pour les victimes de discrimination. Chaque matin, lorsque je mets mon pentacle et pars pour l'école, je pense : je le fais pour tous les Wiccans du monde. Nos pas dans la nuit sont peut-être discrets, mais la Déesse est omniprésente. »
>
> — ATHENA, 17 ANS

vous proclamer wiccan(e) ou païen(ne) pour l'être, et personne, dans la grande communauté païenne, ne voudrait que vous soyez battu(e), isolé(e) ou embêté(e) d'une quelconque manière pour avoir parlé franchement en classe. Le temps que vous passez à l'école secondaire est relativement court par rapport à la durée de votre vie entière. Dites-vous qu'il passera très vite.

Chercher exprès l'affrontement ne règle pas le problème (bien que j'aime certainement l'esprit guerrier), sans compter que vous pouvez le payer cher. Au lieu de cela, lorsque vous voyez quelqu'un étaler son ignorance, souriez, faites une petite prière à voix basse et réjouissez-vous d'être meilleur juge. Et ordonnez-lui de quitter votre aura.

GESTES DE CONTESTATION PAÏENNE POUR LES SORCIÈRES SORTIES DU PLACARD

- Refusez d'acheter des produits dont l'emballage est dangereux (en Styrofoam, par exemple), écrivez à la compagnie que vous boycottez et exprimez poliment votre consternation devant l'assassinat de votre Mère. Assurez-vous de signer la lettre d'un « Soyez béni ! » et griffonnez un pentacle sous votre nom.
- Si quelqu'un vous dit de vous taire, de vous calmer, ou de réprimer d'une quelconque façon votre flux créateur, dites-lui que votre religion vous l'interdit.
- Chaque fois que vous voulez dire : « Merci mon Dieu ! », dites plutôt : « Merci mes Dieux ! ».
- Dites à vos professeurs que vous serez absente le jour de l'Halloween parce que vous célébrez une fête religieuse. Puis, faites-le !
- Au cours de la fête de Noël de votre classe, dites à tout le monde

que la fête de Noël a pour origine des festivals païens. Pour appuyer vos dires, expliquez ce que représentent symboliquement la bûche de Yule et la décoration de l'arbre à feuillage persistant. Ne soyez pas étonné(e) que personne ne vous croie.

CHAPITRE DIX-SEPT

LA WICCA DANS LE MONDE

Q ue fait une sorcière (ou un sorcier) lorsque le Cercle est ouvert et que les chandelles sont éteintes ? Met-elle de côté son identité de sorcière ? La réponse est rapide : Absolument pas ! À l'ouverture du cercle, vous restez une sorcière et, si vous sentez un lien très fort avec ce mode de vie, vous voudrez exprimer votre spiritualité au-delà du port d'un pentacle étincelant.

La sorcellerie ne se limite pas aux incantations ni à l'encens qu'on fait brûler, bien que ce soit amusant de le faire. Être sorcière (ou sorcier) signifie profiter du pouvoir et de la joie que la sorcellerie apporte et appliquer sa philosophie et sa pratique aux tâches quotidiennes. Vous vous rendrez alors compte que la paix et l'enchantement que procure la Wicca se marient merveilleusement bien avec vos travaux scolaires, votre vie de famille et toute situation où une étincelle de magie est nécessaire – sans pour autant que vous ayez à proclamer votre appartenance à la sorcellerie.

LA PRATIQUE SINCÈRE DE LA SORCELLERIE

C'est bien beau de parler des joies de la Nature et des propriétés occultes des plantes, mais comment *mettrez-vous à profit* vos connaissances ? Tout d'abord, vous vous en servirez pour devenir meilleur(e). Je ne parle pas d'être « parfait(e) », je parle d'être meilleur(e) en tout temps. Efforcez-vous d'atteindre un équilibre psychologique, physique et émotionnel. Appliquez-vous dans tout ce que vous faites. Lorsque vous faites des erreurs, admettez-le et continuez. Pardonnez-vous, pardonnez aux autres et tirez un enseignement de vos erreurs.

Converser ne coûte pas grand chose, mais agir trace la voie – dans votre propre cœur et dans le monde.

LA WICCA À L'ÉCOLE

Beaucoup d'ados auxquels j'ai parlé pendant que j'écrivais ce livre étaient réticents à faire connaître leur appartenance à la Wicca à l'école. Certains avaient été victimes de discrimination de la part d'enseignants ou d'autres étudiants. Nous traiterons des moyens de vous défendre aux chapitres 20 et 21. Pour le moment, je me contenterai de vous donner quelques idées constructives sur la façon d'intégrer votre vie de sorcière (ou de sorcier) à votre vie scolaire (généralement assez ennuyeuse).

Lorsque vous devrez rédiger un compte rendu pour un cours d'anglais ou de sciences sociales, choisissez un thème se rapportant à votre intérêt pour la sorcellerie. Si c'est pour un travail de sciences sociales, vous pourriez choisir les coutumes folkloriques européennes, étudier leurs origines et les comparer aux coutumes néo-païennes. Pour un devoir d'anglais, vous pourriez étudier les poèmes de William Butler Yeats (ce brillant poète était membre de la *Golden Dawn*) et exposer en détail les allusions occultes que contient son œuvre. Vous pourriez faire un travail pratique sur les fêtes religieuses qui exploitent le même thème et sur le fait que certaines d'entre elles découlent de coutumes païennes (déconseillé dans les écoles catholiques !). Vous pourriez aussi faire un exposé et l'intituler « anthropologie culturelle ».

EXERCEZ VOS TALENTS

Participez à la revue littéraire ou artistique de l'école. Votre école ne s'élèvera pas contre un magnifique poème en l'honneur d'Athéna ou un dessin d'une Déesse entourée d'étoiles. Écrivez un article dans le journal de l'école sur le Cercle ouvert auquel vous avez participé à la dernière pleine lune, ou sur les bienfaits de la spiritualité pour surmonter les moments difficiles de la vie. Ça peut sembler débile aux autres, mais qui s'en fiche. Ça fera bon effet sur votre demande d'inscription au collège. J'éviterais cependant toute allusion aux incantations, simplement parce que les gens qui ne les comprennent pas se moqueront probablement de vous ou piqueront une crise.

ORGANISEZ-VOUS

Organisez une Journée de la Terre à l'école. Vous pourriez y inviter des représentants de la ACLU, demander au magasin de produits diététiques local de faire la promotion de ses produits, etc. Bien entendu, vous devrez en demander la permission à votre directeur, mais vous réussirez à le convaincre si vous présentez un projet précis. Visitez Earth-Day.org pour savoir comment vous y prendre au début. Vous aurez besoin d'argent pour couvrir les frais, mais je sais que vous mènerez à bien votre projet, car nous, les sorcières, sommes assez débrouillardes. Il se pourrait même que vous puissiez obtenir des fonds de votre école. Parlez à un enseignant ou à un administrateur pour lesquels vous avez du respect.

À L'EXTÉRIEUR DE VOTRE PETITE COUR

Être une sorcière signifie... bon ! qu'est-ce que ça signifie pour vous ? Si votre définition inclut la possibilité de se consacrer au ministère, alors qu'allez-vous faire pour suivre cette voie ? Que font les prêtres ou les prêtresses dans les autres religions ?

Faites du bénévolat dans un hôpital, une maison de repos ou une soupe populaire de votre ville. Je ne saurais trop insister sur l'importance du bénévolat pour les futures prêtresses ou les futurs prêtres. Lorsque vous prenez le temps de vous occuper des autres, de leur ouvrir votre cœur, vous agissez vraiment comme le ferait un prêtre ou une prêtresse. Vous guérissez, vous aidez à construire et à renforcer votre propre communauté et vous y faites votre marque. En même temps, c'est vraiment génial. En faisant du bénévolat dans une soupe populaire – même si vous ne pouvez vous libérer qu'une fois par mois –, vous comblez chez ces gens un besoin fondamental : l'alimentation. Si une des personnes que vous avez aidé à nourrir est capable de vivre normalement, elle pourra mettre son propre talent au service de la société. À son tour, la personne qu'elle aidera en aidera peut-être une autre et un autre être humain sera guéri. Pensez que cet effet d'entraînement peut se propager au monde entier.

Le bénévolat présente le désavantage d'être exigeant sur le plan émotionnel. Assurez-vous d'avoir le temps, l'énergie et la ferme intention de mener ce projet à bonne fin.

Assurez-vous aussi de garder votre équilibre sur le plan émotionnel. Les rituels sont excellents pour votre santé psychique ! Détendez-vous lorsque vous en avez besoin, priez, déterminez vos limites et assurez-vous de contrebalancer le tout avec un peu d'humour joyeux. D'autres possibilités s'offrent à ceux et celles qui visent à devenir prêtre ou prêtresse : travailler dans un abri pour animaux, ou dans une garderie, donner de vieux vêtements à des organismes de charité et autre. Toute action ayant pour point de départ la compassion et la volonté d'assumer sa responsabilité en tant que membre de notre communauté mondiale, est digne d'une prêtresse ou d'un prêtre.

« Ayant grandi au sein de la culture juive, j'avais une opinion bien précise de ce qu'étaient le bien et le mal. J'ai toujours été convaincue, que nous naissons égaux et que chacun mérite d'être heureux, de manger à sa faim et de vivre en sécurité. Je crois qu'il est temps pour les païens de réfléchir à la chose. Je suis fatiguée de voir des livres sur la façon d'améliorer ses compétences en magie. La magie existe. Elle est importante pour nous. Dans une communauté, nous en avons besoin…mais, croyez-moi, il n'y a pas que ça. »

— MARJORIE, 13 ANS

CHAPITRE DIX-HUIT

D'AUTRES POINTS DE VUE

J'aimerais vous présenter quelques camarades d'assemblée : Laine, Joyce et John. Ce sont des personnes formidables qui pratiquent la sorcellerie depuis de nombreuses années et pourront donc vous donner de judicieux conseils sur la voie que vous vous proposez de suivre.

HELAINE LUBAR

Lorsque vous pratiquez en solitaire, vous devenez votre propre maître. Et tout comme vous feriez confiance à un maître, vous devrez vous faire confiance. Pour une solitaire, c'est la leçon la plus difficile. Nous ne sommes pas des êtres solitaires de nature. C'est au contact des autres que nous réussissons et, au cours de notre processus d'apprentissage, nous mettons en pratique les informations et les points de vue (sous forme d'éloges ou autre) des conseillers en qui nous avons confiance.

Dans la spiritualité liée à la magie, il n'existe toutefois pas de cheminement précis vers l'illumination, pas de formule pour l'ascension de l'âme. C'est pourtant ce que je souhaitais. Je voulais que quelqu'un d'autre trouve les réponses, mais lorsque je me suis engagée dans la voie solitaire, je me suis rapidement rendue compte que ce ne serait pas le cas. Vous devrez tracer votre propre voie dans le but d'améliorer votre moi spirituel, de vous aider à changer, puis de changer les choses qui vous entourent, pour le meilleur je l'espère. Vous aurez fait la moitié du chemin lorsque vous aurez le sentiment d'être mentalement prêt(e) pour la tâche.

À vrai dire, vous êtes déjà prêt(e), sinon vous ne seriez pas en train d'y penser. Ma pratique en solitaire m'a apprise, entre autres, que je pouvais me fier à mes sens pour savoir ce qui se passe dans mon monde ; je me suis rendue compte que j'avais du soutien ; soit par le biais de mes propres ressources intérieures, soit par celui de la Déesse. La plupart du temps, j'utilise les deux ressources.

Pour commencer son cheminement, la solitaire doit acquérir une conscience aiguë des choses ; elle y parvient par l'introspection et la mise en perspective des événements. Des choses mystérieuses se produisent lorsque vous êtes vigilante. Je prends une heure tous les soirs pour rédiger mon journal et j'ai toujours sur moi un petit cahier (de la taille d'un bloc-notes). Un journal peut devenir le meilleur ami de la solitaire. J'en possède trois – un pour la vie de tous les jours, un pour les expériences de magie et un autre pour les rêves. Comme la sorcière solitaire n'a personne avec qui échanger des idées, les journaux intimes peuvent lui donner une certaine perspective.

Parfois en magie, les choses sont dénuées de sens et donnent l'impression de ne pas avoir de rapports entre elles. Lorsque la solitaire revient en arrière et passe en revue les faits notés dans le journal, il devient clair que ce qui semblait des événements isolés est en réalité une série d'événements menant à un résultat précis. Vous est-il déjà arrivé de penser à une personne que vous n'avez pas vue depuis un bon moment et de la rencontrer par hasard plus tard dans la journée ? Ou vous est-il déjà arrivé d'avoir une chanson en tête et de l'entendre lorsque vous allumez la radio ? C'est ce qu'on appelle la synchronicité, un phénomène fréquent. C'est un autre outil que la solitaire peut apprendre à utiliser. C'est également un outil qui favorise la confiance en soi. Si votre intuition vous pousse à agir, mais que vous n'êtes pas certaine de vouloir la suivre, la synchronicité vous facilitera la décision.

Supposons que vous deviez faire un choix, mais que vous n'y parvenez pas, entre deux possibilités intéressantes : un emploi formidable dans un bel État chaud du sud (à condition que vous aimiez le soleil) et un autre tout aussi intéressant mais deux fois mieux rémunérée, dans un État du nord. Votre intuition vous pousse à opter pour le nord, mais l'idée de jouir du soleil à l'année longue vous charme vraiment. Pendant que vous y réfléchissez, vous passez près d'un homme en train de poser une affiche de publicité touristique pour l'État du nord dans lequel l'emploi vous a été offert. Puis, quelques minutes plus tard, vous entendez une chanson dont les paroles rappellent cet État. Finalement, vous entrez dans un dépanneur pour acheter du chocolat et vous entendez un client parler d'un membre de sa famille qui habite cet État. Est-ce le hasard ? Ou est-ce la synchronicité qui tente de prouver la justesse de votre intuition ? Voilà un exemple où la vigilance peut aider. La pratique solitaire vous permet de concentrer vos efforts sur l'amélioration de ces techniques, plus que vous le pourriez au sein d'un groupe.

La concentration de l'énergie sur un but bien déterminé est très différente selon que vous pratiquez en solitaire ou au sein d'une assemblée et c'est la raison pour laquelle vous devriez tenter les deux expériences au cours de votre vie de magicienne, pour trouver le juste milieu. Mais les expériences se produisent au moment où vous en avez besoin dans la vie et il est bien connu que l'Univers vous fournira ce dont vous avez besoin, que vous le désiriez ou non.

Je voudrais pour finir mentionner un point important pour les jeunes sorcières ; il existe nombre de traditions païennes et wiccanes dont certaines exigent la participation à un processus établi avant que la sorcière soit jugée bien informée et expérimentée. Ces traditions sont toutes valables, ce qui ne veut pas dire que votre expérience comme jeune sorcière (ou sorcier) n'a pas de valeur. Appropriez-vous votre magie, sachez quand vous défendre et défendre votre expérience et quand abandonner pour enrichir votre expérience. À la lumière de ce que j'ai vécu, je peux affirmer que les actions ont beaucoup plus de poids que les paroles et qu'il est important que les jeunes sorcières (ou sorciers) se considèrent aptes à exercer la profession en ne reculant pas devant leur propre vérité au profit d'une autre peut-être plus « vieille ».

JOYCE VALENZANO

Grandir dans les années soixante était un défi à la volonté des femmes. J'ai toujours été l'une de ces filles qui refusent de se mettre au pas ou de respecter les convenances. Je marche en dehors des sentiers battus et incorpore la magie dans ma vie. Adolescente, je passais des heures interminables dans les bois, leur tranquillité me réconfortait et je crois que ces moments passés en compagnie de la Terre débordante de vie ont été mon salut.

C'eût été utile que quelqu'un m'explique qu'il s'agissait de la naissance d'une conscience psychique qu'accompagnait une augmentation soudaine des hormones. Ne sous-estimez jamais le pouvoir des hormones ! Analysez votre cycle pour connaître l'effet des hormones. Ce conseil ne s'adresse pas seulement aux jeunes femmes ; les gars, votre cycle vous fait perdre le contrôle de vous-mêmes tous les quarante à quarante-cinq jours. Si vous avez le don de clairvoyance ou que vous souhaitez l'acquérir, pratiquez chaque jour la méditation pour apprendre la concentration. Pour conserver votre équilibre, il est essentiel de méditer et de faire des exercices respiratoires tous les jours. Vous tirerez meilleur parti de vos ressources intérieures et travaillerez plus efficacement votre volonté. Ce conseil, bon pour tout le monde, s'adresse surtout aux personnes dont le niveau de conscience psychique est élevé ou qui visent à atteindre un tel niveau et qui s'engagent dans une voie spirituelle comme la sorcellerie.

Je peux comprendre que vous trouviez stricte la discipline qu'exige la pratique de la méditation. Ne pas bouger peut m'être une véritable torture. Entraîner mon esprit indiscipliné à parvenir à un profond état de concentration, comme par seconde nature, m'a certainement semblé un travail énorme, mais un travail que j'ai accompli dans la joie en sachant qu'il constituerait les bases me permettant de revendiquer mon pouvoir de sorcière. J'avais toujours possédé les outils et la matière première de la sorcellerie, mais c'est la méditation qui m'a enseigné à utiliser mon talent plutôt qu'à en être victime.

En tant que sorcière, je me considère d'abord et avant tout comme une guérisseuse. Cette guérison doit d'abord être intérieure. Vous est-il déjà arrivé de montrer une humeur massacrante et de passer par des moments sombres, sans savoir ce qui vous a fait descendre si bas ni comment en sortir ? Ça m'est arrivé. Il est malheureux que ces états soient devenus la norme aujourd'hui. Je suis persuadée que ce sont les sous-produits d'une culture sans racines. Je désire davantage, pour l'amour de mes enfants et de leurs enfants. Parce ce que je veux obtenir davantage, je travaille à transformer ma propre vie, sachant qu'en changeant mon interaction avec le monde, le monde qui m'entoure changera à son tour.

Je me sers de l'énergie qui alimentait jadis mes humeurs maussades pour me façonner une réalité plus joyeuse. J'ai appris à canaliser cette énergie de façon qu'elle produise des résultats concrets au lieu de la maladie et l'angoisse. Nous sommes maîtres de notre destin et les choix que nous faisons créent le monde dans lequel nous vivons. J'ai appris qu'au lieu d'accuser les circonstances ou d'autres personnes pour les situations délicates dans lesquelles je me suis souvent retrouvée, si j'acceptais ma part de responsabilité, j'étais capable d'exercer un effet positif plus grand sur le cours des événements. Ça, c'est mon pouvoir de sorcière ! Je comprends que chacun de nous possède une énergie vitale qu'il peut utiliser de manière responsable. Je possède le pouvoir de diriger ma vie, d'en tirer le meilleur parti possible et d'inspirer les autres dans leur quête d'excellence.

Les sorcières sont des artistes qui orientent et façonnent l'énergie avec un souci constant des conséquences et des implications spirituelles. Comme disait Einstein : « Pour chaque action, il y a une réaction égale et contraire. ». Une autre loi de la physique dit que « rien ne se perd, rien ne se crée », tout n'est que changement de forme. Le plus grand pouvoir magique que vous pouvez exercer, c'est vis-à-vis de vous-même. En vous concentrant sur les changements à apporter en vous-même, vous vous rendrez compte que votre travail a un effet d'entraînement sur le monde dans lequel vous vivez.

Mon expérience de la sorcellerie m'a appris que sa pratique complète change la vie. Si vous abordez la profession avec sincérité, vous acquerrez un sens des responsabilités, tant vis-à-vis de vous-même que des autres et votre estime de soi augmentera à chaque succès que vous remporterez. L'utilisation consciente et responsable de votre volonté générera une grande énergie autour de vous, qui se substituera à l'impression d'être incapable de maîtriser votre vie. Lentement, avec conscience professionnelle, honnêteté et patience, vous vous rendrez compte que les autres remarquent les changements positifs que vous faites. Vos relations avec les autres changeront aussi. Certaines vont s'estomper à mesure que vous changerez et grandirez, alors que d'autres vont s'épanouir et se développer.

À mesure que vous grandirez et rayonnerez, le monde profitera de votre interaction éclairée avec ceux qui vous entourent. Lorsque vous projetez une image positive de la sorcellerie, vous attirez des gens qui sont vraiment curieux de connaître cette ancienne voie. Et vous aiderez à effacer les stigmates qui ont causé tellement de douleur et d'injustice à un groupe de personnes qui ne visent qu'à guérir, à répandre la joie et qui ne font de mal à personne.

JOHNATHAN ARCHIE

Le comportement masculin dans la tradition wiccane est différent de celui des autres traditions religieuses. Dans la religion wiccane, les hommes et les femmes sont des partenaires égaux. C'est cette égalité que nous célébrons dans notre vénération de la Déesse et du Dieu. Dans beaucoup d'autres religions et de nombreuses cultures, les femmes ne jouent pas un rôle égal à celui des hommes.

Comme hommes, le culte que nous rendons à la Déesse change notre façon de nous percevoir et de percevoir le monde qui nous entoure. Lorsque les religions patriarcales ont pris la relève, elles ont mis l'accent sur la vénération d'un Dieu unique, séparé de nous et de toute forme de vie sur terre. Il est facile de détruire ce à quoi nous ne nous sentons pas liés. Finalement, cette attitude aura réussi à détruire l'environnement et à rompre l'équilibre de la vie sur la planète. Comme homme, il me faut beaucoup de courage pour ne pas suivre ce modèle. La Wicca me le donne.

Dans tous les coins du monde, les femmes se tournent vers la Déesse, reconnaissent qu'elle est vivante et présente en toutes choses. Les hommes découvrent aussi que la Déesse est vivante et que sa présence est de plus en plus forte.

Les hommes du monde entier sont donc stimulés non seulement par les femmes, mais aussi par la Déesse. Ils ne règnent plus en maître sur tout ce qui existe. Comment vivons-nous cela ? Nous débattons-nous de peur de perdre notre illusion de domination, ou continuons-nous notre voyage en prenant conscience que nous ne maîtrisons vraiment que nous-mêmes et nos actions. Voilà qui donne des frissons, ce qui explique pourquoi il a fallu des décennies pour arriver là où nous en sommes. Le vrai pouvoir vient de l'intérieur et non de l'extérieur. Les hommes ont commis l'erreur de chercher le pouvoir dans la domination des autres. Cette façon de vivre n'est pas équilibrée. Je crois que le pouvoir est dans l'harmonie et que la véritable harmonie ne peut être réalisée que dans l'égalité.

Ce n'est pas seulement l'image de la Déesse qui a souffert, mais aussi celle du Dieu. Les hommes ont perdu le contact avec leur moi primitif, la partie de nous-mêmes qui courait dans le désert. Nous avons perdu notre lien avec le Dieu cornu, notre Père primitif. Nous devons creuser profondément en nous pour trouver le lien qui nous unit à Lui. Qui est-il ? Pour trouver la réponse, nous devons découvrir qui nous sommes.

Je remercie les femmes wiccanes de m'avoir fait voir la Déesse en moi et redécouvrir le Dieu qui s'y trouvait. Il n'existe pas à l'intérieur de moi de Dieu tout puissant qui punit, domine et commande ma vie. Ce type de Dieu n'existe pas non plus dans la Nature. En déformant Son image, les hommes ont perdu le contact avec leur véritable nature. En perdant le contact avec celui que nous sommes vraiment, nous avons perdu notre lien avec la Nature. Nous avons perdu notre équilibre intérieur. Nous apprenons à « guérir » l'image de Dieu et nous redécouvrons ce que signifie être un homme. Nous apprenons que non seulement il est normal d'avoir des sentiments, mais qu'il est aussi sain de les exprimer et non de les réprimer. Nous découvrons qu'il est bon de donner de l'affection, d'aider nos semblables et d'exprimer ce que nous sommes. Dans la religion wiccane, hommes et femmes reconquièrent l'image de Dieu.

En travaillant avec les femmes à reconquérir nos Dieux et Déesses, nous nous guérissons nous-mêmes. Nous reconquérons notre pouvoir intérieur tout en apprenant à rétablir le lien avec l'Univers. Nous découvrons que tout ce qui vit est étroitement lié et que nous formons tous un seul et même système symbiotique. En nous guérissant nous-mêmes, nous guérissons la Terre et inversement. Je conseille vivement aux hommes du monde entier de faire la connaissance de la Déesse et du Dieu. Pour atteindre l'équilibre de l'âme, nous devons connaître et notre côté féminin et notre côté masculin. Les deux coexistent en chaque individu. Le cycle lunaire permet d'apprivoiser notre côté féminin et le cycle solaire, notre côté masculin. Lorsque vous pratiquez un rituel à la Lune, souvenez-vous que la Déesse et vous travaillez ensemble. Lorsque vous faites un rituel au Soleil, pensez que vous travaillez avec le Dieu.

Les Dieux de la Nature m'ont enseigné à vivre de manière responsable, en accord avec la Terre. L'homme doit le comprendre. Il doit laisser sa connaissance des choses vivantes et le lien qui l'unit à elles guider ses décisions et changer la façon dont il vit. Depuis des décennies, les Wiccans interviennent auprès des politiciens et des compagnies pour qu'ils assument leurs responsabilités en matière environnementale. Nous comptons sur vous pour poursuivre le combat, pour sauver notre planète et la libérer des liens de l'abus patriarcal. Nous comptons sur vous pour assurer un meilleur avenir aux générations futures comme les précédentes l'ont fait pour vous.

Nous sommes des guérisseurs ; pour rendre ce monde meilleur et guérir la planète, il nous faut nous guérir nous-mêmes et nous guérir l'un l'autre. Lorsque nous ramassons les papiers qui traînent par terre ou que nous plantons un arbre, nous guérissons la Terre et nous nous guérissons nous-mêmes du même coup. Nous faisons un avec la Nature. Le Dieu et la Déesse habitent chaque chose et chaque être humain. La sorcellerie continue d'évoluer à l'instar de la Terre elle-même. Comme l'affirme une amie, la véritable magie c'est l'équilibre de l'âme. Nous sommes en apprentissage et en évolution constants. Les Wiccans s'efforcent de trouver une réponse aux grandes questions existentialistes : qui sommes-nous ? D'où venons-nous ? Pourquoi agissons-nous de cette façon ? Nous ne connaîtrons peut-être jamais toutes les réponses, mais cette quête métaphysique est plus excitante que je n'aurais pu l'imaginer. À mesure que nous apprenons à écouter notre intuition, nous perçons les secrets qui se cachent au très fond de notre âme et nous laissons notre intuition nous amener au monde de la magie naturelle et sauvage. C'est la véritable masculinité. Et personne ne peut nous l'enlever.

CHAPITRE DIX-NEUF

ASSEMBLÉES ET AUTRES TYPES DE REGROUPEMENT

Vous connaissez déjà l'opinion de mon amie Laine au sujet des vertus de la pratique en solitaire. Je ne reviendrai pas sur ce sujet, mais je *tiens* tout de même à préciser que la pratique en solitaire est enrichissante, plaisante et *bel et bien* efficace.

Faire partie d'une assemblée présente toutefois des avantages que ne vous donnerait pas la pratique en solitaire. Vous pourriez profiter de l'expérience de Wiccans plus expérimentés et être initié(e) à la Wicca en compagnie d'autres personnes. Une assemblée vous permet de découvrir vos propres pouvoirs et d'assimiler les notions plus rapidement grâce à l'expérience, aux réflexions et aux opinions des autres. Avec un peu de chance, vous dénicherez un groupe équilibré et uni qui deviendra votre deuxième famille. Bien sûr, une assemblée ne peut remplacer votre vraie famille, mais il peut y régner les sentiments les plus extraordinaires d'appartenance, d'amitié et d'amour. Les membres de la première *assemblée* à laquelle je me suis jointe avaient des personnalités complémentaires (ils seraient outrés de m'entendre prononcer le mot *assemblée*, car ils étaient farouchement opposés à toute forme d'étiquette). Je ne les oublierai jamais, et ce, même si nous ne nous voyons plus (je reviendrai sur la raison plus loin). Encore aujourd'hui, si l'un d'eux me téléphonait à deux heures du matin pour demander mon aide, j'irais à son secours sans hésiter. L'assemblée à laquelle j'appartiens actuellement se fonde sur ces mêmes principes et nous nous aimons profondément les uns les autres. Malheureusement, comme j'habite à deux heures et demie de route d'eux, je ne les

Rituels et Formules Magiques

« L'enseignant viendra lorsque l'élève sera prêt. Je ne connais pas l'auteur de ce dicton, mais je crains qu'il ne soit pris trop souvent à la lettre. En fait, tout dépend de votre définition du mot enseignant. À mon avis, l'enseignant est ce qui vous porte à réfléchir. Cet ouvrage est un enseignant en soi ; remettre en question votre foi est un enseignant ; la nature est également un grand enseignant. Ouvrez-vous à la vie qui grouille autour de vous, c'est le plus grand enseignant qui soit. »

— WYLD WYTCH, 19 ANS

rencontre pas aussi souvent que je le voudrais. Vous vous demandez peut-être de quelle façon j'ai rencontré mes sœurs et frères païens… Nous étions destinés à nous rencontrer !

Je les ai rencontrés par hasard. Alors que j'étais dans une boîte de nuit, j'ai aperçu des vieux copains d'école. Je suis allée parler à l'un d'eux, qui était accompagné d'un ami que j'appellerai Pan (car à l'époque il ressemblait vraiment à ce dieu grec). Nous avons discuté toute la soirée et nous nous sommes de nouveau rencontrés quelques jours plus tard. La première fois que nous sommes sortis seuls, nous avons discuté de religion. Je lui ai alors confié que je m'intéressais à la Wicca (je l'étudiais depuis environ un an). Ce qui l'a fait sourire. Il m'a emmené dans sa chambre pour me montrer son extraordinaire collection de cristaux. Il était sorcier ! En fait, il était plutôt occultiste et magicien, mais de toute façon païen. Il m'a ensuite présentée à ses autres amis : Paul, un habile artisan du bois qui analyse tout ; Rowan, une métallurgiste qui connaît beaucoup les herbes magiques ; Joyce, dont je vous ai parlé dans le chapitre précédent. Nous avons fini par tous vivre ensemble en quelque sorte : Pan et moi avons emménagé dans une maison où vivait un groupe de jeunes punks ; Paul vivait dans la maison d'à côté ; Rowan se joignait à nous dès qu'elle revenait de l'école ; Joyce a passé plusieurs étés avec nous. Nous avions l'habitude de jouer du tambour et de danser autour du feu presque toutes les nuits. Je n'oublierai jamais cette époque. Elle a été extraordinaire. Je me trouvais privilégiée. Je me suis prêtée à une initiation officielle, car je voulais vraiment vivre ce rite de passage, qui s'est d'ailleurs davantage apparentée à une consécration cérémonielle mutuelle et à une consécration à la nature.

J'ai trouvé l'expérience exaltante, car l'amitié qui nous unissait était solide et nous étions disposés à profiter de chaque seconde de la vie, à tirer un enseignement du comportement humain ainsi que de la nature.

J'ai eu la chance de faire la connaissance de personnes extraordinaires. Si vous êtes à la recherche d'une assemblée, il existe différents moyens de s'y prendre. D'abord, vous devez prendre le temps de réfléchir à ce que vous voulez vraiment : faire partie d'un groupe actif ou d'un groupe d'étude ou, encore, observer simplement les cercles publics occasionnels.

À LA RECHERCHE D'UNE ASSEMBLÉE

S'il existe près de vous une boutique spécialisée dans les accessoires païens, allez y faire un tour. Voyez le style de l'endroit et sentez l'énergie qui s'en dégage. Si vous ressentez des ondes positives, entamez une conversation avec un(e) employé(e). Demandez-lui de vous suggérer des ouvrages ou s'il ou si elle tient en magasin les articles qui figurent sur votre liste. Informez-vous si des cours s'y donnent, comme le yoga, la méditation ou l'astrologie ou, encore, si des ateliers y sont organisés. Si une activité vous intéresse, inscrivez-vous ! Comme il s'agit de personnes et d'endroits inconnus, je vous recommande de vous faire accompagner par une autre personne au cours de vos visites. Un deuxième avis est toujours souhaitable lorsqu'il faut analyser de nouvelles situations. Veillez surtout à informer vos parents de l'endroit où vous vous rendrez. De toute façon, si vous envisagez d'adhérer à une assemblée avant l'âge de 18 ans, vous devrez obtenir l'autorisation de vos parents.

RENSEIGNEZ-VOUS SUR LES CUUP

CUUP, qui signifie *Covenant of Unitarian Universalist Pagans,* représente un groupe national de païens peu coordonné qui se rencontrent dans les églises unitariennes universalistes (UU). S'il y a une église UU près de chez vous, demandez aux responsables si un groupe CUUP la fréquente. Vous pouvez aussi obtenir le listage local en visitant la page d'accueil de CUUP, à l'adresse CUUPs.org.

Lorsque vous vous présentez à des sorciers et sorcières adultes, faites preuve de politesse. Cette règle s'applique d'ailleurs à n'importe quelle personne dont vous faites la connaissance. Posez des questions intelligentes et faites-leur part des raisons pour lesquelles vous vous intéressez à la Wicca. Si vous démontrez que vous avez déjà commencé à vous renseigner sur le sujet par vous-même, les sorciers et sorcières plus chevronnés seront plus enclins à partager leurs connaissances avec vous. Vous n'avez rien à prouver à personne, mais si vous êtes à la recherche d'un enseignant, il vous sera plus facile d'en trouver un si vous faites preuve d'intelligence et manifestez un vif intérêt pour le sujet.

MISE EN GARDE

Avant de poursuivre, j'aimerais vous mettre en garde. J'ai *déjà* vécu une expérience terrifiante lorsque j'ai rencontré une personne qui se prétendait magicien, mais qui en fait était un déséquilibré.

Si un enseignant ou les membres d'une assemblée vous font croire que l'autorisation de vos parents *n'*est *pas* nécessaire pour joindre le groupe ou si quelqu'un exige que vous gardiez le secret concernant les activités du groupe, *prenez vos jambes à votre cou* : cette assemblée est louche.

PRENEZ VOS JAMBES À VOTRE COU SI…

- **Le groupe ou un membre du groupe vous ordonne de ne *rien* dévoiler à vos parents.** Si l'on vous interdit d'informer vos parents au sujet de vos activités, retirez-vous tout de suite de ce groupe. En fait, le groupe ou la personne en question tente d'exercer un contrôle sur vous.

- **Le groupe ou un membre du groupe insiste pour que vous vous dévêtiez, que vous ayez des relations sexuelles, que vous consommiez de la drogue ou que vous vous prêtiez à une initiation pour faire partie du groupe.** Quiconque vous demande de poser l'un ou l'autre de ces gestes tente de se servir de vous ! Aucun membre d'assemblée wiccane reconnue ni aucune sorcière ne tentera d'avoir des relations sexuelles avec un(e) adolescent(e). Même si la nudité rituelle est tout à fait acceptable, le fait de demander à un(e) adolescent(e) de se dévêtir constitue un acte *illégal*.

• **Le groupe ou un membre du groupe veut vous rencontrer seul(e).** Cette attitude devrait vous mettre la puce à l'oreille. N'est-ce pas louche qu'on ne veuille pas vous rencontrer dans un endroit public, où nombre de personnes pourraient vous voir ensemble ?

• **Le groupe ou un membre du groupe insiste pour que vous abandonniez vos amis, votre famille et vos activités.** Encore une fois, on ne voudrait qu'exercer un contrôle sur vous, et non favoriser votre épanouissement.

• **Le groupe ou un membre du groupe déclare détenir des « connaissances secrètes » que lui seul peut vous dévoiler.** Balivernes ! Toute personne qui tente de vous impressionner par ses connaissances supérieures cherchera également à miner votre confiance en vous. Et qui a besoin de voir sa confiance ébranlée ? Certainement pas vous !

• **Vous avez le sentiment qu'il y a quelque chose de louche chez cette personne.** Le dernier point et non le moindre… Si vous ne vous sentez pas à l'aise en présence de cette personne, fiez-vous à votre intuition. Vous avez travaillé fort pour développer votre intuition, utilisez-la pour éviter les expériences désagréables.

Maintenant que vous connaissez les comportements d'autrui néfastes pour vous, voici quelques comportements qui vous permettront de reconnaître un bon enseignant. De façon générale, un bon enseignant…

• Respectera vos idées, vos opinions et vos expériences.
• Respectera vos limites.
• Ne vous demandera pas d'argent en échange de connaissances ;

il est tout à fait acceptable de payer un coût raisonnable pour assister à un cours, particulièrement si vous avez besoin d'accessoires. En échange de son aide, vous pouvez offrir à votre enseignant de travailler une journée par semaine dans sa boutique, de l'aider à semer ou à cueillir des herbes magiques ou autre.

• Répondra *je ne sais pas* lorsqu'il ne détiendra pas de réponse à une question ; même les enseignants chevronnés n'ont pas réponse à tout. Si votre enseignant éventuel ne répond jamais *je ne sais pas*, laissez-le tomber. Il s'agit d'un égotiste qui ne désire que vous montrer ses connaissances.

• Tiendra à rencontrer vos parents ; si une personne envisage de vous inculquer des notions spirituelles, ne croyez-vous pas qu'elle devrait vouloir rencontrer vos parents pour leur faire part de ses intentions ? Si l'enseignant *refuse* de rencontrer vos parents, encore une fois, prenez vos jambes à votre cou.

• Sera passablement heureux, sûr de lui et équilibré sur le plan affectif ; autrement, comment pourra-t-il vous aider ? Je ne dis pas qu'il doit être parfait, car, après tout, nous vivons tous des moments difficiles, mais il doit être stable.

• Vous incitera à poser des questions, à faire vos propres recherches et à défendre votre point de vue ; vous ne voulez sans doute pas pour enseignant d'un dictateur fasciste qui tente de vous faire croire que seules ses idées sont bonnes… Ce serait ridicule ! Vous voulez *plutôt* quelqu'un qui vous aide à développer votre créativité et à vous forger une opinion, tout en restant à vos côtés et en vous permettant d'apprendre par vous-même.

LA MAGIE ET INTERNET

Nombre de sites Web possèdent des babillards électroniques et des sites de clavardage. N'hésitez surtout pas à les visiter ! Vous pouvez y glaner un grand nombre de renseignements et obtenir l'aide de quelqu'un qui

> « Lorsque vous êtes à la recherche d'un enseignant, prêtez une attention particulière à l'humilité qu'il manifeste. Si son leitmotiv ressemble à « Tu es d'accord avec moi ou tu t'en vas », il est préférable de prendre vos jambes à votre cou. »
>
> – WYLD WYTCH, 19 ANS

connaît le sujet. Sur le site *Witches' Voice*, vous trouverez des renseignements sur des assemblées, des regroupements, des festivals et d'autres événements païens, classés par région. Cliquez sur votre province pour faire la connaissance d'autres adeptes de la Wicca. Sur le site *Covenant of the Goddess*, vous trouverez également le nom d'assemblées ou de personnes qui y ont adhéré et qui pratiquent la Wicca en solitaire. Pour ceux qui habitent l'un des trois États suivants, soit New York, le New Jersey et le Connecticut, consultez le site *WaningMoon.com*, un site gothique génial, auquel les webmestres ont intégré un guide de ressources païennes à l'intention des adeptes de ces États (*NYC Pagan Resources Guide*). Ce site est très utile pour trouver dans votre région des assemblées qui permettent l'adhésion des jeunes ainsi que de l'information sur divers articles à se procurer ainsi que sur d'autres belles trouvailles païennes.

> « Avant de choisir un enseignant, il est nécessaire d'avoir un entretien avec lui. Les deux parties doivent comprendre leurs attentes et leurs intérêts mutuels. L'entretien vous aidera à vous connaître et à vous sentir à l'aise ensemble. Vous essayez d'établir une relation particulière ; il vous faut prendre votre temps et surtout être honnête envers votre nouveau guide. »
>
> — WYLD WYTCH, 19 ANS

Commencez une correspondance avec d'autres personnes et renseignez-vous sur les événements locaux. Ne donnez *jamais* par Internet votre nom complet, votre adresse, votre numéro de téléphone et tout autre renseignement personnel, et ce, même si votre correspondant semble vraiment sympathique et empreint de spiritualité. Cette même règle s'applique aux autres utilisateurs d'Internet. Certaines personnes malhonnêtes tentent de se faire passer pour des païens et de profiter ainsi de notre esprit libre et de notre bonté. C'est la raison pour laquelle vous devez être en mesure de démasquer les imposteurs. Revenez à la section *Prenez vos jambes à votre cou*. Lisez-la, mémorisez-la et soyez prêt(e) à mettre fin à la discussion si vous vous rendez compte que votre interlocuteur est en fait un imposteur.

QU'EST-CE QU'UNE VRAIE SORCIÈRE ?

- Une vraie sorcière ne parle pas constamment de ses pouvoirs surnaturels.

- Une vraie sorcière se comporte avec simplicité ; elle est vraie. Une vraie sorcière ne crie pas sur tous les toits qu'elle est la Reine de tout ce qui existe.

- Une vraie sorcière n'est pas énigmatique. Si quelqu'un ne vous répond pas dans un français simple, éloignez-vous de cette personne. Le charabia mystique ne mène nulle part !

INITIATIONS

Selon moi, les initiations les plus déterminantes surviennent spontanément ou sont le résultat de phénomènes naturels. À titre d'exemple, ma grossesse et la naissance de ma fille ont constitué les initiations les plus impressionnantes en regard des mystères divins. Toutefois, n'allez pas croire que je veux vous inciter à tomber enceinte ! En outre, j'ai considéré comme un honneur et un privilège de prendre soin de ma grand-mère qui se mourait d'un cancer. Cette expérience m'a permis de me faire une idée spirituelle de la mort. Les initiations naturelles revêtent différentes formes. Chaque fois que vous apprenez quelque chose sur le fonctionnement de la Vie, vous acquerrez une initiation. Les expériences psychiques constituent elles aussi des initiations. Être amoureux(se) pour la première fois est également une initiation. Chaque fois que vous sentez que la Vie vous expose à la réalité des deux mondes pour vous faire prendre conscience d'une grande vérité, l'Univers vous permet de réaliser une initiation.

Les cérémonies initiatiques varient grandement selon l'assemblée et la personne initiée. Les initiations wiccanes suivent essentiellement la même procédure. L'initiation s'effectue de la façon suivante : on donne un mot de passe à l'initié(e), on la met à l'épreuve en lui posant des questions et, ensuite, on la présente aux Éléments et aux divinités.

L'initiation dans une assemblée traditionnelle comprend trois étapes et les personnes initiées sont souvent appelées des *néophytes*. Ces dernières peuvent accomplir certains rituels. De plus, leur acceptation dans une assemblée suit une période d'étude avec les membres de l'assemblée, c'est-à-dire qu'elle fait suite à la réussite de la première étape. La tradition gardnérienne semble exiger des futurs membres la connaissance de la structure rituelle, de la mythologie et des principes généraux.

Chaque assemblée détermine les exigences à satisfaire pour passer d'une étape à l'autre. À l'origine, les Gardnériens exigeaient des membres de faire partie d'un couple hétérosexuel, de préférence marié, pour se prêter ensemble à l'initiation, de façon à représenter l'équilibre entre l'homme et la femme dans la nature. De plus, les assemblées gardnériennes appliquent 162 règlements, lesquels figurent dans l'ouvrage intitulé *Lady Sheba's Book of Shadows*.

INAUGURATION DE VOTRE PROPRE ASSEMBLÉE

J'ai lu quelques ouvrages dans lesquels on n'incitait pas les adolescents à mettre sur pied leur propre assemblée et je me suis demandée pourquoi. Selon moi, il s'agit d'une tentative de prise de pouvoir, une façon de montrer sa supériorité. Certaines personnes pensent que les adolescents (ou les débutants) ne possèdent ni l'expérience ni la formation nécessaires pour accomplir les rituels de façon sûre. Toutefois, si vous faites les choses simplement, je ne vois pas où est le problème. Par *faire les choses simplement*, j'entends ne pas tenter de conjurer les démons ni pratiquer d'activités malsaines.

Une assemblée traditionnelle compte un grand prêtre et une grande prêtresse pour réglementer les activités de l'assemblée et guider les membres. Toutefois, vous n'avez pas à vous conformer à cette structure. Mon assemblée est tout à fait démocratique et ne compte ni grand prêtre ni grande prêtresse. Chacun des membres met ses talents, ses idées et ses opinions au service de l'assemblée et participe aux rituels et autres types d'activités. Il nous arrive d'être en *désaccord* sur certains points et nous en discutons alors jusqu'à ce que chacun des membres soit satisfait de la décision prise. Toutefois, si nous n'arrivons pas à un consensus, nous annulons le projet et poursuivons nos activités individuellement.

La plupart du temps, nous accomplissons des tâches attitrées, simplement parce que nous sommes doués pour ces tâches. Laine, par exemple, est une excellente chercheuse et historienne. Elle collige de nombreuses données sur différentes traditions ainsi que sur d'autres points intéressants. John, pour sa part, s'intéresse grandement à la magie cérémonielle. Il nous offre donc une autre perspective sur les rituels ou les incantations. Pour ma part, je suis l'enfant terrible qui sème spontanément la pagaille païenne. Joyce est la doyenne du groupe et nous aide souvent à réorienter notre objectif ou à concentrer notre énergie, mais elle *n'*est *pas* le chef. En fait, elle regimbe contre l'idée de diriger d'autres personnes. D'ailleurs, nous nous entendons tous sur le fait qu'une personne disposée à en suivre une autre a manifestement des problèmes.

LOGISTIQUE

Lorsque vous songez à adhérer à une assemblée, qu'est-ce qui vous vient à l'esprit ? J'ai découvert que les assemblées sont semblables à des groupes d'étude, quoique moins rigides, qui accordent de l'importance à la croissance personnelle et aux liens familiaux étroits. Discutez avec les membres potentiels d'une assemblée pour déterminer ce que l'assemblée représente à leurs yeux. Mettez par écrit les réponses de chacun et lisez-les ensuite à haute voix. Remarquez si chacun adhère à l'idée fondamentale. Dans le cas contraire, faites le point sur ce qui ne va pas et trouvez un compromis. Le résultat final que vous obtiendrez correspondra au début du manifeste de votre assemblée, soit son énoncé d'intention.

Décidez aussi de l'endroit où vous vous rencontrerez. J'espère que tous les parents seront compréhensifs et qu'ils vous permettront de vous réunir à tour de rôle au domicile de chacun des membres. Dans le cas contraire, dénichez un endroit sûr à l'extérieur, comme une cour arrière, pour que vous ne soyez pas à l'intérieur du domicile de vos parents, mais qu'en même temps vous connaissiez suffisamment les environs et que vous vous sentiez à l'aise de rester à l'extérieur en soirée.

Baptisez votre assemblée, donnez-lui un nom qui exprime l'énergie que dégage le groupe, qui rappelle l'endroit où vous demeurez, ou qui évoque vos divinités protectrices. J'ai nommé mon assemblée *Les sorcières de Broome* (*Witches of Broom*), car la majorité des membres habitent le comté de Broome. De plus, il y avait un excellent jeu de mots en anglais avec « broom » (balai) et un rapport avec la magie. Peut-être qu'un splendide saule pousse dans votre endroit de prédilection. Vous pouvez alors appeler votre assemblée *Les amis du saule* ou *Le cercle du saule*. Je suis certaine que vous trouverez un nom intéressant à donner à votre assemblée.

Par la suite, demandez à chacun des membres de noter les aspects de la magie qu'il préfère : étude des herbes, coutumes anciennes, fabrication d'amulettes ou d'autres accessoires magiques, rituels chamanistiques, etc. Déterminez si certaines personnes possèdent des intérêts en commun et prenez des notes pour vous en servir à la planification des structures rituelles et du programme de formation.

Ai-je bien écrit *programme de formation* ? Oui ! Si vous prenez l'engagement de former une assemblée, vous voudrez vous y prendre de la bonne façon, n'est-ce pas ? Achetez quelques ouvrages que chacun des membres pourra lire. Si vos ressources financières sont limitées, vous n'avez qu'à acheter un seul exemplaire que vous vous passerez. L'ouvrage *La Wicca vivante* de Scott Cunningham est pour moi un incontournable. J'en ai acheté un deuxième exemplaire récemment et je le consulte régulièrement lorsque je veux me rafraîchir la mémoire au sujet des notions de base ou que j'ai besoin d'une référence. J'affectionne particulièrement cet auteur. L'ouvrage *Witch Crafting*, de Phyllis Curott, constitue également un excellent guide des méthodes et idéologies wiccanes, parfait pour les néophytes, qu'il orientera vers des techniques plus avancées. J'aime aussi : *True Magick* et *Coven Craft*, de Amber K. ; tout des Farrars ; *Wicca Covens*, de Judy Harrow. Ce dernier livre s'adresse aux adultes qui veulent former une assemblée, mais les idées et les principes qu'il expose, sont justes. Les ouvrages *The Woman's Book of Holy Mysteries*, de Z. Budapest et *The Spiral Dance*, de Starhawk, sont de merveilleux livres sur la magie pratiquée par les femmes. Si, toutefois, vous avez l'intention de constituer une assemblée formée de garçons et de filles, procurez-vous plutôt les autres ouvrages cités.

À propos d'assemblées formées de garçons et de fille, je voudrais vous raconter mon histoire. Les tensions sexuelles trop intenses ont causé la dissolution du premier groupe auquel j'ai appartenu. J'étais fiancée à Pan, mais j'éprouvais de forts sentiments pour Paul, lequel était amoureux de Rowan qui avait déjà fréquenté Pan. Les choses se sont gâtées et notre amitié en a souffert. La séparation s'est faite naturellement. Lorsque vous avez assimilé les enseignements à tirer au sein d'une assemblée, celle-ci se dissout souvent naturellement. Restez sur vos gardes si vous formez un groupe avec des personnes qui se fréquentent ou qui se plaisent déjà. Lorsque vous créez ce type de lien et que vous commencez à travailler ensemble l'énergie magique, les émotions et les relations deviennent très intenses. Ce n'est pas une mauvaise chose en soi, mais elle peut nuire à l'assemblée et aux liens d'amitié. Pour éviter ce problème, vous voudrez peut être commencer par former une assemblée composée de membres du même sexe. Ce type de groupe dégage une énergie plus vigoureuse au cours des rituels, car les membres manifestent moins de gêne devant leurs semblables. Ne restez toutefois pas accroché(e) à la polarité homme-femme, trop présente dans les traditions anglaises. N'oubliez pas que tout le monde possède un côté masculin et un côté féminin.

Retournons à la formation d'une assemblée. Je suis en faveur d'une structure démocratique, et ce, quel que soit l'âge des membres. Il *faut* également que les tâches soient réparties. À titre d'exemple, vous aurez besoin de quelqu'un pour effectuer des recherches, de quelqu'un pour assurer un suivi des sommes amassées par le groupe pour les rituels et les accessoires et de quelqu'un pour rédiger les comptes rendus de vos réunions. L'attribution des tâches peut se faire par rotation pour chacun des postes, de sorte qu'aucun membre ne s'ennuie dans son rôle et que chacun puisse acquérir de l'expérience dans tous les domaines liés au fonctionnement d'une assemblée. Laissez chaque personne faire sa part dans la préparation de rituels. Vous êtes peut-être la personne la mieux placée pour choisir le symbole du rituel, tandis qu'une autre excelle dans la composition des poèmes et des incantations ; et une dernière dans la cuisine ou la fabrication d'encens. Chaque personne peut conduire à tour de rôle les cérémonies des Sabbats et des Esbats.

Vous devrez également décider du mode de recrutement des membres et de la période de recrutement, le cas échéant. Je vous conseille d'appliquer la règle des deux références : deux membres de l'assemblée doivent appuyer sans réserve la candidature d'une personne. Vous devez ensuite rencontrer les membres potentiels, en dehors des réunions. Rencontrez-les pendant un certain temps. Faites preuve de discrétion et ne leur parlez pas de l'assemblée. Si le groupe détermine que ces personnes n'ont pas la personnalité requise pour intégrer l'assemblée, elles ne seront pas blessées, puisqu'elles n'auront pas su que vous aviez songé à les intégrer au groupe.

Les rencontres au cours de la pleine lune pour les Esbats sont favorables à la stimulation de l'énergie. De plus, vous en connaîtrez exactement la date. Vous pourrez alors organiser votre horaire en conséquence. Vous n'avez pas à tracer de cercle ni à effectuer de rituel chaque fois que vous vous rencontrez, bien qu'il s'agisse d'une bonne façon de commencer une formation en matière de magie. Parlez-vous, réunissez-vous, méditez, fabriquez des accessoires ou relaxez-vous tout simplement sous la lune.

Lorsque vous tracez un cercle, que vous faites une incantation ou que vous accomplissez un rituel, assurez-vous que chaque personne approuve la structure, les paroles prononcées et le but visé. Il n'est pas juste de demander à des personnes de participer alors qu'elles ne se sentent pas à l'aise. N'agissez pas à l'encontre de leur karma.

Vous souhaiterez peut-être intégrer un mandat communautaire à vos activités. Prévoyez une journée par semaine pour visiter un centre pour personnes âgées, pour travailler à une soupe populaire, pour nettoyer le parc ou, encore, pour faire du bénévolat dans un refuge pour animaux. Même si vous ne pouvez le faire qu'à l'occasion, vous trouverez que la reconnaissance témoignée vaut le temps que vous accordez aux autres. Vous pouvez également faire participer vos parents. Quelle bonne façon de leur montrer ce qu'est la Wicca ! Ils seront certainement très fiers d'avoir un(e) enfant sensibilisé(e) au monde qui l'entoure.

Lorsque des conflits surviendront, ce qui est inévitable, vous aurez besoin d'un plan d'action pour maintenir l'harmonie au sein du groupe. Notez que ce plan d'action doit être approuvé par tous les membres au préalable. Les différends au sein d'une assemblée peuvent être mineurs, comme le fait qu'une personne interrompe les autres. Dans ce cas, le groupe peut signifier gentiment à la personne fautive qu'il est difficile de permettre à tous les membres de prendre la parole en même temps. Vous pouvez utiliser un bâton d'orateur pour donner la parole à une personne en particulier. Lorsqu'une personne tient le bâton d'orateur dans ses mains, les autres membres doivent garder le silence. Je ne peux que vous conseiller de tenir compte des besoins de chacun, d'avoir le sens de l'humour, de faire preuve d'honnêteté envers tout le monde, de critiquer de façon constructive et d'accepter également la critique. Vous devez rédiger une liste des actions qui mènent inévitablement à l'expulsion d'une personne. À titre d'exemple, vous pouvez expulser du groupe toute personne qui jette délibérément un sort visant à blesser ou à manipuler une autre personne. À la formation de l'assemblée, assurez-vous que tous les membres approuvent les règlements et les comprennent parfaitement. Je déteste aborder des sujets négatifs comme celui-là, mais vous ne serez pas en mesure de constituer une assemblée puissante s'il y règne une attitude négative et que vous ne savez pas de quelle façon remédier à la situation.

Si vous trouvez que votre assemblée ne fonctionne vraiment pas, dissolvez-la et reformez-en une autre plus tard. Et, surtout, ne laissez pas l'assemblée devenir un prétexte pour devenir snob. Ce n'est pas sa raison d'être. À l'école, ne parlez pas de votre assemblée aux autres élèves et ne vous vantez pas d'être incroyablement intéressant(e) parce que vous avez formé une assemblée. Par ailleurs, si le courant ne passe pas entre deux personnes, ne les intégrez pas toutes les deux à l'assemblée. Au début, essayez de travailler en collaboration comme s'il s'agissait d'un groupe d'étude et prenez votre temps. Les relations que vous formez auront probablement une grande incidence sur vous. Ne vous pressez donc pas. Si vous êtes tous certains de pouvoir parer à n'importe quelle éventualité, je vous souhaite bonne chance dans votre entreprise. (Comprenez-vous maintenant pourquoi certaines sorcières adultes ne croient pas que les assemblées d'adolescents soient une bonne idée ? Une assemblée exige beaucoup de travail !) Assurez-vous que les membres s'apprécient suffisamment pour rester naturels et faire preuve de maturité. Si vous croyez réunir les composantes nécessaires et que vous êtes prêts à relever le défi, alors foncez et effectuez une…

INCANTATION DE CONSÉCRATION DE L'ASSEMBLÉE

Effectuez cette incantation à la pleine lune, au Beltane, au Lughnasadh ou lors d'un équinoxe ou d'un solstice.

But visé

Bénir la nouvelle assemblée.

Accessoires

Outils de travail personnels de chacun des membres.

Une chandelle de travail.

Deux chandelles : une représentant le Dieu et l'autre, la Déesse. Gravez leur nom sur leur chandelle respective ou des symboles représentant l'énergie que vous voulez invoquer, comme le Soleil sur la chandelle représentant le Dieu et la Lune sur la chandelle représentant la Déesse.

Une longue bougie blanche effilée pour chacun des membres et une autre représentant l'assemblée.

Des cordelettes blanches de satin pour chacun des membres. La longueur de la cordelette doit correspondre à votre taille, de la tête aux pieds.

Une pièce de monnaie pour chacun des membres.

Du pain et du jus. Pour inaugurer votre premier repas en compagnie des membres de l'assemblée.

Calice rempli d'eau. Utilisez le calice de l'un des membres ou fabriquez-en un pour l'assemblée.

Bol rempli de sel. Je suppose que vous avez compris à quoi il servira…

Chandelle rouge. Utilisez-la pour représenter le Feu sur l'autel, ou utilisez une pierre, comme une obsidienne ou un œil-de-tigre.

Encens et charbon. Oliban, sauge, lavande, ou tout autre mélange de votre choix. Pour ma part, j'aime particulièrement le Nag Champa (produit vendu dans une boîte bleue). La rose, la vanille, le santal et le jasmin conviennent aussi. Si vous n'avez pas de pastilles de charbon, utilisez des bâtons réguliers.

Huile. L'huile de rituel est facultative. Vous pouvez utiliser une huile qu'aiment tous les membres ou, encore, de l'huile d'olive ordinaire. Si vous utilisez un mélange, faites-en plusieurs onces pour l'utiliser au cours des rituels. Si vous optez pour l'huile d'olive, versez-en dans une bouteille et utilisez-la à chacune des rencontres.

Une pierre plate. Faites-en un pentacle et servez-vous-en seulement en assemblée.

Aménagement de l'autel

Si vous pouvez effectuer cette incantation à l'extérieur, servez-vous d'une pierre plate en guise d'autel et placez-la au centre du cercle. Si vous l'effectuez à l'intérieur, disposez les accessoires au centre de la pièce. Avant de tracer votre cercle, faites brûler un peu d'oliban, de sauge ou de lavande, ou une petite quantité du mélange de votre choix afin de purifier la pièce. Demandez aux membres de prendre un bain rituel avant de se présenter à la cérémonie et décidez de votre tenue. Porterez-vous tous une robe de cérémonie ou vos vêtements de tous les jours ? Déterminez ce que vous voulez faire dans le cadre de la cérémonie. Invoquerez-vous un dieu ou une déesse en particulier ? Qui sera en charge de telle ou telle partie de la cérémonie ? Laissez chacun des membres prendre part activement à la cérémonie. Si l'assemblée est composée d'au moins quatre membres, vous pouvez demander à chacun des membres ou à des groupes de deux d'invoquer un Élément particulier ou de consacrer le cercle à l'aide de l'un des Éléments, ou encore d'effectuer ces deux tâches. Un seul membre ou le groupe entier récitera-t-il les incantations ? (Pour ma part, j'aime bien que le groupe ensemble récite les incantations). Vous voudrez peut-être consigner le rituel par écrit et garder la feuille en main.

Mode d'emploi

Tracez le périmètre du cercle en étendant les cordelettes de satin sur le sol. Les membres doivent se tenir debout autour de l'autel avant de tracer le cercle, se purifier avec l'encens et s'oindre d'huile. Allumez la chandelle de travail et passez tous les accessoires à votre disposition dans l'encens et à la flamme de la chandelle.

Tous les membres de l'assemblée peuvent tenir leurs mains au-dessus du calice et les déplacer dans le sens des aiguilles d'une montre en prononçant la phrase suivante :

« Paix, amour et lumière, circulez maintenant dans l'eau. Sois bénie ». Répétez cette phrase jusqu'à ce que vous sentiez l'eau se charger d'énergie. Faites de même avec le sel. Tous les membres doivent ensuite jeter quelques grains de sel dans l'eau et remuer l'eau dans le sens des aiguilles d'une montre avec un doigt, un athamé, une baguette ou un bâton. Ne vous inquiétez pas : vous n'aurez pas à boire l'eau !

Tracez le cercle à l'extérieur du cercle formé par les cordelettes blanches. Si un membre ou un groupe de deux personnes invoque les Éléments à tour de rôle, les autres membres font face à l'Élément invoqué. Si tout le groupe invoque les Éléments, les membres doivent se tenir debout devant l'Élément invoqué et réciter l'invocation ensemble. Désignez une personne qui fera trois fois le tour du cercle avec chaque Élément ou faites-le à tour de rôle. Que vous optiez pour l'une ou l'autre méthode, passez l'Élément à la personne à côté de vous et laissez-la se bénir elle-même avec l'Élément en question. Vous pouvez confirmer la bénédiction par un simple énoncé comme celui-ci pour chacun des Éléments : « Par l'Air [la Terre, le Feu, l'Esprit – l'huile], je suis maintenant purifié(e) et béni(e) ».

Vous pouvez aussi permettre à chacun des membres d'improviser. Lorsque vous en aurez terminé avec un Élément, déposez-le de nouveau sur l'autel et reprenez votre place debout derrière vos cordelettes, à côté de vos accessoires et de votre chandelle de travail.

Une fois le cercle tracé, vous pouvez invoquer les divinités. Demandez-leur de venir célébrer avec vous et dites-leur que vous êtes réunis en leur honneur. Si tous les membres de l'assemblée récitent l'incantation ensemble, assurez-vous qu'elle soit courte et douce à l'oreille. Elle peut prendre la forme suivante : « Déesse et Dieu (ou dites-leur nom), nous sommes rassemblés ce soir pour célébrer la Vie, la Nature, l'Amour ainsi que Votre présence. Nous vous prions de vous joindre à nous et de bénir ce cercle ». Par la suite, allumez les chandelles représentant les divinités.

Commencez l'activité traditionnelle suivante en demandant à un membre de se tourner vers un autre membre pour lui poser ces questions :

Question : « Dans quel état d'esprit es-tu entré(e) dans ce cercle ? »
Réponse : « Avec une confiance et un amour absolus. »
Question : « Il serait préférable pour toi de quitter le cercle maintenant si tu ressens de la peur dans ton cœur. Ressens-tu de la peur dans ton cœur ? »
Réponse : « Non. Je ne ressens aucune peur. »
Question : « Es-tu ici de ton plein gré et disposé(e) à respecter les règles que chacun de nous a approuvées ? »
Réponse : « Je suis ici de mon plein gré et disposé(e) à respecter les règles que chacun de nous a approuvées. »

Conclusion : « Tu peux quitter le cercle en tout temps pour n'importe quelle raison et sans rancune. Tu peux entrer à l'intérieur du cercle avec une confiance et un amour absolu. Tu n'as pas peur et tu es ici de plein gré. Je t'accueille donc comme membre de l'assemblée et véritable ami(e). »

Les deux membres doivent ensuite s'embrasser sur la joue. La personne qui vient de répondre aux questions doit à son tour se tourner vers la personne à sa gauche et lui poser les mêmes questions. Répétez cet exercice jusqu'à ce que tous les membres aient répondu aux questions. Après qu'une personne ait répondu aux questions, elle peut attacher ses cordelettes autour de la taille.

Demandez à une personne de commencer le rituel en se bénissant elle-même avec l'eau, de façon analogue au rituel d'autoconsécration expliqué au chapitre 14. Ensuite, demandez-lui de se tourner vers la gauche (dans le sens des aiguilles d'une montre) pour bénir la personne à côté d'elle. Répétez cet exercice jusqu'à ce que tous les membres aient été bénis avec chacun des Éléments.

Demandez à chacun des membres d'apporter leurs outils de travail dans chaque quadrant réservé à l'Élément pour les bénir et les consacrer à l'Élément. Chaque personne effectue cet exercice à tour de rôle et bénit les outils avec chacun des Éléments. Avant de commencer l'exercice, déterminez si tous les membres réciteront le même message ou si chaque membre rédigera son propre message.

Chaque membre doit ensuite se diriger vers les chandelles représentant les divinités et allumer sa bougie avec ces chandelles. Il retourne ensuite à sa place à l'intérieur du cercle. Demandez à tous les membres de l'assemblée ou à un membre en particulier de lire l'énoncé d'intention. À la fin de la lecture, demandez à tous les membres de répondre : « Ainsi soit-il » ou une autre affirmation de ce genre.

Éteignez l'encens avec un peu d'eau, ajoutez de l'huile et demandez à tous les membres de tracer un pentagramme sur la pierre. C'est le pentacle qui représentera votre assemblée. Gravez le nom de l'assemblée sur la chandelle la représentant ainsi que tout autre symbole de votre choix. Demandez à chacun des membres de tracer les lettres, remettez la chandelle représentant l'assemblée sur l'autel et demandez à chacun des membres de venir l'allumer avec sa bougie. Plantez ensuite votre bougie dans le sol, derrière votre place dans le cercle.

Maintenant, éclatez-vous ! Intensifiez l'énergie en dansant, en frappant des mains, en riant ou en faisant toute autre activité de votre choix. Votre assemblée est maintenant consacrée ! Tout en dansant ou en effectuant l'activité de votre choix, tenez la pièce de monnaie dans votre main. Lorsque vous sentirez l'énergie, regardez-vous pour vous assurer que vous êtes tous sur la même longueur d'ondes. Jetez ensuite les pièces de monnaie dans le bol rempli de sel en disant : « Ouais ! ». Ensuite, dites à très haute voix : « Bénédictions, croissance et prospérité pour [dites le nom de votre assemblée] ! ».

Prenez une collation et profitez de la soirée. Avant de fermer le cercle, demandez à chacun des membres de signer le livre d'or, si vous en avez un.

Bonne chance !

ÉCOLES PAÏENNES

Au moment de choisir une école, un grand nombre de jeunes prennent en considération la vie religieuse qui y est présente. Si l'aspect religieux prime pour vous, consultez le site Web de l'école à laquelle vous voulez vous inscrire afin de savoir si des groupes païens s'y rencontrent régulièrement. La réponse risque de vous surprendre.

La section Pagan/Wiccan du site Web About.com possède des liens à des collèges et à des universités comptant des groupes païens bien établis. Le site Witchvox.com présente aussi des liens à des groupes collégiaux ou universitaires ; vous pouvez effectuer la recherche par province. Vous pouvez également visiter le site Web de l'école que vous voulez fréquenter et consulter la rubrique relative à la vie religieuse pour savoir s'il existe des groupes établis. Dans le cas contraire, vous pouvez constituer un groupe vous-même. Après tout, il y a un début à tout…

Le site Prism.gatech.edu vous donnera des conseils sur la formation d'un groupe païen sur un campus, sur le comportement d'un sorcier ou une sorcière dans un collège lorsqu'il lui faut par exemple partager une chambre avec une personne non wiccane ou autre.

Le site Web de la Coalition des universités et des collèges païens

(Coalition for College and University Pagan – CCUP), à l'adresse members.tripod.com/ccup_org, liste les écoles qui comptent des groupes païens sur le campus. La Coalition souhaite relier les groupes païens de divers collèges et universités afin de constituer un « cercle » virtuel pour l'échange d'idées.

Le site CCUP offre également des liens à chacun des groupes formés sur un campus. Vous pouvez leur écrire pour manifester votre intérêt à y prendre part et poser des questions.

CHAPITRE VINGT
REPOUSSER LES ÉNERGIES NÉGATIVES

Ma mère m'avait averti : « Il y a des jours comme ça ! ». Vous arrive-t-il d'avoir l'impression que le monde entier se ligue contre vous et de vouloir rester couché(e) toute la journée ? Comportez-vous comme une vraie sorcière ! Relevez-vous, protégez-vous et retournez au vortex l'énergie négative qui vous envahit. Il existe différentes façons de repousser les sources d'énergie négative et sachez qu'aucune d'elles ne fait de mal aux autres. Alors, ne vous laissez pas abattre ! Prenez le taureau par les cornes !

Lorsque vous jetez un sort pour éliminer une source d'énergie indésirable, votre intention doit être clairement définie (comme toujours, d'ailleurs). Vous ne voulez tout de même pas diriger des ondes négatives vers d'autres personnes. Rappelez-vous la loi du triple retour. Même si vous êtes disposé(e) à assumer les conséquences de vos actes, ces derniers laisseront une énorme souillure sur votre aura et cela n'en vaut pas la peine. Toutefois, sachez que la magie vous offre différentes possibilités d'éviter l'intimidation mentale ou physique.

Trois types d'incantation permettent essentiellement de se débarrasser d'éléments perturbateurs : l'*incantation de bannissement*, l'*incantation de blocage* et l'*incantation de réorientation*. L'incantation de bannissement expulse l'énergie de votre environnement ; l'incantation de blocage empêche l'énergie ou une personne en particulier de vous atteindre ; l'incantation de réorientation permet de renvoyer toute source d'énergie perturbatrice à sa source. La majorité des incantations ci-après consistent en une combinaison de ces trois types d'incantation.

Avant de poursuivre, je tiens à préciser que vous devez toujours agir dans le monde « réel », en harmonie avec vous-même, avant, pendant et après avoir utilisé la magie pour vous protéger. Si vous êtes en danger, ou que quelqu'un menace de vous agresser physiquement, vous *devez absolument en informer vos parents, la direction de l'école ou toute personne en qui vous avez confiance.* Continuez à communiquer votre détresse jusqu'à ce que vous obteniez de l'aide.

Si vous vous sentez vraiment vulnérable et malheureux(se) et, deux semaines plus tard, constatez que la situation n'est pas améliorée, *confiez-vous à quelqu'un.* La magie est formidable et fonctionne réellement, mais si vous ne pouvez plus endurer la situation que vous vivez, *parlez-en* ! J'ai moi-même réussi à surmonter ma dépression, qui demeure une maladie dont on peut guérir, mais, pour y arriver, il m'a fallu demander de l'aide. Il n'y a pas de honte à consulter un *chaman des temps modernes*, c'est-à-dire un psychologue.

Si vous souffrez d'un mal moins grave que la dépression et que vous voulez vous en débarrasser, voici les accessoires qu'il vous faut.

ACCESSOIRES

Certains objets d'usage courant sont très utiles pour repousser les sources d'énergie négative. Je vous conseille de les avoir à votre disposition en tout temps.

- Miroirs. Placez-en un dans votre chambre à coucher afin de protéger votre espace personnel. Conservez vos vieux disques compacts et procurez-vous quelques miroirs dans une boutique d'artisanat. Vous pouvez aussi utiliser tout objet brillant ou réfléchissant. De l'argent, de la peinture de couleur argent, de l'eau et un verre feront également l'affaire.

- Chandelles noires et blanches. Le noir et le blanc possèdent des vertus protectrices. Le noir absorbe l'énergie, tandis que le blanc favorise le rétablissement de la paix.

- Sel. Répandez quelques grains de sel dans votre chambre à coucher, sans oublier les rebords de fenêtre et les portes (consultez le chapitre 4), pour assurer sa protection. Vous pouvez également mettre du sel dans de l'eau, bénir l'eau et utiliser ce mélange.

- Ficelles. Noires, grises et blanches, de préférence.

- Éléments, comme la flamme de chandelle ; un bol rempli d'eau, de glaçons ou de neige ; des herbes (qui remplaceront l'encens) ; de la terre.

- Clous, épingles de sûreté, épingles droites, agrafes et autres accessoires tranchants. Ces accessoires servent à fabriquer des talismans de défense, sceller un sort ou éliminer le côté narcissiste d'une autre personne.

- Infusion d'eau de rose, de sauge ou de romarin ; eau de fleur d'oranger (que vous pouvez vous procurer dans un magasin d'aliments naturels) ; eau mélangée à du jus de citron ou eau salée dans un flacon pulvérisateur. Aspergez une petite quantité du mélange dans votre chambre à coucher pour la purifier.

INCANTATIONS DE BANNISSEMENT

Phase de la lune : nouvelle lune ou lune en phase décroissante.

La Lune ou le Soleil doit être en Bélier, en Lion ou en Scorpion.

NOTIONS DE BASE DU BANNISSEMENT

Si votre mauvaise humeur est attribuable à une personne en particulier (la personne qui fait courir des rumeurs à votre sujet à l'école, par exemple), n'oubliez pas que vous ne pouvez bannir que l'énergie et non la personne comme telle. Effectuez ce type d'incantation le midi, lorsque le soleil est à son zénith ou, encore, à minuit, lorsque la lune est à son paroxysme. Toutefois, au lieu de vous déplacer ou de danser à l'intérieur d'un cercle dans le sens des aiguilles d'une montre, vous devez vous déplacer *dans le sens inverse des aiguilles d'une montre*. Le déplacement dans le sens des aiguilles d'une montre correspond au mouvement du soleil et sert à amplifier ou à invoquer l'énergie ; le fait de se déplacer dans le sens inverse des aiguilles d'une montre s'oppose au mouvement naturel du soleil et sert à bannir l'énergie. Plutôt que d'utiliser des énoncés positifs pour vos incantations, prononcez des énoncés négatifs pour expulser l'énergie de votre vie. Lorsque vous effectuez ce type d'incantations, il vous faut être calme pour mieux contrôler votre énergie et obtenir de meilleurs résultats.

Sauge, oliban, clou de girofle, cannelle et poivre sont les ingrédients à privilégier pour les incantations de bannissement. Choisissez un seul ingrédient ou mélangez-en plusieurs. Vous pouvez aussi utiliser de la sauce piquante. Il vous suffit de diluer la sauce et d'en asperger l'extérieur de la maison pour empêcher les énergies indésirables d'y entrer.

INCANTATION POUR APAISER LA COLÈRE

Si vous sentez que vous êtes sur le point d'éclater, effectuez cette incantation pour vous-même avant de jeter un sort. La colère est un sentiment naturel, tout à fait sain et justifié. Par contre, il *n'*est *pas* sain de l'entretenir. Si vous jetez un sort alors que vous êtes furieux(se), il risque de se retourner contre vous.

But visé

Apaiser une forte colère, de façon inoffensive.

Accessoires

Un concombre. Je sais que ça semble étrange, mais le concombre possède des vertus *rafraîchissantes*. Il vous calmera.

Une chandelle noire ou blanche. Dirigez votre colère vers la chandelle et faites-la brûler.

Eau. Utilisez l'eau pour faire évaporer votre colère. Vous pouvez verser l'eau dans un calice ou dans un bol.

Un quartier de citron. Ajoutez le jus de citron à l'eau. Le citron est source de purification.

Encens, si vous avez la permission d'en faire brûler. Utilisez l'encens pour purifier votre aura et rétablir votre paix intérieure. Pour ma part, je préfère la sauge. L'oliban constitue également un ingrédient de choix.

Aménagement de l'autel

Pour cette incantation, votre *corps* servira d'autel. Effectuez cette incantation à l'extérieur ou lorsque vous êtes seul(e) à la maison, car vous *hurlerez*.

Mode d'emploi

Je présume que vous sentez le besoin d'effectuer l'incantation le plus tôt possible, car la fumée vous sort sans doute déjà par les oreilles. Rassemblez les accessoires, fermez les yeux et prenez trois grandes respirations. Ensuite, visualisez un cercle de lumière blanche autour de vous et frappez des mains pour fixer le cercle.

Prenez la chandelle dans votre main dominante et *criez*. Sentez la colère en vous, laissez-la se répandre dans tout votre être et faites-la descendre dans votre bras et dans votre main. Ensuite, faites-la *sortir* de votre main et dirigez-la vers la chandelle. Hurlez, défoulez-vous et relaxez-vous. Avec votre main, dirigez votre colère vers la chandelle. Répétez cet exercice jusqu'à ce que vous vous sentiez mieux. Allumez la chandelle et prononcez une phrase du genre : « J'apaise ma colère en la faisant brûler et en ne faisant de mal à personne, de quelque façon que ce soit. ».

Pressez le quartier de citron au-dessus de l'eau et remuez le mélange dans le sens inverse des aiguilles d'une montre. Prononcez ensuite une phrase du genre : « Ma colère s'apaise et j'étanche la soif de ma fureur. Désormais, la colère ne pourra ni exercer un contrôle sur moi ni m'atteindre. ».

Buvez quelques gorgées du liquide. Ensuite, aspergez-vous les mains avec l'eau du citron et répandez-en quelques gouttes sur vous. Allumez l'encens et imprégnez-vous-en en le faisant circuler autour de votre corps, particulièrement devant vos chakras. Tout en humant l'encens, sentez le retour de votre équilibre.

Coupez le concombre en tranches épaisses, couchez-vous et placez une tranche sur chacun de vos yeux et sur votre troisième œil ainsi que sur votre gorge, votre sternum et votre estomac.

Les yeux fermés (toujours recouverts de tranches de concombre), visualisez la flamme, dirigez-y votre colère et libérez-la. Respirez profondément. Lorsque vous inspirez, sentez le calme et la paix remplir vos cellules ; faites une pause, retenez un peu votre respiration et rassemblez toute source de détresse émotionnelle restante dans votre poitrine. Expirez lentement et posément, en expulsant la colère hors de votre corps. Vous devriez retrouver votre calme. Si le temps vous le permet, laissez la chandelle brûler complètement. Sinon, éteignez-la et jetez le bout de chandelle qui reste.

INCANTATION POUR BANNIR UNE MAUVAISE ATTITUDE

Effectuez cette incantation lorsqu'une personne vous fait sortir de vos gonds. Cette incantation permet aussi de bannir une énergie malsaine.

But visé

Bannir les ondes négatives provenant d'une autre personne.

Accessoires

Une chandelle noire. Le noir absorbe et dissout l'énergie. Vous expulserez l'énergie malsaine de votre corps et la dirigerez vers la chandelle. Gravez-y le nom de la personne qui vous embête ainsi que des symboles qui représentent pour vous l'action d'« arrêter ».

Un miroir. Placez votre chandelle devant le miroir. Il recueillera toute source d'énergie négative et la détournera de vous.

Herbes de bannissement. Cela va de soi !

Un objet représentant la personne qui diffuse l'énergie que vous voulez bannir. Une photographie convient, mais vous pouvez tout simplement écrire le nom de la personne en question sur une feuille de papier.

Un bol rempli d'eau. Vous comprendrez bien pourquoi...

Aménagement de l'autel

Placez-vous devant un miroir. Si vous le pouvez, effectuez cette incantation dans votre chambre à coucher. Vous pouvez également l'effectuer dans la salle de bain, si c'est la seule pièce où vous pouvez vous isoler. Si vous ne pouvez allumer de chandelles ni faire brûler de l'encens, adaptez l'incantation de façon que vous puissiez l'effectuer dehors ou, encore, substituez certains éléments. Je vous expliquerai comment plus loin...

Mode d'emploi

Tracez un cercle et méditez afin de garder la tête froide. Allumez la chandelle et ajoutez l'encens aux pastilles de charbon. Si vous n'avez pas la permission de faire brûler d'encens, vous n'avez qu'à faire une pile avec les herbes et la placer près des autres accessoires. Pensez à la situation qui vous embête. Détaillez-la dans votre esprit et laissez vos émotions vous submerger, qu'il s'agisse de tristesse, de peur, d'insécurité, de colère ou autre. Dans quelle partie du corps ressentez-vous les émotions ? Pour ma part, je les ressens habituellement dans le creux de l'estomac. Laissez vos émotions s'intensifier le plus possible. Ensuite, placez votre main réceptive au-dessus de la partie du corps où vous ressentez vos émotions s'amasser en boule. *Tirez* ces émotions hors de votre corps en déplaçant votre main dans le sens inverse des aiguilles d'une montre autour de la partie en question. Faites un mouvement de traction avec la main et visualisez l'énergie négative s'accumuler à un endroit précis hors de votre corps. Placez votre main dominante au-dessus de votre main réceptive. Déplacez votre main dominante dans le sens inverse des aiguilles d'une montre et visualisez l'énergie qui s'accumule en une sphère, tout en laissant votre main réceptive sur celle-ci. Ensuite, récitez une incantation de bannissement.

Tout en récitant l'incantation, visualisez la sphère se détacher de votre main, de sorte que l'énergie ne vous touche plus. Amenez la sphère dans la flamme de la chandelle ou dans le bol d'eau, si vous n'avez pas la permission d'allumer de chandelles. Apportez la chandelle, le bol et l'encens devant le miroir (si vous n'avez pas la permission de faire brûler d'encens, répandez les herbes en formant un cercle autour de votre autel ou jetez les herbes dans l'eau). Toute l'énergie désagréable sera réfléchie par le miroir, envoyée dans la flamme ou dans l'eau et désintégrée. Prenez la photographie ou inscrivez le nom de la personne sur une feuille de papier (si vous êtes certain(e) de son identité ; sinon, vous n'avez qu'à inscrire « perturbateur ou perturbatrice »). Brûlez, enterrez ou déchirez la photographie ou la feuille.

INCANTATION POUR BANNIR UNE MAUVAISE HABITUDE

Parfois, ce sont vos propres comportements qui vous nuisent. Essayez cette incantation au cours de la nouvelle lune afin de vous débarrasser d'un comportement malsain, comme mentir, fumer ou trop manger. Au cours de la phase croissante de la lune, effectuez une autre incantation pour vous aider à adopter un nouveau mode de vie.

But visé

Se débarrasser d'une mauvaise habitude.

Accessoires

Tous les outils de travail que vous avez à votre disposition.
Disposez les outils de façon traditionnelle, afin que chaque outil soit
placé dans la direction qui lui revient.

Une image ou un dessin représentant votre mauvaise habitude.
S'il s'agit de mentir, dessinez une bouche et une bulle dans laquelle
vous écrirez le mot « mensonges » ; s'il s'agit de fumer, dessinez
des cigarettes ; s'il s'agit de trop manger, dessiner un beigne ou un
autre aliment faible en nutriments.

Une chandelle noire ou blanche. Utilisez-la pour brûler votre
mauvaise habitude et vous en libérer. Gravez-y les mots de votre
choix afin de bannir cette mauvaise habitude et dessinez des
symboles associés à la « diminution » ou à la « mort ». Si vous
n'avez pas la permission d'allumer des chandelles, écrivez sur une
feuille de papier votre mauvaise habitude, à l'intérieur d'un triangle
descendant et dessinez les symboles de votre choix à chacun des
coins du triangle. Ensuite, enterrez la feuille.

Des herbes de bannissement. Bien sûr ! Si vous n'avez pas la
permission de faire brûler de l'encens, portez les herbes sur vous
dans un sac et pressez-les un peu lorsque vous avez besoin d'aide.

Deux ficelles noires. Vous attacherez votre mauvaise habitude en
ficelant le dessin de votre mauvaise habitude... votre premier type
d'engagement ! Vous nouerez une incantation avec l'autre ficelle et
la porterez sur vous pour vous rappeler que votre pouvoir doit venir
à bout de votre mauvaise habitude. Portez-la sur la partie supérieure
de votre bras sous votre gilet ou à votre poignet.

Aménagement de l'autel

Disposez votre autel comme d'habitude. Le rituel reprogramme
votre corps pour changer vos habitudes.

Mode d'emploi

Tracez un cercle formel. Demandez aux divinités de vous aider. Attachez la première ficelle autour de votre image ; si vous utilisez une feuille de papier, roulez-la et attachez-la tout en imaginant que votre image *représente* votre mauvaise habitude. Vous pouvez prononcer la phrase suivante : « Il ne s'agit pas d'une image, mais plutôt de [dites votre mauvaise habitude] ». Gravez le mot représentant votre mauvaise habitude sur la chandelle, allumez-la (ou écrivez le mot sur une feuille de papier) et récitez une incantation de bannissement.

Faites brûler les herbes et répétez l'incantation tout en déplaçant votre main dominante à travers la fumée dans le sens inverse des aiguilles d'une montre. Récitez l'incantation jusqu'à ce que vous sentiez l'énergie se déplacer et que les mots soient fixés dans votre esprit. Répétez l'incantation jusqu'à ce que vous n'en puissiez plus. Vous constaterez alors que l'emprise de votre mauvaise habitude sur vous diminue.

Maintenant, vous pouvez lier un peu de magie à vos ficelles, ce qui vous permettra de vous rappeler à quel point vous êtes puissant(e) et que vous avez pris un engagement envers vous-même, l'univers et les divinités afin d'assurer un bannissement optimal. Tenez la ficelle au-dessus de l'encens, si vous avez la permission d'en faire brûler. Tenez-la haut dans les airs et présentez-la aux divinités. Demandez-leur de bien vouloir vous aider.

Attachez les nœuds de la façon suivante :

Récitez les phrases suivantes :

Grâce au nœud numéro 1, la présente incantation est commencée.
Grâce au nœud numéro 2, mon souhait sera réalisé.

Grâce au nœud numéro 3, je veux ma liberté.

Grâce au nœud numéro 4, j'adore la liberté.

Grâce au nœud numéro 7, les cieux viennent m'aider.

Grâce au nœud numéro 8, mes mauvaises habitudes vont cesser.

Grâce au nœud numéro 9, je triompherai.

Attachez la ficelle à votre bras ou à votre poignet. Chaque fois que vous vous sentez sur le point de faire une rechute, tournez la ficelle un peu et visualisez une autre façon d'agir. Ensuite, agissez en fonction de votre visualisation. Brûlez ou enterrez la ficelle une fois que vous aurez passé 21 jours consécutifs sans retomber dans votre mauvaise habitude.

RITUEL VISANT LA PURIFICATION DE VOTRE ESPACE

(Selon un rituel que m'a enseigné Tara et un rituel de « ménage » qui vient d'un médium spiritiste.)

Effectuez ce rituel lorsque vous sentez qu'une énergie négative s'est accumulée dans la maison ou dans votre chambre à coucher, notamment lorsqu'une tension constante est présente ou, encore, à la suite d'un différend. Ce rituel élimine les chicanes dans la famille. Vous voudrez sans doute effectuer ce rituel lorsque vous serez seul(e) à la maison, car vous devrez faire du bruit.

But visé

Purifier votre espace de toute énergie négative.

Accessoires

Herbes de bannissement, pastilles de charbon, un bol, un peu de terre ou de sable, ou de l'encens commercial. Avez-vous remarqué que j'adore utiliser des herbes ? Vous pouvez utiliser tout ingrédient de la liste de la page 347 que vous avez à votre disposition. Puisque vous ferez brûler les herbes et que vous ferez le tour de la maison avec elles, si vous le pouvez, mettez la terre ou le sable dans un bol et, ajoutez-y les pastilles de charbon. Sinon, répandez un peu de terre ou de sable autour de la maison ou faites-en de petits sachets et cachez-les en lieu sûr, derrière un placard ou dans une armoire de cuisine par exemple.

Sel. Répandez-en un peu autour de la maison pour attirer l'énergie négative vers la terre.

Eau. Aspergez-en un peu partout dans la maison pour la purifier.

Une chandelle blanche (qui doit durer neuf jours) dans un verre. Vous pouvez vous procurer ce type de chandelles dans un grand nombre de supermarchés. Si vous n'avez pas la permission de faire brûler de chandelles, collez un morceau de papier blanc sur le mur.

Une casserole et une cuillère. Vous verrez bien pourquoi…

Aménagement de l'autel

Comme vous ferez le tour de la maison, l'endroit où vous serez lorsque vous commencerez et terminerez le rituel constituera votre autel. Déposez la chandelle (ou le morceau de papier) sur votre autel, ainsi que les autres accessoires afin de les charger d'énergie.
Ne laissez qu'une porte ou une fenêtre ouverte.

Mode d'emploi

Déplacez votre main dominante au-dessus de vos accessoires dans le sens des aiguilles d'une montre, en imaginant une lumière blanche se déverser de votre main et pénétrer vos accessoires. Je sais que j'ai affirmé précédemment qu'il fallait se déplacer dans le sens inverse des aiguilles d'une montre lors d'une incantation de bannissement, mais vous êtes en fait en train de *remplir* de lumière les accessoires afin de bannir l'énergie négative.
Ajoutez un peu de sel à l'eau, bénissez l'eau et chargez-la d'énergie.

Faites le tour de la maison avec l'eau et aspergez-en un peu partout. Laissez l'eau et le sel près de la fenêtre ou de la porte laissée ouverte.

Allumez la chandelle. Faites le tour de la maison avec la chandelle et déposez-la aux coins de toutes les pièces. Voyez la flamme brûler les ondes négatives. Si vous n'avez pas la permission d'allumer de chandelle, visualisez la couleur blanche dans votre esprit. Diffusez la lumière blanche autour de la maison en tenant le morceau de papier « blanc », tout en respirant profondément et en dirigeant l'énergie vers votre main dominante. Tenez la chandelle devant vous tout en imaginant la lumière blanche qui se dégage de votre paume et imprègne chaque pouce de la maison. Déposez la chandelle, qui brûle encore, près de la fenêtre ou de la porte laissée ouverte. (Assurez-vous que l'endroit est sûr et que la chandelle ne risque pas de se renverser.) Effectuez le même exercice avec l'encens.

Maintenant, prenez la casserole et la cuillère. Commencez par le coin le plus éloigné de la maison ou à l'étage supérieur. Tapez de la cuillère sur la casserole avec force pour que la magie commence. Ensuite, marchez lentement à l'intérieur de la maison, en tapant vigoureusement sur la casserole, tout en prononçant d'une voix forte, mais contenue : « *Dehors* ! Toute la négativité, *dehors* ! Colère, cruauté et ce qui peut faire mal, rien de cela ne peut demeurer ». (Vous pouvez taper fort des mains si ça vous gêne de vous promener avec une casserole et une cuillère.)

Arpentez chaque pouce de la maison, en terminant devant la fenêtre ou la porte laissée ouverte. Visualisez l'énergie négative sortir par l'ouverture. Chassez l'énergie hors de la maison, si vous le pouvez. Prenez l'eau, le sel, l'encens et la chandelle. Sortez. Laissez la chandelle et l'encens brûler sur le perron (de façon sécuritaire). Prenez les autres accessoires dans la cour et répandez une petite quantité de chacun des ingrédients dans les coins.

Après l'exercice, prenez un bain de purification et nettoyez les accessoires que vous avez utilisés à l'eau chaude. Versez l'eau par terre, mais dans un endroit éloigné de votre maison (ou videz-la dans la toilette), et enterrez tout restant d'encens. Gardez la chandelle sur votre autel et faites-la brûler pendant neuf soirs afin de continuer le processus de purification. Si vous n'avez pas la permission d'allumer de chandelle, méditez en fixant le morceau de papier blanc pendant neuf soirs.

INCANTATION VISANT À VOUS CALMER

Les variantes de cette incantation sont très courantes et vous pouvez les trouver dans différents ouvrages. Comme je l'ai déjà mentionné, il s'agit de l'une des premières incantations que j'ai apprises et elle est très efficace. C'est une incantation à privilégier lorsque des enseignants ou d'autres personnes désagréables s'acharnent sur vous.

But visé

Geler toute énergie négative que vous envoie une personne quelconque.

Accessoires

Une image ou toute autre représentation de la personne qui vous embête, si vous connaissez son identité. Si vous aimez les marionnettes, l'occasion est idéale pour en utiliser une. Pour ma part, je n'aime pas utiliser des poupées qui ressemblent trop à une personne. Rappelez-vous que c'est l'énergie et les effets qu'elle produit que vous voulez « geler ». Vous pouvez utiliser un caillou, une feuille de papier ou tout objet que vous avez à votre disposition pour écrire le nom de la personne en question. Si vous ne connaissez pas l'identité de la personne qui vous cause des problèmes, vous n'avez qu'à écrire « perturbateur ou perturbatrice ». Au verso, écrivez « GELÉ » et dessinez la rune représentant la neige (consultez le chapitre 11) ou tout autre symbole qui vous inspire.

Un congélateur. Mettez-y l'image ou la représentation afin de geler l'attitude néfaste de la personne.

Aménagement de l'autel

Vous n'avez pas besoin d'utiliser un autel formel, mais vous pouvez vouloir renforcer votre objectif (attacher l'énergie négative) en gardant une chandelle blanche sur la table sur laquelle sont gravés des runes ou des symboles représentant un « arrêt » ou autre. Vous pouvez également fixer un endroit comme celui décrit dans l'incantation pour bannir une mauvaise attitude.

Mode d'emploi

Tenez la représentation de votre adversaire dans votre main dominante et récitez une brève incantation au-dessus de l'image ou de la photographie ; assurez-vous d'y incorporer l'idée de l'énergie.

Déposez l'image à un endroit dans le congélateur qui ne dérangera pas. Joyce suggère d'insérer l'image dans un sac de plastique rempli d'eau. Gardez-la dans le congélateur jusqu'à ce que la situation revienne à la normale. Débarrassez-vous de l'image ou de la photographie lorsque vous sentez que l'énergie ne vous affecte plus.

LIER UN PERTURBATEUR OU UNE PERTURBATRICE

Vous pouvez tracer un cercle et aménager un autel, mais ce n'est pas nécessaire. Voici ce dont vous avez besoin :

- une photographie de la personne en question (si vous pouvez l'identifier) ou une image la représentant, une marionnette ou une pierre ;
- une ficelle noire ;
- un bol rempli de sel.

Écrivez le nom de la personne au verso de la photographie ou de l'image la représentant. Tenez la photographie ou l'image dans votre main réceptive et accumulez l'énergie psychique que vous voulez lier, comme il est expliqué dans la section portant sur l'*incantation de bannissement d'une mauvaise attitude*. Avec votre main dominante, faites une boule avec l'énergie et dirigez-la vers la photographie ou l'image. Récitez une incantation au-dessus de celle-ci en enroulant la ficelle et en la nouant, tout en vous concentrant sur le noeud.

Répétez l'exercice jusqu'à ce que vous sentiez que l'énergie s'est suffisamment fixée aux noeuds. Déposez l'image dans le bol rempli de sel et recouvrez-la complètement de sel. Une fois la situation résolue, enterrez le sel et la photographie ou l'image loin de votre maison ou *dénouez* simplement le sort en défaisant les noeuds.

INCANTATION DU TRIPLE RETOUR

Effectuez cette incantation pour renvoyer l'énergie négative à sa source. Vous aurez besoin de :

- un miroir ;
- une pointe de quartz ou votre athamé.

Tracez un cercle de lumière blanche autour de vous. Asseyez-vous et méditez pour éclaircir vos idées et vous concentrer. Tenez le miroir dans votre main réceptive et la pointe de quartz ou votre athamé dans votre main dominante. Pensez à la personne qui vous embête et imaginez qu'elle commence à vous causer des ennuis. Avant que la situation ne vous perturbe, tenez le miroir devant votre point sensible (à l'endroit où vous ressentez les émotions dans votre corps). Tenez le miroir à cet endroit pendant que vous vous efforcez de maîtriser totalement vos émotions. Amenez la pointe de quartz ou votre athamé à côté du miroir devant vous. Visualisez l'énergie qui se reflète dans le miroir et éloignez-la de vous avec la pointe de quartz ou votre athamé, tout en récitant une incantation qui comprend des paroles renvoyant l'énergie à sa source. Répétez l'exercice jusqu'à ce que vous ne sentiez plus d'énergie négative en vous.

RITUELS POUR GUÉRIR UN CŒUR BRISÉ

Ça fait mal. Ça fait vraiment très mal. Avoir le cœur brisé fait réellement souffrir et, malheureusement, vous vivrez très probablement cette expérience plus d'une fois. On dit que le temps arrange les choses et c'est vrai. Toutefois, les résultats sont plus rapides avec un peu de magie. Ce rituel est formidable pour purifier votre cœur et votre âme de toutes les blessures et de tous les maux qui se sont accumulés en vous au cours de votre vie. En fait, vous devriez toujours purifier votre aura et vos chakras – une sorte d'hygiène psychique, en somme ! Lorsque le stress et les problèmes se sont accumulés au cours de la journée, utilisez ces rituels pour vous en débarrasser, vous relaxer et refaire le plein d'énergie.

APAISER LES BLESSURES PSYCHIQUES

Tout d'abord, attachez-vous à ressentir les émotions qui vous habitent. Pleurez votre amour perdu ou la perte d'un être cher. La seule façon de se *débarrasser* d'émotions douloureuses est de les *vivre*. Si vous ne vivez pas la force intense de la souffrance qui vous envahit, vous ne pourrez pas vraiment être en mesure de remédier à la situation. Prenez donc un jour ou deux. Étendez-vous sur le lit, pleurez toutes les larmes de votre corps, enfilez des vêtements confortables et regardez des comédies. Après tout au plus deux jours, levez-vous et affrontez pleinement la vie, avec l'aide de la magie, bien sûr.

BAIN DE DÉTOXICATION

Après vous être débarrassé(e) de votre sueur, prenez un bain de détoxication, composé de :

2 tasses de sel d'Epsom ou de sel de mer
5 à 15 gouttes d'essence d'oliban, de lavande, de melaleuca ou d'huile d'orange ou, encore, une combinaison de ces différentes essences.

En vous faisant couler un bain chaud, ajoutez les ingrédients dans l'eau et remuez-la pour mélanger les ingrédients.

Ou

2 tasses de sel d'Epsom
2 cuillères à soupe de sauge
2 cuillères à soupe de lavande
1 cuillère à soupe de romarin

Faites infuser les herbes dans un bocal rempli d'eau bouillante. Versez l'infusion et le sel dans le bain chaud.

Remuez l'eau dans le sens inverse des aiguilles d'une montre pendant que la baignoire se remplit d'eau. Dessinez dans l'eau un symbole de bannissement, comme le symbole Adinkra visant la modification d'un comportement ou, encore, un pentagramme. Si vous en avez la permission, allumez une chandelle sur laquelle vous aurez gravé le symbole en question. Gardez-la à portée de vue. Vous pouvez également ajouter de l'encens de bannissement, de l'encens de paix ou tout autre mélange de votre choix.

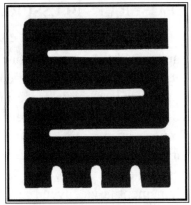

Symbole Adinkra pour la modification de son comportement.

Glissez-vous dans la baignoire. Aspergez votre corps d'eau pour faire disparaître votre peine. Méditez en fixant la flamme tout en respirant profondément et à un rythme régulier. Visualisez le plus clairement possible le fonctionnement intérieur de votre corps et respirez toute la douleur qui sort de chacune de vos cellules. Tout en inspirant, appréciez la senteur des huiles et laissez cette belle sensation remplacer la mélancolie. Après vous être trempé(e) un certain temps, retirez le bouchon et regardez la baignoire se vider. Regardez le drain engloutir votre tristesse. Si vous avez besoin d'un exercice plus efficace, essayez le ...

RITUEL DU CŒUR BRISÉ

Si vous n'avez pas la permission de faire brûler d'encens ni d'allumer de chandelles, prenez une pointe de quartz. Je vous expliquerai la marche à suivre plus loin.

But visé

Guérir un cœur brisé.

Accessoires

Une baignoire. Prenez d'abord un bain rituel afin de vous rincer, de faire disparaître votre peine et de vous redonner de l'énergie.

Une chandelle blanche ou rouge ou, encore, un cristal de quartz. Utilisez la chandelle ou le cristal pour brûler votre tristesse.

Encens de paix ou autre mélange apaisant. Nettoyez et rajeunissez votre aura triste avec l'encens ou un mélange d'huiles essentielles avec lequel vous pouvez vous oindre.

Du papier et un stylo. Vous comprendrez bien pourquoi…

Une amulette d'amour. La seule façon de passer au travers de votre désespoir est de continuer à *vous* aimer. L'amulette d'amour vous permettra de faire ressortir vos énergies aimantes et de vous rappeler que l'amour est partout.

Un bol à l'épreuve du feu et de l'huile *Essence d'amour* (page 202) (facultatif). Vous comprendrez bien pourquoi plus loin.

Aménagement de l'autel

Pour cet exercice, vous pouvez disposer votre autel de deux façons. D'une part, vous pouvez aménager un autel formel (avec tous vos outils de travail) et effectuer un rituel formel (ce qui est une bonne idée puisque les rituels formels peuvent accélérer le processus de guérison) ; d'autre part, vous pouvez effectuer cet exercice dans votre chambre à coucher (ou dans la salle de bain) lorsque vous vous sentez vraiment seul(e).

Mode d'emploi

Tracez un cercle en utilisant la méthode de votre choix et méditez pour vous éclaircir l'esprit. Visualisez l'image d'un cercle le plus longtemps possible. Cette image vous aidera à vous débarrasser de votre détresse émotionnelle. Le cercle n'a ni début ni fin ; il s'agit d'un cycle, d'un mouvement constant et d'une forme parfaite.

Si vous utilisez des chandelles, allumez-les maintenant ; si vous utilisez de l'encens, faites-en brûler maintenant. Sinon, placez les herbes dans un bol et pressez-les un peu pour libérer leur senteur ou utilisez un mélange d'huile essentielle que vous étendrez sur votre corps. Si vous utilisez plutôt une pointe de quartz, tenez-la dans votre main dominante et conjurez votre feu intérieur. Voyez alors le cristal luire à la lumière.

Faites passer la chandelle ou le cristal autour de votre corps, en imaginant la lumière brûler votre tristesse. Effectuez l'exercice de nouveau. Faites passer une autre fois la chandelle ou le cristal autour de votre corps, en imaginant, cette fois, que la chaleur et la brillance de la lumière pénètrent les cellules de votre corps pour guérir toute peine ou blessure dans votre aura. Effectuez de nouveau l'exercice avec de l'encens ou un mélange d'huile. Tout en vous oignant d'huile ou en respirant l'encens, relaxez-vous.

En déplaçant votre main dominante dans le sens des aiguilles d'une montre et en touchant votre poitrine pour ouvrir le chakra de votre cœur, concentrez-vous sur votre respiration et les battements de votre cœur pour intensifier l'énergie. Laissez aller vos émotions : pleurez, riez, faites ce qu'il vous plaît. Donnez libre cours à vos émotions. Visualisez vos émotions, comme s'il s'agissait d'une fine brume devant vous. Faites un mouvement d'entrelacement avec vos mains et formez une petite boule en avant de vous avec vos émotions. Dirigez la boule sur la feuille de papier et voyez-la fondre dans le papier. Écrivez votre nom au complet sur la feuille et pliez-la en deux. Si vous utilisez une chandelle, déposez un peu de cire pour la sceller. Pliez-la en deux encore une fois et déposez-y un peu de cire. Pliez de nouveau la feuille de papier et répétez l'exercice une troisième fois.

Si vous pouvez faire l'exercice suivant, je vous le recommande.

Tenez sur votre cœur la feuille de papier sur la quelle figure votre nom et récitez une prière de guérison et de paix. Allumez la feuille de papier, jetez-la dans un bol et laissez-la brûler. Conservez les cendres et mélangez-les à quelques gouttes d'huile *Essence d'amour*. (Si vous ne pouvez pas faire cet exercice, cachez la feuille de papier.) Bénissez l'amulette d'amour et oignez-la d'huile, si vous en utilisez. Si vous avez effectué l'incantation en faisant brûler une chandelle, faites une trace avec les cendres derrière l'amulette, soit le côté que vous porterez contre votre poitrine. Portez l'amulette jusqu'à ce que votre chagrin d'amour s'apaise.

CHAPITRE VINGT ET UN

LA POLITIQUE ET LES DROITS DES ADOLESCENTS

POLITIQUE PAÏENNE EN MATIÈRE DE SEXUALITÉ ET DE CONSOMMATION DE DROGUES

S'il y a une question qu'on ne cesse de poser, c'est bien la suivante : « Quelle est la position officielle des païens sur les relations sexuelles avant le mariage, l'avortement, l'euthanasie, le mariage entre personnes de même sexe ou sur de nombreux autres points controversés d'ordre personnel ou politique ? ». Il est difficile de répondre à cette question, car il n'existe pas de réponse toute faite. Souvenez-vous, la Wicca et le paganisme ne sont pas des religions organisées ; nous n'avons pas de représentant suprême qui exerce un pouvoir absolu sur les choix moraux de chacun. Dans une assemblée, un Wiccan peut aller voir une grande prêtresse ou un grand prêtre pour lui demander conseil à propos d'un problème particulier, mais il ne se fait pas dicter la voie à suivre. Le prêtre ou la prêtresse écoutera, donnera des conseils et encouragera ensuite la personne à réfléchir sérieusement à la question. Par conséquent, la réponse toute simple à la question est que les païens *n'*ont *pas* de position officielle sur les questions d'ordre politique. Nous comptons dans nos rangs des Démocrates, des Républicains (aussi incroyable que cela puisse paraître), des Libertariens et des membres d'autres allégeances politiques. La plupart d'entre nous sont d'accord pour « laisser chacun faire ce qu'il lui plaît si cela ne fait de tort à personne » ; c'est un principe difficile à appliquer en politique.

D'abord, comment appliquer le principe selon lequel il ne faut faire de tort à personne lorsque vous pensez à l'avortement ou à la peine de mort ? Les Wiccans veulent-ils rendre l'avortement illégal et risquer de réduire le droit des femmes à engendrer. D'une part, l'avortement met fin à une vie et cela fait du tort, non ? D'autre part, une femme à qui on imposerait une grossesse serait aussi lésée, n'est-ce pas ? Le dilemme est le même avec la peine de mort. Devrions-nous payer pour que l'auteur reconnu d'un massacre puisse vivre et manger et le laisser continuer de faire du mal à la

> « Je crois que les païens ont besoin d'être plus actifs sur le plan social. J'ai grandi en même temps qu'avaient lieu les campagnes de collecte d'aliments et de vêtements. J'ai grandi en sachant ce qu'était la politique et l'on m'encourageait à défendre mes opinons. J'ai grandi au sein de l'idéal libéral démocrate et le fait que j'aie changé de religion ne signifie pas que je suis sur le point d'abandonner cet idéal. J'entends des païens dire que les gens sont bons, que nous sommes tous égaux, etc... la conclusion logique est donc de mettre sa vie au service des gens ».
>
> — MARJORIE, 13 ANS

société ? Mais si nous immolons une vie, ne sommes-nous pas nous-mêmes des meurtriers ? Le débat est sans fin, sans solution et tout à fait personnel. À mon avis, le pifomètre fonctionne d'une façon légèrement différente lorsque vous commencez à parler de politique. Je crois qu'il faut s'en remettre au plus grand bien de toutes les personnes en cause. Si les sorcières et les sorciers n'ont aucun symbole d'autorité pour leur dire de quelle façon vivre, ils restent responsables devant leur propre conscience et leurs déités personnelles. Ils sont responsables de leurs actes et si cela implique qu'ils doivent de temps en temps agir à l'encontre des normes établies pour être fidèles à eux-mêmes, alors ils en assument la responsabilité et reconnaissent les faits.

Ce qui m'amène à parler de l'implication la moins bien comprise, c'est-à-dire le « Fais tout ce qu'il te plaira si cela ne fait de tort à personne ». *Si vos actions ne blessent personne, mais ne sont simplement pas admises du point de vue social, alors il vous incombe de vivre selon vos principes, de suivre ce que votre cœur vous dicte. Si vous avez l'impression de mener une vie vertueuse, saine et heureuse,*

« Dans mon enfance, on ne pensait pas à la Terre comme une entité. Elle n'était pas vraiment vivante – c'était simplement un décor sans conséquence, une toile de fond aux drames humains de la plus haute importance. Ma mère jetait souvent des déchets par la fenêtre de la voiture, même quand nous n'étions qu'à une centaine de mètres de la maison. Mon frère continue de se conduire de la sorte à mon grand désarroi. Je sais que c'est mal. C'est un crime contre notre mère la Nature. Je me suis élevée contre la conduite de mon frère et celle de ma mère, en refusant de polluer ou de les laisser faire sans une bonne part de culpabilité. Si chaque personne fait sa part, si minime soit-elle, nous réussirons peut-être à créer un monde où règne le respect de la Nature. »

— ATHENA, 17 ans

alors il est de votre devoir de vivre ainsi et d'en être ravi(e). Je conviens parfois qu'il est très difficile de lutter constamment contre l'ordre établi. Demandez à n'importe quel homosexuel. Il est important, pour la même raison, de respecter tous les autres êtres vivants, de les laisser vivre comme ils pensent.

Je voudrais aussi vous faire remarquer que le principe « si cela ne fait de tort à personne » s'applique aussi à vous ! Il n'y a pas de « loi » dans la Wicca qui prescrive quand, comment ou avec qui faire l'amour par exemple. Nous faisons tous partie de la Nature, n'est-ce pas ? Et les rapports sexuels sont tout ce qu'il y a de plus naturel, non ? Alors allez-y et faites l'amour sans vous faire de souci, c'est ça ? Pas vraiment. J'ai pris cet exemple parce que l'idée que les sorcières ou les sorciers changent souvent de partenaires, est un stéréotype assez répandu, surtout dans le cas des sorcières. Il est certain que les sorcières sont généralement libérées sur le plan sexuel, que l'immense majorité n'est pas réticente à la sexualité et adopte une attitude saine vis-à-vis de celle-ci. Cependant, avoir la liberté d'agir ne signifie pas nécessairement se transformer en séductrice ou séducteur. Les Wiccans savent que liberté et responsabilité vont de pair. Nous considérons aussi que la sexualité est sacrée. Prière de lire : la sexualité est naturelle, merveilleuse, sacrée et constitue une énorme responsabilité. Par conséquent, j'espère que les sorcières ne saliront pas leur réputation en s'adonnant à une sexualité vide de sens ou en ayant des relations sexuelles avec des personnes qui ne les respectent pas, ou qu'elles ne causeront pas de tort à une autre personne par manque de respect envers elle ou envers la relation qu'elles peuvent entretenir. Vous voyez combien la distinction est floue et combien les choses se compliquent ? C'est la rançon de la liberté. Vous devez y réfléchir, suivre votre intuition, être disposée à écouter tous les arguments à l'appui ou à l'encontre d'une proposition et faire de votre mieux en consultant votre intellect, votre cœur et votre âme.

Je me sens quand même apte à faire une petite généralisation concernant l'éthique païenne : nous voulons la liberté, la justice, une planète en santé et que les hommes fassent preuve d'humanité dans le monde. Il vous appartient de donner un sens à ces valeurs. Comment voyez-vous le monde ? Quelle est votre définition de l'utopie ? Tirez la chose au clair et travaillez chaque jour à sa réalisation. La politique est un jeu, mais un jeu sérieux. Si vous voulez vous familiariser avec le monde de la politique, voici quelques suggestions – même si vous n'êtes pas encore en âge de voter.

LES ACTIONS PERSONNELLES SONT DES ACTIONS POLITIQUES

Vous vous souvenez du chapitre 16 ? Certaines des idées qui y sont avancées sont politiques. Chacun des choix que vous faites est politique, depuis le soutien aux sociétés qui fabriquent des produits en accord avec votre mode de vie païen à l'affirmation, dans le calme, de votre vision du monde. La politique ne consiste pas seulement à voter et se lancer dans l'activisme, bien qu'il soit important de le faire. Chaque fois que vous décidez d'agir en fonction de ce que vous croyez être juste et bien, vous émettez une opinion politique. Par conséquent, la première chose à faire quand on est païen et qu'on s'intéresse à la politique, est de se connaître soi-même. Vous êtes un membre de la société. Utilisez votre pouvoir !

- **Parlez toujours franchement.** Si vous croyez que quelque chose est injuste, malsain ou qu'on vous prive d'une partie de votre liberté, dites-le. C'est votre droit, en tant qu'être humain, de faire votre part. Un conseil : suivez la première règle de tout bon débat et gardez votre calme lorsque vous rencontrez de l'opposition.

- **L'argent donne du pouvoir.** Dépensez votre argent intelligemment. Si vous vous rendez compte que votre compagnie de lait au chocolat préférée détruit l'environnement par son utilisation de sous-produits chimiques étranges, cessez de consommer cette marque et trouvez-en une autre que vous aimerez autant. Vous pouvez aussi écrire à la compagnie pour lui faire part de vos préoccupations et l'aviser que vous n'achèterez plus ses produits si elle ne corrige pas la situation.

- **L'argent donne du pouvoir.** Je sais que je l'ai déjà dit, mais je donne à cette affirmation un autre sens. Le site TeenPowerPolitics.com révèle qu'en 1999, les adolescents âgés de 10 à 19 ans ont dépensé une somme estimée à 153 milliards de dollars ! C'est beaucoup d'argent ! Encouragez les sociétés qui respectent votre idéal. Soutenez vos cultivateurs locaux et votre boutique païenne locale et vous finirez par créer un monde un peu plus près de votre propre utopie.

- **Apprenez les règles.** Si vous voulez faire de la politique, vous devez en connaître les règles. Demeurez au courant de ce qui se passe au niveau de votre gouvernement et dans le monde. Écrivez à vos députés même si vous ne pouvez pas encore voter. S'il y a quelque chose qui vous irrite vraiment vos copains et vous, commencez à les bombarder de lettres et n'arrêtez que lorsque vous aurez reçu une réponse. Vous ne pouvez peut-être pas voter pour le moment, mais vous le pourrez un jour et vous avez des parents et des professeurs qui le font. Rappelez-le à vos élus locaux.

- **Commencez à l'échelle locale.** Si les déchets toxiques vous inquiètent, nettoyez un parc. Ça ne sauvera pas le monde des boues chimiques, mais c'est se montrer responsable de son environnement immédiat. Faites en sorte que vos idées fassent tache d'huile à l'école. Adressez une pétition à l'administration lorsque quelque chose de vilain se prépare comme la censure ou essayez de mettre sur pied un programme de recyclage.

- Menez toujours à bonne fin ce que vous avez entrepris.

LA FORCE EST DANS LE NOMBRE

Vous jouissez de la liberté de parole, d'expression et de religion. Si vous vous retrouvez dans une situation qui vous prive de ces libertés, criez, argumentez, ruez dans les brancards et battez-vous pour vos droits. Non seulement est-ce impérieux pour vous en tant qu'individu, mais vous ouvrirez aussi la voie à la prochaine personne qui sera contrainte au silence et à la conformité.

J'espère que vous êtes assez proche de vos parents pour pouvoir leur soumettre votre problème si vous êtes victime de harcèlement et qu'ils vous soutiendront si vous décidez de prendre des mesures.

De nombreux organismes, beaucoup pour les adolescents, se consacrent à l'activisme politique. Consultez la section consacrée à l'action politique en annexe pour obtenir de l'information sur des personnes-ressources en mesure de vous aider dans cette voie.

PROTÉGEZ VOS DROITS

Selon plusieurs spécialistes en la matière, la constitution accorde aux adolescents exactement les mêmes droits qu'aux adultes. Dans les faits, les adolescents se font parfois rabrouer à l'école et à l'extérieur de la maison. Pourquoi ? Principalement parce qu'ils ne connaissent pas leurs droits, alors ils ne savent pas se défendre. Trouvez une copie de notre constitution et étudiez-la ; ne vous laissez plus marcher sur les pieds.

Voici quelques cas instructifs :

En 1999, on avait interdit à Crystal Seifferly, alors âgée de dix-sept ans, de porter un pentacle à l'école parce que cela allait à l'encontre du code vestimentaire de l'établissement. Le code bannissait plusieurs types d'habillement et de maquillage dont le style dit « gothique », le vernis à ongles noir et le port de symboles associés à une bande ou à un culte. En réalité, la politique de l'école concernant l'appartenance à une bande ou à un culte interdisait tout particulièrement aux étudiants d'appartenir à un groupe wiccan. Voyons ! Ce n'est pas possible ?

Crystal a communiqué avec l'ACLU (*American Civil Liberties Union*) et ces derniers ont porté la cause devant les tribunaux. L'ACLU s'est servie de l'argument selon lequel le pentacle était un symbole religieux, et que, comme tel, son port devait être autorisé. Assez curieusement, les autres symboles religieux comme l'Étoile de David des Juifs et le Croissant et la Lune des Musulmans étaient aussi bannis de l'école dans la mesure où ils constituaient des symboles d'appartenance à des bandes alors que le crucifix était permis. Pouvons-nous parler de discrimination ? Inutile de dire que Crystal et l'ACLU ont combattu cette politique, gagné la cause et fait faire un grand pas aux droits des païens.

« Il y a environ un an, dans ma ville natale, on a suspendu un professeur d'anglais parce que le Conseil de l'éducation a découvert qu'elle était Wiccane. L'enseignante était anéantie par la réaction de sa communauté. La plupart de ses anciens amis et collègues la fuyaient et elle craignait pour sa sécurité et celle de son mari. Ça m'a fait un pincement au cœur de voir son entrevue aux nouvelles de fin de soirée – elle tremblait assise sur le divan et ses yeux enflés s'emplissaient de larmes en racontant le traitement dont elle avait été victime après toutes ces années au sein de la communauté. Elle aurait pu poursuivre l'école et retrouver son poste, mais elle a préféré donner sa démission. »

— ATHENA, 17 ANS

Un autre cas, en 1999, fut celui de Brandi Blackbear, alors âgée de 15 ans, qui a poursuivi son école pour avoir empiété sur sa liberté. Brandi rêve d'écrire un jour des romans d'horreur et elle admire Stephen King, entre autres. Quelqu'un a fait courir sur son compte une rumeur selon laquelle elle aurait écrit une histoire mettant en scène un incident violent se passant à l'école (c'était peu de temps après la tragédie de Columbine). La direction a pris peur, a fouillé son sac d'école et s'est emparée du contenu. Elle a trouvé une nouvelle dans laquelle il était question d'une fusillade à l'école…un roman quoi ! On lui a confisqué son texte et elle a été temporairement suspendue pour avoir constitué une menace pour l'école. Quelques mois plus tard, Brandi a découvert un livre sur la Wicca à la bibliothèque et plusieurs élèves l'ont vue le lire. Peu de temps après, un enseignant était

hospitalisé dans un établissement local. C'est alors que, ouvrez bien vos oreilles, le directeur-adjoint de l'école de Brandi l'a fait venir dans son bureau pour l'accuser d'être une sorcière et d'avoir jeté un sort à l'enseignant malade. Sommes-nous au treizième siècle ou quoi ? Encore une fois, l'ACLU s'est mise de la partie et le cas a été résolu en faveur du bon sens et de la liberté.

Selon l'ACLU, un organisme qui lutte pour nos droits constitutionnels, le fait d'aller à telle école plutôt qu'à une autre a une incidence sur les libertés dont vous jouissez le temps que vous y êtes. Le gouvernement donne de l'argent aux écoles publiques pour les aider à boucler leur budget. Puisqu'elles sont tenues de se soumettre aux règles gouvernementales, les écoles publiques *doivent* suivre les directives stipulées par la constitution. On ne peut pas vous forcer à prier à l'école ; on ne peut pas vous prendre à partie à cause de votre religion ; et vous avez le droit de vous exprimer librement tant que vos paroles ne sont pas jugées « obscènes » ou « diffamatoires ». C'est ici que commence le débat ; qu'est-ce qui est « obscène » ou « diffamatoire » et qu'est-ce qui est « perturbateur » (une autre excuse souvent employée par la direction de l'école lorsqu'elle n'aime pas votre style) ?

Aux États-Unis, les écoles privées sont différentes parce qu'elles dépendent de fonds privés. Comme le gouvernement ne leur donne pas d'argent, il surveille moins leurs directives. Leur fréquentation constitue quand même une forme de liberté. Si votre famille est religieuse ou veut vous envoyer dans une école très spécialisée, elle a la liberté de choisir et l'école a la liberté d'enseigner un programme d'études spécialisé. Les écoles privées peuvent avoir des règles beaucoup plus strictes en ce qui à trait à la censure, le code vestimentaire et la liberté d'expression de sorte que vous êtes un peu coincés dans ces établissements. Cependant, qu'elles soient publiques ou privées, les écoles ne peuvent faire de distinction injuste à votre égard.

Comment savoir si vous êtes victime de discrimination ? Hé bien, je ne peux vous répondre sans connaître votre histoire, mais si un enseignant ou un membre du corps enseignant vous harcèle à cause de vos croyances, fait des distinctions injustes à votre égard en classe, se moque de vous ou vous donne de mauvaises notes uniquement parce que vos idées sont différentes des siennes, il s'agit peut-être d'un cas de discrimination. Si l'on vous ferme l'accès à des clubs ou des organisations parce que vous n'appartenez pas à la même religion, au même sexe, à la même race ou classe que les autres membres, vous êtes victime de discrimination. Si l'on ne vous donne pas les mêmes droits qu'aux autres personnes, comme celui de porter le symbole de votre religion à l'école, alors vous êtes victime de discrimination. La direction de l'école n'a pas le droit de saisir vos effets (à moins qu'il ne soit illégal que vous les ayez, comme dans le cas de drogues, d'une arme à feu ou d'un truc de ce genre), et elle n'a pas le droit de fouiller votre sac à main, votre sac d'école ou vos poches sans votre consentement.

LA DISCRIMINATION EST MÉPRISABLE... LUTTEZ CONTRE LE POUVOIR !

Aucun citoyen américain ne doit tolérer qu'on fasse une distinction injuste à son égard à cause de sa race, sa couleur, ses croyances, son sexe ou son âge. Notre constitution nous protège contre le harcèlement ou toute autre forme de pénalisation pour nos croyances et ces mêmes lois s'appliquent aux adolescents. Si les Wiccans et les païens ne sont pas membres d'une religion organisée, on leur accorde quand même les mêmes droits qu'aux autres. Malheureusement, le paganisme est souvent mal compris donc nous devons nous battre un peu plus pour nous faire accepter et faire accepter nos croyances. Si vous êtes victime de discrimination à l'école, au travail ou dans d'autres secteurs de la vie publique, vous avez le droit de vous défendre. Ne vous laissez pas faire !

Des groupes offrent de l'information, des ressources pour de l'aide juridique et la participation à un réseau d'entraide dans les cas de discrimination religieuse (ou d'une autre nature). En voici quelques-uns que vous pourriez consulter.

Union américaine pour les libertés civiles (*American Civil Liberties Union, ACLU*)

ACLU.org
National Headquarters
125 Broad Street
New York, NY 10004

Cet organisme est le chien de garde des libertés civiles américaines, à savoir ces libertés garanties par la constitution. Son site Web donne toutes sortes de renseignements utiles sur les droits de la personne et la façon de les protéger. Une section s'adresse spécialement aux élèves des écoles secondaires et une autre est consacrée aux étudiants des

---

« J'ai été harcelée à l'école par diverses personnes. Le pire est que la direction ne m'a pas appuyée. J'ai toujours eu les enseignants en haute estime (du moins certains d'entre eux), mais la façon dont ils ont réagi à l'égard de mon problème m'a grandement déçue. L'exemple qui me vient à l'esprit – et qui crève les yeux - est lorsque ce pauvre type m'a coupé une mèche de cheveux dans un de mes cours, il y a un mois. J'ai été foudroyée qu'un élève du secondaire puisse faire quelque chose d'aussi puéril et que les autres filles assises à la même table n'aient pas levé le petit doigt pour l'en empêcher ou protester. Il a ri sottement après coup. Maintenant, elle a vraiment l'air d'une sorcière a-t-il dit. Le professeur a prétendu que, comme il ne l'avait pas vu le faire, il ne pouvait pas prendre parti. « Vous pensez que je me suis fait ça toute seule », ai-je demandé. Il a haussé les épaules. Ma mère et moi sommes allées voir le conseiller pédagogique et le directeur à ce sujet. Ils nous ont assurées qu'ils auraient une petite conversation avec le gars, quelle mesure disciplinaire ! Il m'a sauvagement agressé avec une paire de ciseaux de six pouces de long et s'en est pris à mon apparence physique. Que se serait-il passé si sa main avait dévié et qu'il m'avait blessée au cou. Ils ne lui ont pas infligé de punition… mais ils regardent mon pentacle d'une façon bizarre qui me donne envie de leur tordre le cou.

— ATHENA, 17 ANS

niveaux collégial et universitaire. Si vous croyez être victime de discrimination à l'école, il vous est possible de communiquer avec votre représentant local de l'ACLU pour obtenir de l'aide juridique.

RÉSEAU D'AVOCATS AU SERVICE DES LIBERTÉS RELIGIEUSES (RELIGIOUS LIBERTIES LAWYERS NETWORK, RLLN)

Phyllis Curott, Esq.
P.O. Box 311
Prince Street Station
New York, NY 10012
rllnhq@aol.com

Phyllis Curott, est prêtresse wiccane, diplômée de la NYU School of Law et auteure de talent. Elle a mis ce groupe d'avocats sur pied pour donner des avis juridiques et représenter des clients victimes de discrimination religieuse.

RÉSEAU D'INFORMATION SUR LES AUTRES RELIGIONS (ALTERNATIVE RELIGIONS EDUCATION NETWORK, AREN)

AREN.org

L'un des groupes qui ont offert leurs services dans le cas de Crystal Seifferly, il s'agit d'un service d'aide juridique.

LADY LIBERTY LEAGUE

CircleSanctuary.org/liberty
Circle Sanctuary
P.O. Box 219
Mt. Horeb, WI 53572

Fondé en 1985 par Selena Fox, une sorcière en vue qui est aussi coéditrice de la revue *Circle Sanctuary*, ce groupe s'occupe de constituer des réseaux d'entraide en matière de soutien juridique.

RÉSEAU D'AIDE JURIDIQUE AU SERVICE DES RELIGIONS DE LA TERRE
(EARTH RELIGIONS LEGAL ASSISTANCE NETWORK)

Conjure.com/ERAL/eral.html

Ce site liste des personnes-ressources et oriente les gens vers l'aide juridique.

LIGUE DES SORCIÈRES POUR LA SENSIBILISATION DU PUBLIC
(WITCHES' LEAGUE FOR PUBLIC AWARENESS, WLPA)

Celticcrow.com
P.O. Box 909
Rehoboth, MA 02769
ou
P.O. Box 8736
Salem, MA 01971

Fondé par Laurie Cabot en 1986, ce groupe combat les stéréotypes et renseigne les médias sur la sorcellerie. Vous pouvez leur demander de vous envoyer une trousse d'information sur vos droits et la façon de les protéger.

JOYEUSE RENCONTRE, JOYEUSE RENTRÉE ET JOYEUSES RETROUVAILLES !

V ous comprenez bien maintenant ce que sont la Wicca et la sorcellerie païenne. Avant de vous quitter, j'ai un dernier commentaire à faire.

LES RITUELS ET L'ÉTIQUETTE

Toutes les sorcières que j'ai interviewées m'ont demandé la même chose : que je dise un mot au sujet de l'étiquette pendant les rituels pour que vous sachiez à quoi vous en tenir lorsque vous assisterez finalement à un rassemblement païen. Bien que nous formions un groupe de personnes relativement décontractées et tolérantes, vous devez vous plier à quelques règles simples lorsque vous allez à un Sabbat ou un Esbat de sorcières ou à un des grands festivals. Tenez-vous en à ces règles et vous serez assurée de faire bonne impression.

- **Demandez la permission avant de toucher quoi que ce soit !** Certaines sorcières sont très susceptibles quand il s'agit de leur matériel, que ce soit leurs cartes de tarot, leur tambour, leurs outils de rituel ou leurs cristaux. Péchez par excès de politesse, toujours, et bas les pattes ! Demandez la permission d'abord.

- **Respectez l'espace de chacun.** Ce que je veux dire, c'est qu'il ne faut pas croire qu'il n'est pas grave de heurter quelqu'un parce que vous faites un rituel. Les personnes qui deviennent agressives pour se faire remarquer autour du feu sont ennuyeuses. Si quelqu'un vous plaît, c'est formidable, mais soyez poli(e). Si les adeptes de la sorcellerie sont sexuellement libérées pour la plupart, cela ne veut pas dire qu'ils ou elles apprécient d'être embêtés pendant qu'ils essaient de travailler.

- **N'arrivez pas en état d'ébriété ou sous l'effet d'une drogue et n'ayez pas sur vous des substances illicites.** Je ne saurais vous dire combien il est désagréable de voir quelqu'un se pointer à un rituel complètement défoncé. Les sorciers et sorcières ont peut-être la réputation d'être rebelles, mais vous ne devriez pas présumer qu'ils le sont. Si vous arrivez à un Cercle ouvert en ayant dans vos poches des drogues illicites, vous faites courir le risque d'une arrestation à l'ensemble du groupe et cela nous ramène à ce que les gens pensent de nous en général.

Souvenez-vous que la magie vient de vous, du sang qui coule dans vos veines, de votre respiration et de votre lien profond avec l'univers qui vous entoure. Vous êtes puissant(e). Vous êtes fort(e). Si vous travaillez fort pour obtenir quelque chose, vous l'obtiendrez. Ne tenez pas compte des médias qui vous invitent à adopter un certain genre ou à penser comme tout le monde pour être accepté(e). Votre individualité est un bien précieux. Continuez de chercher jusqu'à ce que vous trouviez des gens qui vous apprécient pour ce que vous êtes. Soyez toujours disposé(e) à apprendre, à mûrir et battez-vous pour vos croyances. Et ayez d'autres intérêts ou d'autres passe-temps en plus de la sorcellerie. Tricotez un chandail ou allez faire du jogging ou quelque chose. Votre esprit a besoin d'une pause de temps en temps.

L'un de mes moments préférés à titre de membre de la communauté païenne est ma participation à la célébration des merveilleux festivals. Le Starwood Festival qui a lieu au Brushwood Folklore Center à New York, est l'un de mes préférés. C'est une grande fête qui dure une semaine et nous campons tous sur les magnifiques terrains. Starwood attire généralement quelque mille cinq cents personnes de différentes traditions. Vous y verrez des traditionalistes wiccans, des sorcières éclectiques, des druides, des Santeros et des gens de tous les groupes ethniques, de toutes les nationalités, de toutes les tranches d'âge. Il y a de la musique sur scène, des ateliers, des vendeurs d'objets incroyables et toutes sortes d'activités. La partie que je préfère véritablement, ce sont les tambours qui jouent jour et nuit.

Une fois, je me suis endormie, étendue sur le sol à la périphérie du cercle des tambours. Ma tête reposait par terre et je pouvais entendre et sentir les doux battements du « troisième quart » (de minuit à l'aube) de tambours. J'ai dormi ainsi jusqu'au lever du soleil pour me réveiller complètement revigorée et prête à partir. J'adore aussi la petite rue des marchands où les mêmes personnes viennent année après année s'installer dans les mêmes kiosques. Il y a une dame qui fait des poteries extraordinaires avec de l'argile qu'elle extrait elle-même du sol. On dirait qu'elles sont en chocolat au lait ; elles sont lisses et appétissantes, on aurait envie de les lécher. Mon copain Johnathan m'a récemment fait cadeau d'un calice qu'elle a fait et qui se dresse fièrement sur mon autel. La nuit, les campings ont l'air d'un village tsigane enchanté, les tentes rivalisant de détails et de charmes. Vous pouvez marcher dans les petites rues et les allées de fortune et les gens vous saluent, même si vous ne les connaissez pas.

À la fin du festival, on construit un énorme bûcher que des bûcherons déchaînés (de gros costauds qui coupent le bois) mettront une journée entière à mettre en place. Avant le coucher du soleil, tout le monde s'active, prend une douche et met son plus beau costume pour la soirée. C'est gigantesque ! Imaginez un millier de païens parés de leurs plus beaux atours, riant, dansant, courant les uns après les autres autour d'un énorme feu de joie. Pendant quelques jours, j'ai l'impression que le monde est en parfaite harmonie et je comprends le sens du mot « communauté ». Quand tout est terminé, nous remballons nos choses et nous disons : « À la prochaine ! », en sachant que notre communauté continuera de vivre dans notre cœur jusqu'à ce que nous nous retrouvions.

J'espère que ce livre vous a aidé dans votre cheminement… Nous nous verrons peut-être à l'un des festivals ! Mon site Web est le *www.parkyourbroomstick.com* , arrêtez me dire bonjour en passant !

Ne dites jamais au revoir ! Imitez les sorcières qui, lorsque le Cercle est ouvert et que tout le monde rentre à la maison, disent : Joyeuse rencontre, Joyeuse rentrée et Joyeuses retrouvailles !

CORRESPONDANCES

Le but des correspondances est de vous aider à établir des liens magiques. La pratique et l'expérience seront vos meilleurs guides. Utilisez l'information que vous recueillez, mais soyez toujours prêt(e) à travailler directement avec une herbe, une divinité, une couleur ou la planète elle-même.

Garde-manger de la sorcière (ingrédients courants)

Anis : divination, travail spirituel, invisibilité.

Pomme : amour, prospérité, guérison.

Laurier : chance, contestations judiciaires.

Camomille : sommeil, rêves prophétiques, soulagement de la douleur.

Cannelle : stimulation, purification, bannissement, guérison, prise de conscience psychique, prospérité.

Girofle : purification, guérison, prospérité, pouvoir.

Aneth : prospérité, amour.

Fenouil : paix, calmant des dérangements intestinaux et de la dyspepsie fonctionnelle.

Ail : guérison, protection, bannissement, volonté.

Gingembre : énergie, guérison, succès, calmant pour les dérangements intestinaux.

Lavande : paix, clamant pour les nerfs, méditation, clarté, concentration.

Citron : purification, guérison, régénération.

Marjolaine : paix, équilibre, calmant.

Menthe : stimulation ou relaxation (selon le besoin), concentration, purification, communication, prospérité.

Muscade : prise de conscience psychique, amour, rêves prophétiques.

Orange : joie, amour, paix, purification, prospérité, attrait.

Persil : énergie, guérison.

Poivre : bannissement, stimulation, purification, guérison, prospérité, amour sexuel.

Origan : invocation des esprits, transe méditative.

Rose : amour, consécration, guérison.

Romarin : amour, amélioration de la mémoire, concentration, pouvoir, consécration, purification, conscience de l'ici-maintenant.

Sauge : purification, bannissement, guérison, consécration, énergie féminine, conscience de l'ici-maintenant.

Vanille (gousse ou extrait) : passion, amour de soi, joie.

Quelques ingrédients secrets pour le garde-manger de la sorcière

Sang de dragon : pouvoir, puissance psychique, amour, purification.

Oliban : consécration, bannissement, méditation, croissance spirituelle, prise de conscience psychique.

Ambre : souhaits, amour, richesses.

Bergamote : succès, concentration, purification, prospérité.

Patchouli : énergie sexuelle, prospérité.

Table des couleurs

Blanc : protection, éloignement des influences négatives, pureté des pensées, paix, consécration, méditation.

Noir : protection, absorption de l'énergie, capacité psychique, éloignement des influences négatives, pouvoir.

Gris : éclat prestigieux, invisibilité, création de confusion.

Rouge : amour, passion, guérison, protection, pouvoir, Feu.

Rose : amour, douceur, amusement.

Orange : inspiration, énergie, encouragement, amitié, énergie solaire.

Jaune : intellect, communication, Air.

Vert : prospérité, croissance, guérison, Terre.

Bleu : spiritualité, calmant pour les émotions, Eau, Feu.

Brun : prise de conscience de l'ici-maintenant, guérison, animaux, Terre.

Indigo : capacité psychique, travail spirituel, invisibilité, augmentation de la spiritualité.

Violet : magie, capacités psychiques, calme l'anxiété.

Argent : capacités psychiques, énergie lunaire, éloignement de l'énergie négative, éclat prestigieux, invisibilité.

Or : guérison, énergie solaire, stimulation de l'énergie, bénédictions.

Correspondances avec les incantations

INCANTATIONS POUR ATTIRER L'AMOUR

PHASE DE LA LUNE :

Pour attirer à vous l'amour : lune en phase croissante à la pleine lune.

Pour guérir un cœur brisé : de la pleine lune à la nouvelle lune.

SOLEIL OU LUNE EN :

Taureau, Scorpion, Cancer, Poisson.

PIERRES ET MÉTAUX :

Pour rayonner et attirer l'amour : pierre de lune, quartz rose, ambre, rubis, grenat, quartz rutilé, cuivre, or.

Pour équilibrer les émotions : améthyste, hématite, quartz.

Pour repousser des avances non sollicitées : pierre de lune, obsidienne, onyx, jais, argent, fer.

DÉITÉS :
Déesses : Aphrodite, Feya, Isis, Oshun, Shakti, Amaterasu.
Dieux : Apollon, Chango, Shiva, Pan.

HERBES ET HUILES :
Vanille, sang de dragon, cannelle, orange, poivre, romarin, basilic, pomme, muscade, ambre.

COULEURS :
Rose, rouge sang, or, argent, blanc.

PÉRIODES :
Aube, crépuscule, minuit, solstice d'été, Beltane, Lughnasadh, Vénus en Poisson.

INCANTATIONS DE GUÉRISON

PHASE DE LA LUNE :
Pour bannir la maladie : Pleine lune à nuit sans lune.
Pour accroître la vitalité : nuit sans lune ou nouvelle lune à pleine lune.

SOLEIL OU LUNE EN :
Vierge, Taureau, Balance.

PIERRES ET MÉTAUX :
Citrine, hématite, malachite, améthyste, obsidienne, grenat, pierre de lune, or.

DÉITÉS :
Déesses : Brigid, Gaia, Iduna, Ochun, Kuan Yin, Sekhmet.
Dieux : Apollon, Inle.

HERBES ET HUILES :
Sauge, persil, orange, ail, cannelle, poivre, gingembre, girofle, oliban.

COULEURS :
Vert, or, bleu clair, rouge.

PÉRIODES :
Beltane, Mabon, Soleil en Vierge.

INCANTATIONS POUR LA PROSPÉRITÉ ET LE SUCCÈS

PHASE DE LA LUNE :
Pour bannir la pauvreté ou éliminer les obstacles : nuit sans lune ou
   lune en phase décroissante à nuit sans lune.
Pour augmenter la richesse et le pouvoir : pleine lune et nouvelle
   lune à pleine lune.

SOLEIL OU LUNE EN :
Taureau, cancer.

PIERRES ET MÉTAUX :
Malachite, pyrite, quartz, argent, cuivre, or.

DÉITÉS :
Déesses : Freya, Oshun, Amaterasu.
Dieux : Lugh, Nudons, Tyr.

HERBES ET HUILES :
Bergamote, cannelle, patchouli, ambre, basilic, menthe, poivre,
orange.

COULEURS :
Vert, or, argent.

PÉRIODES :
Midi, aube, Beltane.

INCANTATIONS DE PROTECTION

PHASE DE LA LUNE :
N'importe quelle phase.

SOLEIL OU LUNE EN :
Bélier, Scorpion, Cancer.

PIERRES ET MÉTAUX :
Obsidienne, jais, onyx, pierre de lune, labrador, hématite, quartz, argent, fer, plomb.

DÉITÉS
Déesses : Nyx, Morrigan, Cerridwen, Sekhmet, Hekate, Oya, Kali.
Dieux : Odin, Thor, Cernunnos, Helios, Ra, Obatala, Chango, Oggun, Brahma.

HERBES ET HUILES :
Sang de dragon, oliban, poivre, cannelle, ail, girofle, rose, anis.

COULEURS :
Noir, blanc, gris, rouge, argent, bleu foncé.

PÉRIODES :
Soleil en Bélier, Mars en Capricorne.

INCANTATIONS POUR LES POUVOIRS PSYCHIQUES

PHASE DE LA LUNE :
Pleine lune à nuit sans lune.

SOLEIL OU LUNE EN :
Scorpion, Cancer, Poisson.

PIERRES ET MÉTAUX :
Pierre de lune, obsidienne, diamant, argent.

DÉITÉS :
Déesses : Rhiannon, Brigid, Selene, Aradia, Hekate, Freya, Ochun, Nyx.
Dieux : Odin, Chaos, Apollon.

HERBES ET HUILES :
Sang de dragon, muscade, cannelle, camomille, anis, romarin, oliban.

COULEURS :
Noir, argent, mauve foncé, bleu foncé, blanc, gris.

PÉRIODES :
Minuit, crépuscule, Lune en Scorpion.

INCANTATIONS POUR LA COMMUNICATION

PHASE DE LA LUNE :
N'importe quelle phase.

SOLEIL OU LUNE EN :
Gémeaux, Cancer, Scorpion.

PIERRES ET MÉTAUX :
Quartz, kyanite, œil-de-tigre.

DÉITÉS :
Déesses : Cerridwen, Rhiannon.
Dieux : Hermès, Ellegua, Ogma.

HERBES ET HUILES :
Menthe, cannelle, laurier, lavande, bergamote.

COULEURS :
Jaune clair, bleu clair, blanc.

PÉRIODES :
Lundi, mercredi, midi, Mercure en Gémeaux.

INCANTATIONS DE BANNISSEMENT ET D'ENGAGEMENT

PHASE DE LA LUNE :
Lune en phase décroissante ou nuit sans lune.

SOLEIL OU LUNE EN :
Scorpion, Balance, Bélier.

PIERRES ET MÉTAUX :
Obsidienne, onyx, jais, pierre de lune, argent, plomb, fer.

DÉITÉS :
Déesses : Kali, Morrigan, Cerridwen, Rhiannon, Aradia.
Dieux : Shiva, Chango, Chaos, Thor, Tyr.

HERBES ET HUILES :
Sang de dragon, oliban, sauge, cannelle, poivre, ail, rose, gingembre, lavande.

COULEURS :
Noir, blanc, gris, rouge, argent.

PÉRIODES :
Midi, minuit, Samhain, Mars en Scorpion.

ANNEXE B

Répertoire en ligne

LES CINQ MEILLEURS SITES PAÏENS SUR LE WEB

Witchvox.com (The Witches' Voice)
Neopagan.net
Wicca.com
BranwensCauldron.com
iit.edu/~phillips/personal/ (Mama Rose's Kitchen)

SITES WEB D'ORGANISMES PAÏENS ÉTABLIS

CoG.org (Covenant of the Goddess)
CircleSanctuary.org
CUUPS.org (Covenant of Universalist Uniterian Pagans)
Reclaiming.org
EarthSpirit.org
ADE.org (Ár nDraíocht Féin)
AREN. Org

SITES WEB POUR « CAMPS D'ENTRAÎNEMENT »

TeenWitch.com
WitchSchool.com
Reclaiming.org
CircleSanctuary.org

SITES WEB DONNANT DE L'INFORMATION GÉNÉRALE

PaganPath.com
TWPT.com (The Wiccan Pagan Times)
Bulfinch.org (Bulfinch's Mythology Online)
Gofree.indigo.ie/~wicca/ (Wicca Na hErin: Janet Farrar et Gavin Bone)
WaningMoon.com
Sacred-Texts.com
About.com
ReligiousTolerance.org
AromaWeb.com
Yahoogroups.com (pour les listes d'envoi)

SITES WEB INTÉRESSANTS POUR LE MAGASINAGE

Tous ces fournisseurs possèdent un catalogue détaillé en ligne. Ils vendent leurs articles aux prix courants et acceptent le paiement par mandat. Un astérisque en regard d'un nom signifie que j'ai passé une commande auprès d'eux et que je peux donc répondre de leur fiabilité ct de la qualité de leurs produits. Autrement, vous commandez à vos risques et périls.

*FirstHerb.com
Starwest-botanicals.com
CapricornsLair.com
Abaxion.com
PansPantry.co.uk/index.htm (Pan's Pantry)
*MagicParlor.com
*WLPSSP.com (Nu Aeon: White Light Pentacles/Sacred Spirit Products)
TheMagicalBlend.com
WhisperedPrayers.com

SITES WEB POUR CEUX QUI S'INTÉRESSENT À L'ACTION POLITIQUE

Alternet.com
TeensPowerPolitics.com
Greens.org

GenerationNet.org
FreeThePlanet.org
FreedomForum.org
PBS.org/merrow/trt/index.html (Listen Up)
FreeSpeech.org
YouthActivism.com
WhisperedMedia.org

Glossaire

Animisme : voir chaque objet comme étant vivant.

Anthropomorphique : concept selon lequel les déités ressemblent aux êtres humains et agissent comme eux.

Arbre de vie : métaphore du lien entre Dieu et l'homme, utilisé dans la kabbale.

Athamé : dague rituelle, ordinairement à double tranchant et à manche blanc.

Bibliomancie : divination par ouverture d'un livre à un passage aléatoire.

Bolline : couteau rituel à la lame en croissant, utilisé pour récolter les herbes et sculpter des objets.

Boule de cristal : divination par la fixation d'une surface réfléchissante pour recevoir des impressions visuelles.

Calice : une coupe rituelle qui symbolise la Déesse. Le calice est utilisé pour la bénédiction de l'eau ou d'un autre liquide.

Chaudron : un symbole de la Déesse. Il est souvent fait de fonte et sert à préparer les aliments ou les potions rituelles.

Chaman : dans les cultures tribales, guérisseur qui recourt à des techniques spirituelles, comme la communication avec le monde des esprits, pour agir sur une maladie physique.

Code : norme de moralité d'une religion.

Coupe de libation : un outil rituel ; on y verse des aliments et des boissons en tant qu'offrande aux Dieux.

Credo : philosophie de la vie d'une religion.

Culte : ensemble de rituels et de mythologie particulier à une religion.

Duothéiste : concept selon lequel la force divine est exprimée par deux déités, souvent un Dieu et une Déesse.

Éclectique : qui provient de nombreuses sources.

Envoûtement : utilisation des rapports entre des objets naturels pour capter leur énergie et agir sur d'autres objets naturels.

Éphémérides : livre donnant la situation des planètes.

Esbat : rituel de la pleine lune.

Évoquer : susciter une réponse émotionnelle.

Extase : littéralement, être hors de soi. Un état de conscience qui élimine les limites entre vous-même et la divinité ; lien avec l'infini.

Goupillon : outil rituel qu'utilisent certains Wiccans pour asperger de petites gouttelettes d'eau une personne, la circonférence d'un Cercle, etc. à des fins de purification.

Grimoire : livre médiéval dc magie.

Immanent : concept selon lequel la ou les forces divines sont présentes en toute chose en tout temps, que la divinité est présente dans le monde.

Inconscient collectif : différent du conscient personnel, il constitue la somme des expériences humaines acquises au fil du temps.

Infusion : extraction des propriétés d'une herbe par macération dans de l'eau bouillante ou de l'huile.

Invoquer : appeler une énergie primaire qui provient de l'univers.

Kabbale : tradition mystique juive selon laquelle le rapport entre Dieu et l'homme est exprimé par l'Arbre de vie, les trois piliers et les 32 chemins de la sagesse.

Néopaïen : une personne moderne qui pratique une version moderne du paganisme.

Occulte : quelque chose qui est cachée à la vue ; désigne ordinairement l'étude de la magie.

Païen : un terme général pour désigner une religion qui a) est polythéiste, b) vénère la nature en tant que force divine, c) n'est ni judéo-chrétienne ni musulmane.

Panthéisme : concept selon lequel la nature est vivante et divine.

Peinture traditionnelle : terme qu'utilisent les autochtones américains pour désigner la purification d'un endroit avec de la fumée d'encens, surtout de la sauge.

Polarisé : ayant deux forces opposées qui se complètent.

Polythéiste : qui croit en plusieurs dieux.

Pyromancie : divination par le feu.

Sabbat : fêtes des sorcières : Samhain, solstice d'hiver (Yule), Imbole, Ostara, solstice d'été, Beltane, Lughnasah et Mabon.

Sens du soleil : sens horaire (dans l'hémisphère Nord) ou mouvements utilisés pour charger ou créer une énergie qui s'en va dans cette direction.

Sephira/sephiroth : les dix niveaux de manifestation divine dans la kabbale. Représentés sous forme de sphères sur l'Arbre de vie.

Sorcellerie : art de comprendre, de combiner, de capter et de communiquer avec les énergies de la nature pour effectuer des changements.

Sorcière ou mage : personne qui pratique l'art de changer la conscience pour renouer avec les énergies universelles infinies et qui apporte des changements à sa vie et à son soi par son lien avec la sorcellerie.

Transcendant : concept selon lequel les forces divines se situent au-delà de l'expérience et de la compréhension humaines.

Wicca : religion païenne moderne qui vénère la nature en tant qu'entité vivante avec des forces divines et qui juge sacrés les cycles de la nature ; voit les forces divines comme étant masculine et féminine, transcendantes, immanentes et anthropomorphiques.

Sens contraire au soleil : sens antihoraire (dans l'hémisphère Nord) ; mouvement inverse au parcours du soleil.

NOTES ET BIBLIOGRAPHIE

NOTES

CHAPITRE 1

1. Migene Gonzalez-Wippler. *The Complete Book of Spells, ceremonies & Magic* (St. Paul, Minn. : Llewellyn Publications, 2000), p. 15.
2. Britannica.com (Encyclopaedia Britannica). Voir la rubrique « Prehistoric Religion ».
3. Joseph Campbell. *The Masks of God : Primitive Mythology* (New York: Penguin Books, 1959), pp. 66-67.
4. Margaret Murray. *God of the Witches* (London: Sampson Low, Marston & Co., 1933 ; à partir de la version en ligne scannée par Sacred-Texts.com, 2000).
5. Joseph Campbell. *The Masks of God : Primitive Mythology* (New York: Penguin Books, 1959) pp. 9-10.

CHAPITRE 2

1. Ronald Hutton. *Triumph of the Moon: A History of Modern Pagan Witchcraft* (New York : Oxford University Press, 1999), p. 241.
2. Isaac Bonewits. *Witchcraft : A concise History,* 2e éd. (PocketPCpress 2001), p. 33.

CHAPITRE 3

1. Alfred Métraux. *Voodoo in Haiti* (New York : Shocken Books, 1972), p. 27.

CHAPITRE 4

Note : tous les sceaux représentant les planètes proviennent de l'ouvrage *Three Books of Occult Philosophy de* H1.

CHAPITRE 5

1. La technique de méditation est celle décrite dans le livre du Vén. Balangoda Anandamaitreya : *Buddhism: Lectures and Essays* (Sri Lanka : Samayawardhana, 1997).

CHAPITRE 6

1. Si vous comptez utiliser de la toile – un bon choix parce que c'est un tissu durable et que l'on trouve dans la plupart des magasins de fournitures artistiques – ,vous aurez besoin d'autres articles : du gesso pour la préparer (autrement, la peinture ne prendra pas – lisez les instructions au verso de la bouteille) et de la peinture acrylique (qui a moins tendance à craqueler).

CHAPITRE 9

1. Les opinions divergent beaucoup pour ce qui est de l'utilisation de métal au cours des incantations. Certaines sorcières estiment que le métal devrait être interdit dans un Cercle, car il conduit l'énergie, ce qui entrave l'énergie psychique au sein du Cercle. D'autres affirment que le seul métal que l'on peut avoir dans un Cercle est l'athamé, puisqu'il sert à conduire l'énergie. Elles sont persuadées que vous voulez que l'athamé métallique recueille l'énergie psychique et la dirige. D'autres encore estiment que la présence ou l'absence de métal au sein du Cercle n'a aucune importance. Je pense que cela dépend du but visé.

2. Le débat est vif ! Certaines traditions affirment que l'athamé représente l'Air et d'autres, qu'il représente le Feu, tout comme la baguette. On m'a appris que l'athamé représentait l'Air et la

baguette, le Feu. J'ai réfléchi à la question et je m'en tiens à ce que j'ai appris pour la raison suivante : l'Air est associé à l'Est et à l'intellect. L'athamé (ou épée) sert à contrôler et à diriger l'énergie, de la même façon que l'intellect contrôle et dirige l'énergie. D'autre part, la baguette sert à invoquer l'énergie et elle est d'habitude faite de bois – un amplificateur naturel de l'énergie. Je n'affirme pas que j'ai raison et que tous les autres ont tort. Essayez les deux façons et décidez de celle qui vous convient.

CHAPITRE 12

1. Selon le texte classique de Sir James George Frazer sur la magie, *The Illustrated Golden Bough* (Londres : George Rainbird Limited, 1978), pp. 33-44.
2. Je sais que la résine de sang de dragon peut être difficile à trouver, mais elle est idéale pour les incantations d'amour et de pouvoir. Vous la trouverez sûrement auprès des fournisseurs listés dans l'annexe. Si, pour une raison quelconque, vous ne pouvez pas vous mettre en rapport avec ces fournisseurs, essayez l'oliban et les pétales de rose à la place. Ajoutez une goutte ou deux de colorant alimentaire rouge pour obtenir le même effet visuel et mettez la résine de sang de dragon au premier rang de votre liste de souhaits de sorcière.

CHAPITRE 21

1. Citation de l'ACLU, tirée du mémoire de Michigan.

BIBLIOGRAPHIE

Adler, Margot. *Drawing Down the Moon*, 2nd edition. 1986. New York : Penguin.

Agrippa, Henry Cornelius. *Three Books of Occult Philosophy*. 1994. Ed. Donald Tyson. Trans. James Freake. St. Paul, Minn. :Llewellyn Publications.

Anandamaitreya, Balangoda. *Buddhism : Lectures and Essays*. 1997. Sri Lanka : Samayawardhana.

Bell, Jessie Wicker. *The Book of Shadows by Lady Sheba*. 2000. St.Paul, Minn. : Llewellyn Publications.

Buckland, Raymond. *Buckland's Complete Book of Witchcraft*. 1990. St. Paul, Minn. : Llewellyn Publications

Cunningham, Scott. *Wicca : A Guide for the Solitary Practitioner*. 2000. St. Paul, Minn. : Llewellyn Publications.

Frazer, Sir James George. *The Illustrated Golden Bough*. 1978. London : George Rainbird Ltd.

Gardner, Gerald. *Witchcraft Today*. 1954. Thame, England : IHO Books.

Gonzalez-Wippler, Migene. *The Complete Book of Spells, Ceremonies, and Magic*. 1988. St. Paul, Minn. : Llewellyn Publications.

————. *Santeria : The Religion : Faith, Rites, and Magic*, 2nd edition. 1994. St. Paul, Minn. : Llewellyn Publications

Harner, Michael. *The Way of the Shaman : A Guide to Power and Healing*. 1980. New York : Bantam Books.

Harrow, Judy. *Wicca Covens : How to Start and Organize Your Own*. 1999. New York : Carol Publishing Group.

Hutton, Ronald. *Triumph of the Moon : A History of Modern Pagan Witchcraft*. 2001. New York : Oxford University Press.

Jordan, Michael. *Encyclopedia of Gods*. 1993. New York : Facts on File.

————. *Witches : An Encyclopedia of Paganism and Magic*. 1996. London : Kyle Cathie Ltd.

Leland, Charles, *Aradia, or the Gospel of the Witches*. Sacred-Texts.com

Mathews, John. *The Druid Sourcebook*. 1996. London : Blandford Press.

Métraux, Alfred. *Voodoo in Haiti*. 1972. New York : Schocken Books

Mircea, Eliade. *A History of Religious Ideas : From the Stone Age to the Elusinian Mysteries*. 1981. Trans. Willard R. Trask. Chicago : University of Chicago Press.

Monaghan, Patricia. *The New Book of Goddesses and Heroines*. 1997. St. Paul, Minn. : Llewellyn Publications.

Murray, Margaret. *God of the Witches*. 1933. London : Sampson Low, Marston, and Co. Sacred-Texts.com.

Nicholson, Shirley. *Shamanism*. 1988. Wheaton, III. : Theosophical Publishing House.

Orion, Loretta. *Never again the Burning Times : Paganism Revived.* 1995. Prospect Heights, III. : Waveland Press.

Telesco, Patricia. *365 Goddesses : A Daily Guide to the Magic and Inspiration of the Goddess*. 1998. New York : HarperCollins.

LISTE DES COLLABORATEURS

JERRY SANDER, A.C.S.W., est un psychothérapeute en pratique privée à Warwick, New York.

WYLD WYTCH, 19 ans, vit à Plymouth, Connecticut. Vous pouvez la visiter à *www.wyldwytch.com* ou lui envoyer un courriel à *Wyldwytch@wyldwytch.com.*

MARJORIE C., 14 ans, vit à Randolph, New Jersey. Vous pouvez lui envoyer un courriel à *lefteyeisanangel@aol.com.*

ATHENA SKYEFOREST, 17 ans, vit à Laurinburg, Caroline du Nord. Vous pouvez lui envoyer un courriel à *athenaskyeforest@hotmail.com.*

GWINEVERE RAIN, 17 ans, vit en Floride et pratique la Wicca depuis plus de trois ans. Elle est l'auteure de *Spellcraft for Teens : A Magical Guide to Writing and Casting Spells* qui doit paraître en septembre 2002. Pour en savoir plus au sujet de Gwinevere et de ses écrits ainsi que de trouver des produits wiccans à la mode, amusants et uniques, visitez son site Web à *www.get-me.to/TeenWitch*

JONTHAN ARCHIE, HELAINE LUBAR et JOYCE VALENZANO vivent dans le comté de Broome, à New York.